처음부터 시작하는

Next.js

React

개발 입문

리액트 베이스의 Next.js를 이용한
백엔드/프런트엔드 웹 앱 개발 기법

미요시 아키 지음   김모세 옮김

철저히
입문자에게 맞춘
해설과 안내

실제 앱을 직접
만들어 나가는
스텝업 프로세스

앱 개발의 실전
지식과 경험을
익힐 수 있다

SE
SHOEISHA   AK IT

문의 사항 가이드라인

이 책을 구입해 주셔서 감사드립니다. 책 내용에 대한 독자 여러분의 문의에 적절히 대응하기 위해 다음의 가이드라인을 참고 부탁드립니다.

▶ 질문 방법
㈜AK커뮤니케이션즈 홈페이지에서 고객센터의 1:1 문의를 이용해주십시오.
http://www.amusementkorea.co.kr/

▶ 답변에 대해서
질문의 내용에 따라서는 답변에 며칠 혹은 그 이상의 기간이 소요되는 경우가 있습니다.

▶ 질문할 때의 주의
이 책의 대상을 넘는 것, 기술 부분이 특정되지 않은 것, 또는 독자 고유의 환경에 기인하는 질문 등에는 답변을 드릴 수 없으므로 미리 양해 바랍니다.

들어가며

이 책은 Next.js를 처음 사용하는 분을 대상 독자로 한 초보자용 입문서입니다. 이 책을 모두 읽은 뒤 'Next.js는 어렵게 느껴졌지만 의외로 그렇지 않다', 'Next.js로 애플리케이션을 개발해보고 싶다'와 같은 긍정적인 기분을 갖게 하는 것을 목적으로 합니다. 따라서 이 책에서는 Next.js에 대한 사전적 설명, 고급 기능 소개를 목표로 하지 않습니다. 직접 코드를 한 줄씩 작성하면서 하나의 애플리케이션을 만들어 나가는 프로세스를 친절하게 설명하는 것에 초점을 두고 있습니다.

이 책을 통해 Next.js의 가능성은 물론 자신의 손으로 무언가를 만드는 '제품 만들기(모노즈쿠리, ものづくり)'의 즐거움을 느끼기를 바랍니다.

2024년 7월 1일
저자 미요시 아키

책의 목표

이 책은 초보자용 입문서입니다. (책 집필 당시) 최신 버전인 Next.js 14.1.4(App 라우터)를 사용해 백엔드와 프런트엔드에 사용한 웹 애플리케이션을 개발하면서 Next.js의 기본적인 사용 방법을 익힙니다.

이 책에서 만드는 애플리케이션 자체는 매우 기본적인 것이지만 CRUD 조작(1장 3절 참조)이라 불리는 애플리케이션의 기본 기능을 확실하게 포함하고 있습니다. 이를 기반으로 실제 제품으로서 사용될 수 있는 애플리케이션으로 발전시켜 나가면 좋을 것입니다.

이 책은 '만들면서 즐겁게 학습하는' 것을 목표로 하고 있습니다. 따라서 눈으로만 읽지 말고 반드시 직접 손으로 코드를 작성하면서 학습을 진행합니다. 책을 읽는 도중 어렵게 느껴지는 부분도 있을 것입니다. 하지만 '기지개를 한 편 펴고 집중하면 할 수 있다'는 도전이 여러분의 힘을 늘리고, '나도 할 수 있다'는 자신감을 갖는 지름길입니다.

이 애플리케이션은 메루카리(Mercari)와 같이 구입하고 싶은 아이템을 가진 사람이 계정을 작성하고 로그인 한 뒤 아이템 등록, 수정, 삭제 등의 조작을 할 수 있습니다. 데이터베이스에는 MongoDB, 로그인에는 JSON Web Token, 이미지 저장에는 Cloudinary를 사용합니다. 개발 언어는 JavaScript를 사용하며 TypeScript 경험은 필요하지 않습니다. 또한 스타일링은 단순한 기본 CSS를 사용하며 Tailwind CSS 같은 CSS 프레임워크는 사용하지 않습니다. 입문서로서 Next.js 자체에 집중하기 위해서입니다.

대상 독자

이 책은 입문서입니다. Next.js에 대한 경험이나 사전 지식은 필요하지 않습니다. 하지만 JavaScript 관련 기초 지식은 필요합니다. 그리고 개발 진행 과정에서 React의 기본에 관해서는 어느 정도 파악할 수 있지만, React를 다룬 경험이 조금이라도 있다면 보다 원활한 학습을 진행할 수 있을 것입니다. 코드 관리 도구인 Git의 간단한 조작이 5장과 9장에 일부 있지만, 이 책에서 Git에 관한 별도의 설명은 하지 않습니다.

책의 구성

이 책은 전체 10장으로 구성되어 있습니다. 전반부에서는 백엔드 개발, 후반부에서는 프런트엔드 개발에 관해 다룹니다. 1장에서는 웹 애플리케이션 구조, 백엔드와 프런트엔드 각각의 역할과 같은 애플리케이션 개발을 수행하기 위한 필수 지식에 관해 설명합니다. 2장에서는 Next.js를 사용해 백엔드 개발을 시작합니다. 3장에서는 데이터베이스와의 연동 및 아이템 작성, 읽기, 수정, 삭제 기능을 구현합니다. 4장에서는 로그인 기능을 개발합니다. 5장에서는 Git과 Vercel을 사용해 개발한 백엔드를 온라인에 공개합니다.

6장 이후에서는 프런트엔드 개발에 관해 다룹니다. 6장에서는 데이터베이스 준비, React 기본 사용 방법을 소개합니다. 7장에서는 사용자 등록과 로그인 화면을 개발합니다. 8장에서는 아이템 표시, 등록, 수정, 삭제 화면을 구현합니다. 9장에서는 완성한 프런트엔드를 Vercel로 온라인에 공개합니다. 마지막 10장에서는 이미지 저장 방법과 로딩 기능을 추가해 애플리케이션의 완성도를 높입니다.

그리고 Next.js 버전 14에서 안정 버전이 된 새로운 기능인 'Server Actions'를 사용하면, 백엔드를 분리해 개발하지 않아도 프런트엔드만으로도 이 책에서 설명하는 기능을 가진 애플리케이션을 개발할 수 있게 되었습니다. 초보자용 입문서인 이 책에서는 응용 범위를 넓히고, 보다 범용적인 방법을 소개하는 것이 목표이므로 Next.js 고유 기능인 Server Actions는 사용하지 않고, 백엔드 API와 프런트엔드를 분리해 개발하는 방법을 사용합니다. API와 Server Actions에 관해서는 5장의 칼럼 'API와 Server Actions, 무엇을 사용할 것인가?'를 참고합니다.

완성 샘플 확인하기

개발한 애플리케이션의 완성 샘플은 다음 URL에서 확인할 수 있습니다. 책을 읽기 전에 먼저 살펴보는 것도 좋습니다.

URL https://nextjs-book-fullstack-app-folder-v2-example.vercel.app/

목차

이 책에서 사용하는 도구 및 그 버전

이 책에서는 MacOS Sequoia 15.1.x을 사용해 개발합니다. Windows를 사용하는 분은 일부 커맨드라인의 표시가 다를 수 있으므로 주의합니다. Next.js는 집필 시의 최신 버전인 14.1.4, Node.js는 버전 20.9.0, VSCode는 버전 1.87.2, 브라우저는 Google Chrome을 사용합니다.

JSON 데이터 형태 정리

이 책에서는 JSON이라 불리는 형식의 데이터가 여러 차례 등장합니다. 하지만 JSON 데이터를 그대로 브라우저에서 표시하면 읽기 어렵습니다. Google Chrome의 확장 기능인 'JSON Formatter'를 사용해 형태를 정리하면 쉽게 읽을 수 있습니다.

부속 데이터

부속 데이터는 다음 깃허브GitHub 저장소에서 확인할 수 있습니다. 이 책에 게재한 참고 URL, 소스 코드 다운로드 링크들도 함께 제공합니다.

URL https://github.com/moseskim/nextjs-book-fullstack-app-folder-v2

각 장 종료 시점의 코드는 저장소의 각 브랜치에서 제공합니다.

- https://github.com/moseskim/nextjs-book-fullstack-app-folder-v2/tree/chapter2
- https://github.com/moseskim/nextjs-book-fullstack-app-folder-v2/tree/chapter3
- https://github.com/moseskim/nextjs-book-fullstack-app-folder-v2/tree/chapter4
- https://github.com/moseskim/nextjs-book-fullstack-app-folder-v2/tree/chapter5
- https://github.com/moseskim/nextjs-book-fullstack-app-folder-v2/tree/chapter6
- https://github.com/moseskim/nextjs-book-fullstack-app-folder-v2/tree/chapter7
- https://github.com/moseskim/nextjs-book-fullstack-app-folder-v2/tree/chapter8
- https://github.com/moseskim/nextjs-book-fullstack-app-folder-v2/tree/chapter9
- https://github.com/moseskim/nextjs-book-fullstack-app-folder-v2/tree/chapter10

Chapter 1

기초 지식 및 개발 도구 준비

Next.js 개발을 시작하기 전에 웹 애플리케이션 구조를 확인해 봅시다. 웹 애플리케이션과 웹 사이트의 차이, 백엔드와 프런트엔드의 역할 등을 확인한 뒤 React와 Next.js의 특징을 살펴봅니다. 이번 장 후반에서는 개발 도구를 설치하고, 2장부터 시작할 백엔드 개발을 준비합니다.

01

웹 사이트와 웹 애플리케이션의 차이

애플리케이션 개발을 시작하기 전에 반드시 알아 두어야 할 지식들을 소개합니다.

여러분은 지금까지 HTML/CSS를 사용한 개발을 한 번이라도 해 봤을 것입니다. 그렇게 해서 완성한 것은 예를 들면 Instagram, X(구 Twitter) 같이 이미지나 답글 등을 게시할 수 있는 것이었을까요? 아마도 그렇지 않았을 것입니다. HTML/CSS만 사용해 개발한 것은 '웹 사이트'로 분류되기 때문입니다.

여기에서 '웹 사이트'와 '웹 애플리케이션'의 차이는 무엇인가라는 의문이 들 것입니다. 이 두 가지는 사용자와의 통신이 한 방향인지, 양방향인지로 구별할 수 있습니다. 웹 애플리케이션의 예로, 리뷰를 게시할 수 있는 서비스에 관해 생각해 봅시다.

애플리케이션을 열면 많은 리뷰가 브라우저에 표시됩니다. 이 리뷰들이 어디에서 온 것인지 생각해 보면 우리가 웹 애플리케이션에 접속하기 전에, 많은 사용자가 리뷰를 게시했기 때문에 지금과 같이 표시된다는 것을 알 수 있습니다. 즉, 사용자는 이 리뷰 서비스에 대해 '리뷰를 게시(작성)한다'는 행동을 할 수 있음을 알 수 있습니다. 조금만 더 생각해 봅시다. 예를 들면 자신의 리뷰에 오탈자가 있을 때는 '리뷰를 수정한다', 리뷰를 삭제하고 싶을 때는 '리뷰를 삭제한다'는 행동도 할 수 있음을 추측할 수 있습니다.

이렇게 애플리케이션과 사용자 사이에서는 리뷰 서비스에서 일반적으로 정보를 제공할 뿐만 아니라, 사용자는 그에 대해 무언가의 행동을 할 수 있습니다. 이것은 정보의 소통이 '양방향'이라 할 수 있으며, 바로 이것이 웹 애플리케이션의 특징입니다.

한편 '웹 사이트'의 예로 근처 음식점의 홈페이지를 생각해 봅시다. 홈페이지에는 메뉴, 셰프의 말, 영업 시간, 전화 번호 등이 기재되어 있습니다. 하지만 우리들 사용자는 그 정보에 대해 행동을 함으로써 해당 정보를 변경하거나, 새로운 정보를 추가할 수 없습니다. 즉, 홈페이지에서는 정보 흐름이 '일방통행'입니다.

▼ 표 1.1 웹 사이트와 웹 애플리케이션의 차이

	정보의 흐름	예
웹 사이트	한 방향	기업, 음식점의 홈페이지 등
웹 애플리케이션	양방향	메루카리(중고 거래 플랫폼), X(구 Twitter), 리뷰 서비스 등의 웹 서비스 전반

이와 같이 웹 애플리케이션과 웹 사이트의 가장 큰 차이는 정보의 흐름입니다(표 1.1). 하지만 이 특징만으로 항상 확실하게 구분할 수 있지는 않습니다. 예를 들면 음식점 홈페이지에 문의 페이지가 있고 사용자가 연락을 할 수 있다고 합시다. 그러면 홈페이지는 이미 '한 방향 소통'이 아니게 됩니다. 이렇게 웹 애플리케이션과 웹 사이트 기준은 반드시 명확하지는 않습니다. 그리고 꼭 엄밀하게 구분해야 할 필요도 없음을 기억해 둡시다.

02

프런트엔드와 백엔드

프런트엔드와 백엔드의 동작을 실례를 통해 확인해 봅시다.

다음으로 한 방향 통신만 할 수 있는 웹 사이트에 양방향 통신을 하는 기능을 추가해, 웹 애플리케이션으로 바꾸는 방법을 생각해 봅시다. 웹 애플리케이션에 필요한 것은 두 가지입니다. 한 가지는 '프런트엔드', 다른 한 가지는 '백엔드'라 불립니다.

프런트엔드는 Google Chrome, Safari 같은 브라우저를 통해 사용자가 눈으로 볼 수 있는 부분입니다. 여기에는 주로 HTML과 CSS를 사용하므로 프런트엔드란 앞에서 설명한 웹 사이트와 같은 것으로 보입니다. 확실히 웹 사이트를 프런트엔드라 부를 수 없는 것은 아니지만, 기능 측면에서 양방향 소통은 HTML과 CSS만으로는 표현할 수 없으며 JavaScript가 필요합니다. 즉, 웹 애플리케이션에서의 프런트엔드란 'HTML + CSS + JavaScript'로 만들어진 것을 가리킵니다. 그리고 이 프런트엔드와 양방향 통신을 수행하는 파트너가 다음에 설명할 백엔드입니다.

▼ 표 1.2 웹 사이트와 웹 애플리케이션의 구성 요소

	구성 요소
웹 사이트	프런트엔드(HTML/CSS)
웹 애플리케이션	프런트엔드(HTML/CSS/JavaScript) + 백엔드

다시 리뷰 사이트의 예로 돌아갑시다. 사용자의 브라우저(프런트엔드)에서 게시된 리뷰는 백엔드로 보내집니다. 리뷰 데이터는 백엔드에 있는 데이터베이스에 저장되고, 이후 사용자의 접근이 있을 때 해당 데이터를 프런트엔드로 보내 브라우저에 리뷰를 표시합니다. 또한 리뷰를 수정하면 프런트엔드에서 보낸 수정 완료 데이터로 데이터베이스에 저장되어 있는 정보를 덮어써서 수정을 표현합니다.

이렇게 보면 프런트엔드란 사용자로부터의 조작을 받고, 백엔드에서 보내진 데이터를 표시하는 단순한 창구에 지나지 않습니다. 데이터베이스 읽기/쓰기 등 복잡한 조작은 실제로 백엔드에서 실행한다고 생각할 수 있습니다.

지금부터는 실제 프런트엔드와 백엔드를 확인해 봅시다. 아래 URL에 접속합니다. 다음 장부터 만들어 나갈 애플리케이션의 완성 샘플입니다(그림 1.1).

URL https://nextjs-book-fullstack-app-folder-v2-example.vercel.app/

▲ 그림 1.1 샘플 애플리케이션

다음으로 아래 URL을 엽니다.

URL https://nextjs-book-fullstack-app-folder-v2-example.vercel.app/api/item/readall

```
{
    "message": "아이템 읽기 성공(모두)",
    "allItems": [
        {
            "_id": "677894182341e86e7af21fe1",
            "title": "안경",
            "image": "http://res.cloudinary.com/daeprmo1b/image/upload/v1736161968/sxl8euuq0wmpuycoltaq.jpg",
            "price": "55000",
            "description": "사용하기 쉬운 안경입니다. Lorem ipsum dolor sit amet, consectetur adipiscing elit. Suspendisse maximus
            est tellus, eget porta leo tristique a. Donec hendrerit massa leo, id tempus dolor vulputate et. Pellentesque
            consectetur dolor placerat euismod pellentesque. Integer scelerisque, augue ac ullamcorper sodales, neque lectus
            tristique turpis, id luctus lectus lorem eu tortor. In imperdiet semper accumsan. Etiam pellentesque libero et
            scelerisque vehicula. Nam quis justo mi. Cras erat ex, rhoncus id blandit id, commodo ac leo. In hac habitasse
            platea dictumst.",
            "email": "dummy@gmail.com",
            "__v": 0
        },
        {
            "_id": "6778947b2341e86e7af21fe3",
            "title": "색연필",
            "image": "http://res.cloudinary.com/daeprmo1b/image/upload/v1736162008/tpy1osuzkphafxhrnjqj.jpg",
            "price": "15000",
            "description": "사용하기 쉬운 색연필입니다. Lorem ipsum dolor sit amet, consectetur adipiscing elit. Suspendisse
            maximus est tellus, eget porta leo tristique a. Donec hendrerit massa leo, id tempus dolor vulputate et.
            Pellentesque consectetur dolor placerat euismod pellentesque. Integer scelerisque, augue ac ullamcorper sodales,
            neque lectus tristique turpis, id luctus lectus lorem eu tortor. In imperdiet semper accumsan. Etiam
            pellentesque libero et scelerisque vehicula. Nam quis justo mi. Cras erat ex, rhoncus id blandit id, commodo ac
            leo. In hac habitasse platea dictumst.",
            "email": "dummy@gmail.com",
            "__v": 0
        },
        {
            "_id": "677894b52341e86e7af21fe5",
            "title": "반지",
            "image": "http://res.cloudinary.com/daeprmo1b/image/upload/v1736162026/kafmdl0kn4es4pif3plo.jpg",
```

▲ 그림 1.2 모든 아이템 데이터 페이지

여기에서 주목해야 할 것은 가장 위에 있는 allItems의 바로 아래 부분입니다. 코드 1.1과 같이 되어 있습니다.

▼ 코드 1.1 아이템 데이터 상세

```
{
    "_id": "677894182341e86e7af21fe1",
    "title": "안경",
    "image": "http://res.cloudinary.com/daeprmo1b/xxx.jpg",
    "price": "55000",
    "description": "사용하기 쉬운 안경입니다. Lorem ipsum dolor sit amet, consectetur
adipiscing elit. Suspendisse maximus est tellus, eget porta leo tristique a. Donec
hendrerit massa leo, id tempus dolor vulputate et. Pellentesque consectetur dolor
placerat euismod pellentesque. Integer scelerisque, augue ac ullamcorper sodales, neque
lectus tristique turpis, id luctus lectus lorem eu tortor. In imperdiet semper accumsan.
Etiam pellentesque libero et scelerisque vehicula. Nam quis justo mi. Cras erat ex,
rhoncus id blandit id, commodo ac leo. In hac habitasse platea dictumst.",
    "email": "dummy@gmail.com",
    "__v": 0
},
...
```

image 부분에 있는 http://res.cloudinary.com/daeprmo1b/xxx.jpg를 클릭하면 그림 1.3의 안경 이미지가 표시됩니다.

▲ 그림 1.3 아이템 이미지 1

이것은 샘플 애플리케이션 왼쪽 위에 표시된 이미지와 같습니다(그림1.4).

▲ 그림 1.4 아이템 이미지 2

리스트를 잘 보면 title, price, description 같은 부분에 쓰여 있는 데이터도 마찬가지입니다. 다른 데이터를 봐도 샘플 애플리케이션과 같은 대응 관계가 성립하는 것을 확인할 수 있습니다.

여기에서 알 수 있는 것은 현재 브라우저에 표시되고 있는 웹 애플리케이션의 프런트엔드 부분은 그림1.2의 데이터에 CSS 등으로 색을 입히거나 정렬해서 쉽게 볼 수 있도록 한 것에 지나지 않습니다. 프런트엔드 부분이 스스로 데이터를 생성하거나 사진을 선택하는 등의 작업은 하지 않습니다.

또 다른 예를 살펴봅시다. 다음 URL에 접속합니다.

URL https://nextjs-book-fullstack-app-folder-v2-example.vercel.app/item/readsingle/67789
47b2341e86e7af21fe3

그림1.5와 같이 하나의 아이템이 표시됩니다.

Next Market

등록 로그인 아이템 작성

색연필
₩15000

사용하기 쉬운 색연필입니다. Lorem ipsum dolor sit amet, consectetur adipiscing elit. Suspendisse maximus est tellus, eget porta leo tristique a. Donec hendrerit massa leo, id tempus dolor vulputate et. Pellentesque consectetur dolor placerat euismod pellentesque. Integer scelerisque, augue ac ullamcorper sodales, neque lectus tristique turpis, id luctus lectus lorem eu tortor. In imperdiet semper accumsan. Etiam pellentesque libero et scelerisque vehicula. Nam quis justo mi. Cras erat ex, rhoncus id blandit id, commodo ac leo. In hac habitasse platea dictumst.

아이템 수정 아이템 삭제

@2025 Next Market

▲ 그림 1.5 하나의 아이템 페이지

다음 URL에 접속합니다.

URL https://nextjs-book-fullstack-app-folder-v2-example.vercel.app/api/item/readsingle/6778947b2341e86e7af21fe3

```
{
    "message": "아이템 읽기 성공(하나)",
    "singleItem": {
        "_id": "6778947b2341e86e7af21fe3",
        "title": "색연필",
        "image": "http://res.cloudinary.com/daeprmo1b/image/upload/v1736162008/tpy1osuzkphafxhrnjqj.jpg",
        "price": "15000",
        "description": "사용하기 쉬운 색연필입니다. Lorem ipsum dolor sit amet, consectetur adipiscing elit. Suspendisse maximus
        est tellus, eget porta leo tristique a. Donec hendrerit massa leo, id tempus dolor vulputate et. Pellentesque
        consectetur dolor placerat euismod pellentesque. Integer scelerisque, augue ac ullamcorper sodales, neque lectus
        tristique turpis, id luctus lectus lorem eu tortor. In imperdiet semper accumsan. Etiam pellentesque libero et
        scelerisque vehicula. Nam quis justo mi. Cras erat ex, rhoncus id blandit id, commodo ac leo. In hac habitasse
        platea dictumst.",
        "email": "dummy@gmail.com",
        "__v": 0
    }
}
```

Raw Parsed

▲ 그림 1.6 하나의 아이템 데이터 페이지

여기에서도 앞의 안경 이미지 예시와 마찬가지로 같은 대응 관계가 성립하는 것을 알 수 있습니다.

다음 장부터 백엔드 개발을 시작합니다. 백엔드 개발의 목표는 다음 URL과 같이 프런트엔드에 데이터를 제공하는 부분을 만드는 것입니다(그림1.7).

URL https://nextjs-book-fullstack-app-folder-v2-example.vercel.app/api/item/readall

```
{
    "message": "아이템 읽기 성공(모두)",
    "allItems": [
        {
            "_id": "677894182341e86e7af21fe1",
            "title": "안경",
            "image": "http://res.cloudinary.com/daeprmo1b/image/upload/v1736161968/sxl8euuq0wmpuycoltaq.jpg",
            "price": "55000",
            "description": "사용하기 쉬운 안경입니다. Lorem ipsum dolor sit amet, consectetur adipiscing elit. Suspendisse maximus est tellus, eget porta leo tristique a. Donec hendrerit massa leo, id tempus dolor vulputate et. Pellentesque consectetur dolor placerat euismod pellentesque. Integer scelerisque, augue ac ullamcorper sodales, neque lectus tristique turpis, id luctus lectus lorem eu tortor. In imperdiet semper accumsan. Etiam pellentesque libero et scelerisque vehicula. Nam quis justo mi. Cras erat ex, rhoncus id blandit id, commodo ac leo. In hac habitasse platea dictumst.",
            "email": "dummy@gmail.com",
            "__v": 0
        },
        {
            "_id": "6778947b2341e86e7af21fe3",
            "title": "색연필",
            "image": "http://res.cloudinary.com/daeprmo1b/image/upload/v1736162008/tpy1osuzkphafxhrnjqj.jpg",
            "price": "15000",
            "description": "사용하기 쉬운 색연필입니다. Lorem ipsum dolor sit amet, consectetur adipiscing elit. Suspendisse maximus est tellus, eget porta leo tristique a. Donec hendrerit massa leo, id tempus dolor vulputate et. Pellentesque consectetur dolor placerat euismod pellentesque. Integer scelerisque, augue ac ullamcorper sodales, neque lectus tristique turpis, id luctus lectus lorem eu tortor. In imperdiet semper accumsan. Etiam pellentesque libero et scelerisque vehicula. Nam quis justo mi. Cras erat ex, rhoncus id blandit id, commodo ac leo. In hac habitasse platea dictumst.",
            "email": "dummy@gmail.com",
            "__v": 0
        },
        {
            "_id": "677894b52341e86e7af21fe5",
            "title": "반지",
            "image": "http://res.cloudinary.com/daeprmo1b/image/upload/v1736162026/kafmdl0kn4es4pif3plo.jpg",
            "price": "22000",
            "description": "사용하기 쉬운 반지입니다. Lorem ipsum dolor sit amet, consectetur adipiscing elit. Suspendisse maximus est tellus, eget porta leo tristique a. Donec hendrerit massa leo, id tempus dolor vulputate et. Pellentesque consectetur dolor placerat euismod pellentesque. Integer scelerisque, augue ac ullamcorper sodales, neque lectus tristique turpis, id luctus lectus lorem eu tortor. In imperdiet semper accumsan. Etiam pellentesque libero et scelerisque vehicula. Nam quis justo mi. Cras erat ex, rhoncus id blandit id, commodo ac leo. In hac habitasse platea dictumst.",
            "email": "dummy@gmail.com",
            "__v": 0
        },
        {
            "_id": "677894c52341e86e7af21fe7",
            "title": "프라이팬",
```

▲ 그림 1.7 모든 아이템 데이터 페이지

기술적 측면에서 말하면 프런트엔드에서 사용할 수 있는 것은 HTML/CSS/JavaScript로 정해져 있습니다. 한편 백엔드 개발에 사용할 수 있는 기술(프로그래밍 언어)은 Ruby, Python, Go 등 다양합니다. 이후 다루겠지만 Next.js는 React 프레임워크이며, React는 JavaScript 프레임워크입니다. 이 책의 백엔드 개발에서 사용하는 프로그래밍 언어 역시 JavaScript입니다.

또한 웹 애플리케이션 개발에서는 '프런트엔드', '백엔드' 외에도 '서버', '데이터베이스', '클라이언트', '백엔드 서버', 'API 서버', '풀 스택 애플리케이션' 등 다양한 용어가 등장합니다. 각 용어가 사용되는 문맥과 사용하는 사람에 따라 사소한 차이가 있지만 간단히 정리하면 표 1.3과 같습니다.

▼ 표 1.3 용어 및 설명

용어	설명
API 서버, 백엔드 서버, 웹 서버 등	'백엔드'와 같은 의미
클라이언트	'프런트엔드'와 같은 의미
데이터베이스	데이터를 저장하는 부분
서버	클라이언트와 데이터베이스 사이에서 처리를 수행하는 부분(그림 1.8 참조)
풀 스택 애플리케이션	프런트엔드와 백엔드 모두를 가진 애플리케이션

이를 그림으로 나타내면 그림 1.8과 같습니다.

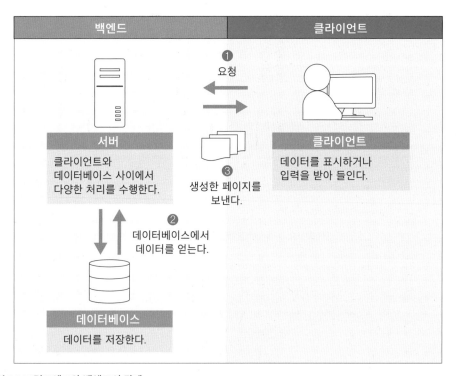

▲ 그림 1.8 프런트엔드와 백엔드의 관계

이 책에서 만드는 애플리케이션은 메루카리 같이 사용자가 판매하고 싶은 아이템을 애플리케이션에서 등록할 수 있고, 아이템 설명문을 수정하거나, 아이템을 삭제할 수 있습니다. 그렇기 때문에 필요한 백엔드 기능은 단순히 데이터를 표시하는 것뿐만 아니라, 사용자가 실행하고자 하는 조작을 처리하는 부분도 필요합니다. 다음은 사용자가 실행하는 조작의 종류에 관해 살펴봅시다.

03

CRUD 조작

복잡하게 보이는 애플리케이션이라 하더라도 실제로는 이번 절에서 설명하는 네 가지 조작만 수행합니다.

우리가 리뷰 서비스나 Instagram 같은 웹 애플리케이션을 사용하는 모습을 생각해 봅시다. 애플리케이션이 수행하는 조작이 사실은 다음 네 가지만으로 구성된 것을 알 수 있습니다. 리뷰 서비스를 생각해 봅시다. 먼저 사용자가 접속했을 때 수행되는 리뷰를 표시하는 조작입니다. 이것은 애플리케이션이 데이터를 '읽어서' 수행합니다. 다음은 사용자라 리뷰를 게시할 때의 조작입니다. 이것은 새로 데이터를 만드는 것이므로 '생성'입니다. 그렇게 만들어진 리뷰에 사용자가 오탈자 등을 발견해 고칠 때는 '수정', 리뷰를 지울 때는 '삭제'라는 조작을 하게 됩니다.

이 네 가지 조작은 대부분의 웹 애플리케이션에서 공통된 것이며 웹 개발 용어로는 GET, POST, PUT, DELETE라 부르며 이들을 통틀어 HTTP 메서드라 부릅니다(표1.4).

그리고 이 네 가지 조작은 웹 분야는 물론 수많은 컴퓨터 및 소프트웨어 개발에서도 기본이 되는 조작입니다. 그렇게 때문에 웹 분야에서는 HTTP 메서드라 부르지만, 더 일반적으로는 CRUD라 부릅니다. HTTP 메서드와 CRUD의 대응 관계를 정리하면 다음과 같습니다(표1.5).

▼ 표 1.4 HTTP 메서드

HTTP 메서드	조작
GET	읽기
POST	작성
PUT	수정
DELETE	삭제

▼ 표 1.5 HTTP 메서드와 CRUD

HTTP 메서드	조작	CRUD
GET	읽기	Read
POST	작성	Create
PUT	수정	Update
DELETE	삭제	Delete

이것으로 웹 애플리케이션의 구조와 움직임에 관해 살펴봤습니다. 다음으로 웹 애플리케이션 개발에 사용되는 도구, React와 Node.js에 관해 확인해 봅시다.

04
React를 사용하는 이유

React의 개발 배경과 JavaScript 프레임워크에 관해 간단하게 소개합니다.

기존 애플리케이션은 로컬 컴퓨터에 다운로드해서 사용하는 것이었습니다. 하지만 브라우저의 성능이 고도화되면서 다운로드를 하지 않고도 브라우저에서 애플리케이션을 사용할 수 있게 되었습니다. 이것이 '웹 애플리케이션'입니다. 웹 애플리케이션의 등장으로 많은 사람들이 애플리케이션을 간단하게 사용할 수 있게 되었지만 애플리케이션 개발의 규모가 커지고 복잡도가 높아졌습니다.

다운로드형 애플리케이션 개발에서는 Java, C# 등 사용할 수 있는 프로그래밍 언어 선택지가 다양하고, 대규모 개발에 최적인 것을 선택할 수 있었습니다. 하지만 웹 애플리케이션 개발의 선택지는 단 하나, 웹 브라우저에서 동작하는 유일한 프로그래밍 언어인 JavaScript뿐입니다. 하지만 JavaScript는 애플리케이션 개발을 위해 만들어진 언어가 아닙니다. 개발 복잡화와 애플리케이션 관리의 어려움이라는 문제는 점점 심각해졌습니다.

JavaScript 프레임워크는 이 문제들을 해결하기 위해 개발되었습니다. 2010년 무렵의 초기에는 Backbone.js, Ember.js 등 다양한 JavaScript 프레임워크가 출시되어 인기를 얻었습니다. 2010년대 중반 이후에는 JavaScript 프레임워크에 대한 수요는 React, Vue, Angular 세 가지로 집중되었습니다. 일본에서는 오랫동안 Vue가 인기를 얻었고, 그다음으로 React, 마지막으로 Angular가 인기를 끌었습니다. 하지만 최근에는 React의 인기가 가장 높습니다. React는 Yahoo! Japan, Uber, Netflix, Instagram 등 매우 많은 애플리케이션에서 사용하고 있습니다. 사실 전 세계 사람들이 일상적으로 React를 사용해 만들어진 애플리케이션을 사용하고 있습니다.

React는 엄밀하게 말하면 프레임워크가 아닌 라이브러리로 간주되지만, 이 책에서는 독자 여러분이 쉽게 이해할 수 있도록 간결함을 우선해 '프레임워크'로 통일합니다.

React의 등장으로 웹 애플리케이션 개발의 효율이 높아졌습니다. 사실 React 자체는 최소한의 기능만을 제공합니다. 예를 들면 '페이지를 이동한다', 'SEO 대책을 실행한다' 같은 매우 기본적인 기능을 애플리케이션에 추가할 때도 필요한 패키지를 React에 설치해야 합니다. 이 기능들을 사전에 설치하고, 추가로 필요한 기능을 더한 도구가 다음에 소개할 Next.js입니다.

05

Next.js를 사용하는 이유

Next.js가 'React 프레임워크'라 불리는 이유는 무엇일까요?

Next.js는 일반적으로 'React 프레임워크'로 소개됩니다. 하지만 이 지점에서 많은 사람들이 이런 의문을 갖습니다. 'React 자체가 JavaScript 프레임워크인데, 왜 그 위에 프레임워크가 또 있는가?' 앞에서 설명한 것처럼 React 자체가 제공하는 기능은 최소한의 것입니다. 그렇기 때문에 개발을 시작하기 전, 개발하는 도중, 그리고 개발 후 릴리스를 할 때는 많은 작업이 발생합니다. 그 중에는 대부분의 애플리케이션에 필요한 기능(페이지 설정 등), 정형화된 작업도 많습니다. 그래서 처음부터 해당 기능들을 제공하는 도구, 즉 설치와 동시에 즉시 개발을 시작할 수 있고, 애플리케이션 릴리스까지 원활하게 연결할 수 있는 도구가 있으면 매우 편리합니다. 그래서 만들어진 것이 'React 프레임워크'이며 Next.js가 대표적인 React 프레임워크입니다.

React는 Meta(구, Facebook)에서 개발했습니다. 하지만 Next.js는 캘리포니아에 거점을 둔 Vercel이라는 기업에서 개발했습니다. 2016년 10월 첫 릴리스 이후, Next.js는 착실하게 인기를 얻고 있습니다. React 공식 사이트 'React 시작하기' 페이지에서도 Next.js의 사용을 권장하고 있을 정도입니다. 개발 현장에서도 React 애플리케이션 개발에 Next.js를 일반적으로 사용하고 있으며, React 개발의 실질적 표준이라 부를 수 있는 지위를 구축했다고 말할 수 있을 것입니다. 다음은 Next.js를 사용하는 장점을 간단히 소개합니다(표1.6).

▼ 표 1.6 Next.js의 특징

특징	설명
개발에서 공개까지 한 번에 작업	Vercel은 애플리케이션 배포 서비스도 제공하고 있으며, 개발에서 공개까지의 과정을 원활하게 진행할 수 있다.
풍부한 렌더링 선택지	애플리케이션의 목적과 용도에 맞춰 최적의 렌더링을 선택할 수 있다. SSR(Server Side Rendering) / SSG(Static Site Generation) / ISR(Incremental Static Regeneration) 등이 있다.
라우팅	React 개발에서 시간이 걸리는 설정을 단순하게 구현할 수 있다.
이미지 최적화	애플리케이션의 속도 저하를 가져오는 이미지를 자동으로 최적화한다.
SEO 설정	외부 패키지 없이 간단하게 SEO 설정을 수행할 수 있다.
코드 분할(code splitting)	불필요한 코드를 읽지 않게 함으로써 애플리케이션 성능을 높인다.
백엔드 기능	원래는 백엔드 측의 기능인 API를 개발할 수 있으며, 프런트엔드와 백엔드를 갖지 않는, 소위 풀 스택 애플리케이션을 Next.js만 사용해 만들 수 있다. 이 책에서는 이 기능을 활용한다.

이것으로 애플리케이션 구조와 Next.js에 관해 소개했습니다. 이제 개발을 시작하기 위한 준비를 합니다.

06
터미널 사용 방법

터미널 조작은 이 세 가지만 알면 충분합니다.

터미널terminal은 'Launchpad' 안의 '기타(Other)' 폴더 안에 있습니다. 클릭해서 실행합니다. 터미널 조작은 어려워 보이지만 가장 처음 기억해야 하는 것은 표1.7의 세 가지뿐입니다.

▼ 표 1.7 기본적인 터미널 조작

cd	cd ..	ls
폴더로 이동한다	한 단계 앞의 폴더로 이동한다	폴더 내용을 표시한다

예를 들면 ls를 실행하면 폴더 내용이 표시됩니다. 터미널에 ls를 입력한 뒤 Enter키를 눌러 실행해 봅시다. 필자의 컴퓨터에서는 다음과 같이 표시됩니다(표시 내용은 환경에 따라 다릅니다).

```
% ls
Applications  Library   Public
Desktop       Movies
Documents     Music
Downloads     Pictures
```

07

Node.js 다운로드

Node.js와 npm을 공식 사이트에서 다운로드합니다.

Node.js는 다음 공식 사이트에서 다운로드합니다. 다운로드할 수 있는 버전은 안정 버전인 'LTS', 최신 버전인 'CURRENT'가 있습니다. 특별한 이유가 없는 한 'LTS'를 다운로드합니다.

URL https://nodejs.org/en/download/prebuilt-installer

이 책에서 사용하는 Next.js 버전 14를 사용하려면 Node.js의 버전이 18.17 이상이어야 합니다. 과거 Node.js를 사용하던 분들이라면 다음 명령어를 실행해 설치되어 있는 Node.js 버전을 확인합니다.

```
# terminal
% node -v
```

다음과 같이 설치되어 있는 Node.js 버전이 표시됩니다.

```
v20.18.1
```

Node.js 버전은 몇 가지 방법으로 업데이트할 수 있습니다. 하지만 세세한 부분을 신경 쓰지 않아도 된다면 위 공식 사이트에서 'LTS'를 다운로드합니다. 이전 버전을 최신 버전을 덮어쓰게 되며 간단하게 완료됩니다.

08
npm

npm은 Node Package Manager의 줄임말입니다.

웹 애플리케이션 개발에서 사용하는 다양한 주변 기술을 '패키지'라 부릅니다. 스마트폰에 '애플리케이션'을 설치해 기본 기능을 확장하는 것과 같이, 웹 애플리케이션 개발에도 '패키지'를 설치해 기능을 추가 및 확장합니다. 이 패키지 설치나 관리에 사용되는 것이 npm이며 Node.js와 함께 설치됩니다. 설치 여부를 확인하려면 npm -v라고 터미널에 입력한 뒤 Enter키를 누릅니다. 다음과 같이 npm 버전이 표시되면 문제없이 설치된 것입니다.

```
% npm -v
10.1.0
```

npm 말고도 다른 패키지 관리자(yarn, pnpm 등)도 있지만 이 책에서는 npm을 사용합니다. 각 패키지에는 버전이 있으며, 버전에 따라 기능이 다르기도 합니다. 이 책의 각 패키지는 집필 시점 (2024년 3월)의 최신 버전을 사용했습니다. 책을 읽는 시기에 따라 새로운 버전이 릴리스된 경우, 이 책의 코드를 그대로 작성해도 의도한 대로 동작하지 않을 가능성이 있습니다.

앞 장에서 자세히 설명했지만 패키지 설치는 터미널에서 다음 명령을 실행하면 됩니다. 다음은 mongoose라는 패키지를 설치하는 예입니다.

```
% npm install mongoose
```

이 명령을 실행하면 mongoose 최신 버전이 설치됩니다. 과거 버전을 지정하고 싶을 때는 @을 사용해 다음과 같이 명령을 실행합니다. 여기에서는 버전 5.2를 지정했습니다.

```
% npm install mongoose@5.2
```

이 책에서 사용하는 각 패키지 버전은 GitHub의 완성 샘플 코드의 package.json 파일의 dependencies 섹션에 기재되어 있습니다. 필요하다면 해당 정보를 확인합니다.

09
VS Code 다운로드

VS Code는 웹 애플리케이션 개발에서 가장 많이 사용되는 에디터입니다.

이 책에서는 Microsoft에서 제공하는 무료 코드 에디터인 VS Code(Visual Studio Code)를 사용해 개발합니다. 다음 링크에서 다운로드합니다.

URL https://code.visualstudio.com/download

이 책에서는 VS Code의 배경색을 흰색으로 했습니다. VS Code 화면 위쪽 메뉴의 'Code' → 'Settings…' → 'Theme' → 'Color Theme'에서 'Light+/Default Light+'를 선택하면 이 책과 동일한 색상이 됩니다. 선호에 따라 설정합니다.

10

Thunder Client 설치

Thunder Client는 HTTP 요청 조작에 사용합니다.

VS Code는 확장 기능을 사용해 다양한 기능을 추가할 수 있습니다. 이 책에서는 Thunder Client extension을 사용합니다. 다음 URL에서 설치합니다.

URL https://marketplace.visualstudio.com/items?itemName=rangav.vscode-thunder-client

녹색의 'Install' 버튼을 클릭하면 설치가 시작됩니다(그림1.9).

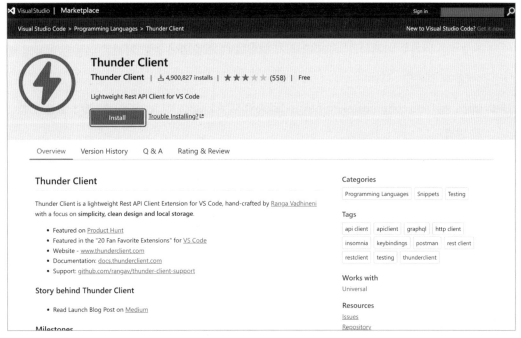

▲ 그림 1.9 Thunder Client 설치

설치를 완료하면 VS Code 왼쪽에 번개 아이콘이 추가됩니다.

11

에러 발생 시 대처 방법

에러는 대부분 단순한 실수 때문에 발생합니다. 당황하지 않도록 합니다.

이 책을 읽는 도중에 에러가 발생하는 경우의 원인은 크게 두 가지 중 하나입니다.

1. 패키지 버전 차이
2. 단순한 오탈자 실수

이 책의 내용대로 진행해도 에러가 발생한다면 먼저 패키지 버전이 같은지 확인합니다. 버전 정보는 GitHub의 완성 샘플 코드의 `package.json`에 기재되어 있습니다. 만약 버전이 다르다면 8절에서 설명한 방법을 따라 @을 사용해 패키지 버전을 지정해 완성 샘플 코드와 버전을 맞춥니다, 완성 샘플 코드와 버전을 맞춥니다. 에러 발생 시 원인과 대처 방법에 관한 자세한 내용은 필자의 웹사이트 내용을 참조해 주십시오

URL https://github.com/moseskim/nextjs-book-fullstack-app-folder-v2/wiki/에러-발견과-처리-방법

Chapter 2

백엔드 개발 준비

Next.js를 설치하고 기본적인 조작을 확인합니다. 이번 장 후반에서는 애플리케이션에 필요한 폴더와 파일을 준비합니다.

01

Next.js 설치

먼저 Next.js를 설치할 폴더로 이동합니다. 터미널을 열고 현재 위치를 확인합니다. 보통 가장 상위인 홈 폴더로 되어 있겠지만 현재 위치를 잘 모를 때는 pwd를 입력하고 Enter 키를 눌러 실행합니다. 현재 폴더의 위치를 알 수 있습니다.

```
% pwd
/Users/yourname
```

이렇게 /Users/yourname과 같이 표시된다면 현재 위치가 홈 폴더입니다.

이번에는 Downloads 폴더에 Next.js를 설치할 것이므로 홈 폴더에서 Downloads 폴더로 이동합니다. 우선 현재 폴더에 포함되어 있는 폴더를 표시해 봅니다. ls를 입력하고 Enter 키를 눌러 실행합니다.

```
% ls
Applications   Library    Public
Desktop        Movies
Documents      Music
Downloads      Pictures
```

현재 위치해 있는 홈 폴더 안에 Downloads 폴더가 있음을 확인했으므로 해당 폴더로 이동합니다 (여러분의 환경에 따라 표시되는 내용이 다를 수 있습니다). 폴더 이동 명령어인 cd를 입력하고, 공백을 한 칸 입력한 뒤 이동할 대상인 Downloads를 입력합니다. Enter 키를 눌러 실행합니다.

```
% cd Downloads
```

Downloads 폴더로 이동했는지 확인합니다. ls 명령을 사용해 Downloads 폴더의 내용을 표시해 봅니다.

```
% ls
```

결과는 다음과 같습니다(여러분의 환경에 따라 표시되는 내용이 다를 수 있습니다).

```
% ls
work    travel    hobby    books
```

위 내용이 정확한지 확인하기 위해 Finder에서 Downloads 폴더를 열어 봅니다(그림 2.1).

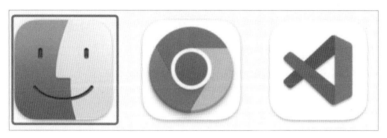

▲ 그림 2.1 Finder

Finder에서 Downloads 폴더를 열고 터미널에 표시된 내용과 일치하는지 확인합니다. 내용이 일치한다면 터미널에서 확실하게 Downloads 폴더에 위치한 것입니다.

여기에 Next.js를 설치합니다. 터미널에 다음 명령어를 입력하고 Enter 키를 눌러 실행합니다.

```
% npx create-next-app next-market
```

npx는 설치를 실행하는 특별한 명령어입니다. 이 책에서는 여기에서만 사용합니다. 그 뒤의 create-next-app에서는 Next.js 설치를 지정했습니다. 가장 마지막의 next-market은 설치한 폴더의 이름입니다. 여기에서는 next-market을 사용했지만 원하는 임의의 이름을 사용해도 됩니다.

다음과 같은 메시지가 표시됩니다. 특별히 문제되는 내용은 아니므로 아무것도 입력하지 않은 상태로 Enter 키를 누릅니다.

```
Need to install the following packages:
  create-next-app@14.1.4
Ok to proceed? (y)
```

설치를 실행하면 다음과 같은 질문이 표시됩니다.

```
? Would you like to use TypeScript? ... No / Yes
? Would you like to use ESLint? ... No / Yes
```

```
? Would you like to Tailwind CSS? ... No / Yes

? Would you like to use `src/` directory? ... No / Yes

? Would you like to use App Router? (recommended) ... No / Yes

? Would you like to customize the default import alias (@/*)? ... No / Yes
```

'Would you like to ~'는 'Do you want to~'의 공손한 표현입니다. 이 질문들은 'TypeScript, ESLint 등도 함께 설치합니까?'라는 의미입니다. 이 책에서는 가장 기본적인 설정으로 개발을 진행할 것이므로 No를 입력한 뒤 Enter 키를 눌러 실행합니다.

단, 마지막 두 번째 항목인 'App Router' 관련 질문에는 반드시 Yes를 선택합니다. 이를 선택해야만 Next.js 버전 13에서 도입된 'App 라우터'가 설치됩니다. 이 책에서는 이후 초보자 분들이 이해하기 쉽도록 'App 라우터'가 아니라 'app 폴더'라는 이름을 사용합니다.

더 알아보기
Next.js 15를 사용한다면

2025년 2월 기준으로 Next.js 설치 명령어를 실행하면 Turbopack과 관련된 다음 질문이 추가됩니다.

```
? Would you like to use Turbopack for next dev? ... No / Yes
```

Turbopack은 Vercel이 개발을 주도하고 있는 번들러(개발을 고속화하는 도구)입니다. 이 책은 Next.js 14를 기준으로 하며 Turbopack을 사용하지 않으므로 No를 선택합니다.

설치를 완료했다면 Downloads 폴더를 열어 봅니다. 그림 2.2와 같이 새로운 폴더가 생성된 것을 확인할 수 있습니다.

next-market

▲ 그림 2.2 Next.js 폴더

다음으로 이 폴더를 VS Code에서 엽니다. VS Code를 실행하고 위쪽 메뉴의 'File'에서 'Open…'을 선택한 뒤, Downloads 폴더 안의 next-market을 선택합니다.

02

폴더 내용

설치한 Next.js 폴더에서는 다양한 파일이 들어 있습니다. 각 파일을 확인해 봅니다.

폴더의 내용을 확인해 봅니다. 그림 2.3과 같이 되어 있을 것입니다.

```
∨ NEXT-MARKET
  > app
  > node_modules
  > public
  ◈ .gitignore
  {} jsconfig.json
  JS next.config.mjs
  {} package-lock.json
  {} package.json
  ⓘ README.md
```

▲ 그림 2.3 Next.js의 내용

각 폴더와 파일에 관해 간단하게 소개합니다.

- app: 앞에서 설명한 'app 폴더'입니다. 이 책에서 다루는 대부분의 개발은 여기에서 수행합니다.
- node_modules: 설치된 패키지가 저장되어 있습니다. 개발에 반드시 필요한 폴더이지만, 이 책에서는 자세히 다루지 않으므로 무시해도 좋습니다.
- public: 정적 파일이 위치한 장소로 이미지 등을 여기에 배치합니다.
- .gitignore: 코드를 관리하는 Git에서 사용되는 파일입니다. 이 책에서는 다루지 않으므로 무시해도 좋습니다.
- jsconfig.json: React 컴포넌트를 import할 때, 경로를 상대 경로에서 절대로 경로로 바꿔 주는 것입니다. 이 책에서는 널리 보급되어 있는 상대 경로를 사용해서 개발하므로 이 파일은 무시해도 좋습니다. 코드 2.1은 상대 경로와 절대 경로의 예입니다.

▼ 코드 2.1 상대 경로와 절대 경로

```
# 상대 경로 예
import Button from "../components/button"


# 절대 경로 예
import Button from "@/button"
```

- next.config.mjs: 이 Next.js 애플리케이션 전체를 설정하는 파일입니다. 프런트엔드 개발 중 가장 마지막 단계에서 사용합니다.
- package-lock.json: 실제 설치된 패키지 정보가 기재되어 있습니다. 필수 파일이지만 이 책에서는 특별히 다루지 않으므로 무시해도 좋습니다.
- package.json: Next.js 조작 명령과 설치되어 있는 패키지 정보가 기재되어 있습니다. 중요한 파일이지만 이 책에서는 특별히 다루지 않으므로 무시해도 좋습니다.
- README.md: create-next-app에 대한 설명 및 실행 방법 등이 기재되어 있습니다. 흥미가 있는 분들은 읽어 보기 바랍니다. 이 책에서는 특별히 다루지 않습니다.

그럼 본격적으로 개발을 시작합시다.

03

백엔드 개발에서 사용하는 폴더 준비

백엔드 관련 파일을 저장할 폴더를 만듭니다.

먼저 백엔드 개발에 필요한 폴더를 준비합니다. 개발을 진행할 app 폴더를 엽니다. 그림 2.4와 같은
파일이 들어 있습니다.

▲ 그림 2.4 app 폴더의 내용

.css 같은 파일 유형에서 추측할 수 있겠지만, 여기에 있는 파일은 모두 프런트엔드 측과 관련된
것입니다. 이 책에서는 백엔드 개발에 api 폴더를 사용할 것이므로 우선 이 폴더를 만듭시다. app
폴더를 선택한 상태에서 VS Code의 새 폴더 작성 아이콘을 클릭합니다(그림 2.5).

▲ 그림 2.5 새 폴더 작성 아이콘

새 폴더에 api라는 이름을 붙입니다(그림2.6).

▲ 그림 2.6 api 폴더 작성

주의할 점이 있습니다. api 폴더는 반드시 app 폴더 안에 만들어야 합니다. 다음은 백엔드 폴더의
동작에 관해 간단하게 확인합니다.

04

백엔드 폴더의 동작

백엔드가 어떻게 동작하는지 간단히 확인합니다.

api 폴더 안에 새 폴더를 만들고 hello라는 이름을 붙입니다(그림 2.7).

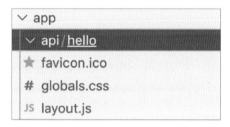

▲ 그림 2.7 hello 폴더

hello 폴더 안에 파일을 하나 작성합니다. VS Code의 새 파일 작성 아이콘을 클릭합니다(그림 2.8).

▲ 그림 2.8 새 파일 작성 아이콘

파일에는 route.js라는 이름을 붙입니다(그림 2.9).

▲ 그림 2.9 route.js 파일

여기에 코드 2.2의 코드를 작성합니다.

▼ 코드 2.2 app/api/hello/route.js

```
import { NextResponse } from "next/server"

export async function GET() {
  return NextResponse.json({message: "안녕하세요."})
}
```

이것이 Next.js 백엔드의 가장 기본적인 코드, 즉, 템플릿 코드입니다. GET이라는 문자가 있는데, 이것은 앞 장에서 소개한 HTTP 메서드를 가리키는 것으로 '읽기'를 의미합니다. GET의 왼쪽에 보이는 {와 파일 가장 마지막에 보이는 } 사이에 이 파일에서 수행할 조작을 나타내는 코드를 작성합니다.

현재 이 부분에는 return NextResponse.json({message: "안녕하세요."})라고 기재되어 있습니다. NextResponse는 Next.js가 제공하는 전용 코드입니다. 이 코드가 어떻게 동작할지 상상해 봅시다. '"안녕하세요."라는 메시지(message)를 응답(Response)으로 반환한다'고 생각할 수 있습니다. 확인해 봅니다.

먼저 파일의 변경 사항을 저장합니다. command 키 + S 키, 또는 화면 왼쪽 메뉴 바의 'File' → 'Save'에서 지금까지의 변경 사항을 저장합니다. 다음은 Next.js를 실행합니다.

실행 조작은 터미널에서 수행합니다. VS Code에는 터미널이 내장되어 있으므로, 이 터미널을 엽니다. 화면 위쪽 메뉴 바의 'Terminal' → 'New Terminal'을 클릭하면 VS Code 아래쪽에 터미널이 표시됩니다. 다음과 같이 Next.js 실행 명령어를 입력하고 Enter 키를 눌러 실행합니다.

```
% npm run dev
```

그림 2.10 같은 표시가 터미널에 나타나면 실행이 완료된 것입니다.

```
> next-market@0.1.0 dev
> next dev

   ▲ Next.js 14.1.4
   - Local:        http://localhost:3000

 ✓ Ready in 2s
```

▲ 그림 2.10 Next.js 실행 화면

이 시점에서 .next라는 폴더가 자동으로 생성됩니다. 여기에는 Next.js를 실행에 관한 데이터가 들어 있으므로 그대로 유지합니다. Local에 지정되어 있는 http://localhost:3000을 열면, 그림 2.11과 같이 표시됩니다(오프라인 환경에서는 에러가 발생할 수 있으므로 인터넷에 연결합니다).

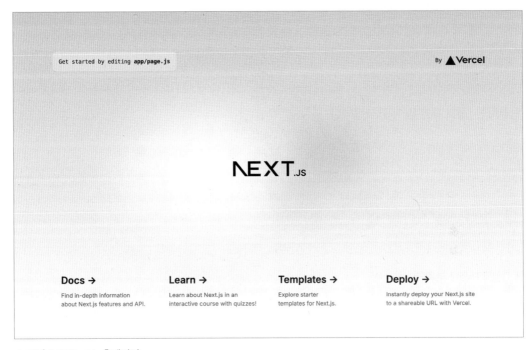

▲ 그림 2.11 Next.js 홈페이지

여기에서 브라우저에 표시되어 있는 것은 app 폴더 안의 page.js 파일입니다. 이 부분은 프런트엔드와 관련되어 있으므로 6장에서 설명합니다.

URL 끝에 /api/hello를 추가합니다. http://localhost:3000/api/hello를 열면 그림 2.12와 같이 표시됩니다.

▲ 그림 2.12 http://localhost:3000/api/hello 페이지

위 내용을 확인했다면 VS Code로 돌아가 /app/api/hello/route.js에 코드 2.3의 내용을 추가합니다.

▼ 코드 2.3 app/api/hello/route.js

```javascript
import { NextResponse } from "next/server"

export async function GET(){
    return NextResponse.json({message: "안녕하세요. 또 만나요!"})  // 추가
}
```

변경 사항을 조정하고 브라우저로 돌아갑니다. 새로 고침(다시 읽기)해서 변경 사항을 브라우저에 반영하면 그림 2.13과 같이 표시됩니다.

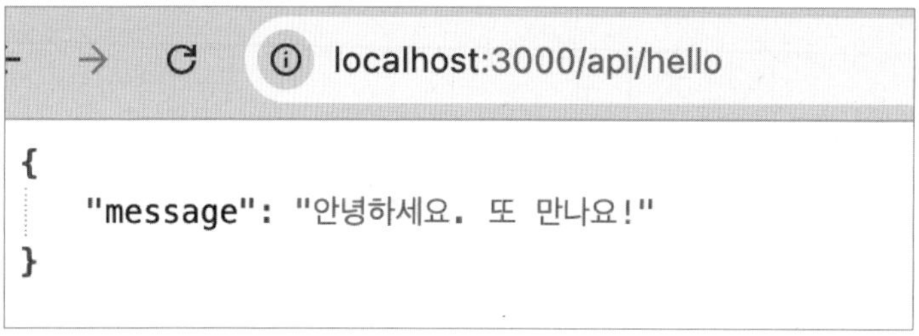

```
← → C  ⓘ localhost:3000/api/hello

{
    "message": "안녕하세요. 또 만나요!"
}
```

▲ 그림 2.13 변경 후 화면

.json()의 괄호 안에 있는 코드가 브라우저에 표시되는 것을 알 수 있습니다. 그리고 이 데이터는 앞 장에서 본 다음 URL에서 표시된 것(그림 2.14)과 구조가 비슷하다는 것도 알 수 있습니다.

URL https://nextjs-book-fullstack-app-folder-v2-example.vercel.app/api/item/readsingle/6778947b2341e86e7af21fe3

```
▼ {
    "message": "아이템 읽기 성공(하나)",
    ▼ "singleItem": {
        "_id": "6778947b2341e86e7af21fe3",
        "title": "색연필",
        "image": "http://res.cloudinary.com/daeprmo1b/image/upload/v1736162008/tpy1osuzkphafxhrnjqj.jpg",
        "price": "15000",
        "description": "사용하기 쉬운 색연필입니다. Lorem ipsum dolor sit amet, consectetur adipiscing elit. Suspendisse
        maximus est tellus, eget porta leo tristique a. Donec hendrerit massa leo, id tempus dolor vulputate et.
        Pellentesque consectetur dolor placerat euismod pellentesque. Integer scelerisque, augue ac ullamcorper
        sodales, neque lectus tristique turpis, id luctus lectus lorem eu tortor. In imperdiet semper accumsan.
        Etiam pellentesque libero et scelerisque vehicula. Nam quis justo mi. Cras erat ex, rhoncus id blandit id,
        commodo ac leo. In hac habitasse platea dictumst.",
        "email": "dummy@gmail.com",
        "__v": 0
    }
}
```

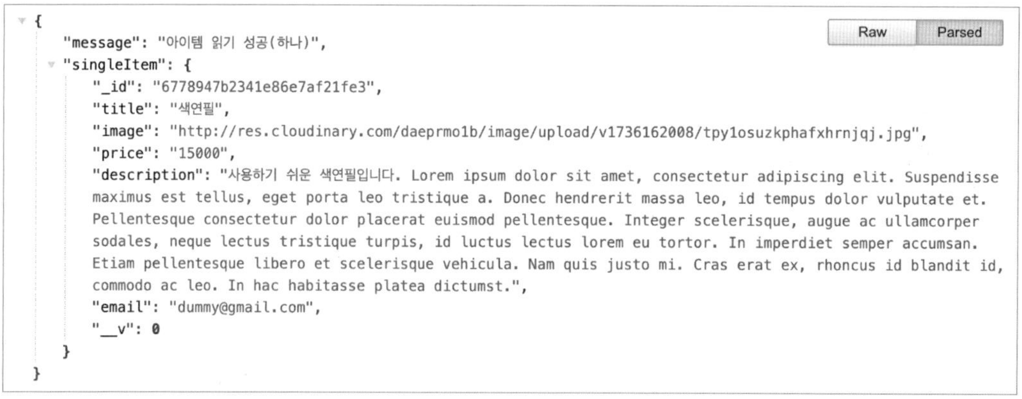

▲ 그림 2.14 아이템 데이터 페이지

사실 route.js 파일은 Next.js에 의해 백엔드로 처리되므로 그림 2.13과 같이 표시됩니다. 다음은 URL을 살펴봅시다(그림 2.15).

▲ 그림 2.15 URL

URL 끝이 /api/hello로 되어 있으며, 이것은 'api 폴더 안에 hello 파일이 있다'는 구조와 동일함을 알 수 있습니다.

Next.js에서는 app 폴더 안의 구성을 URL에 반영됩니다. 이 책에서 다루는 백엔드, 즉 api 폴더와 관련해서 설명하면 폴더명(hello 등)을 URL로 사용하고, 그 페이지에서는 폴더 안에 작성된 route.js 파일에 기술된 내용을 출력합니다. 예를 들면 /api/goodbye라는 URL을 사용하고 싶다면 api 폴더 안에 goodbye라는 폴더를 만들고, 코드는 그 안에 작성한 route.js에 기술합니다. 폴더명은 임의로 지어도 됩니다. 하지만 폴더 안에 만드는 파일명은 반드시 route.js여야 하는 점에 주의합시다.

다음 내용을 진행하기 전에 실행 중인 Next.js를 정지시킵니다. 터미널에서 [Ctrl]키+[C]키를 누르면 Next.js가 정지합니다.

 더 알아보기
app 폴더와 pages 폴더 구성의 차이

app 폴더 도입 이전(Next.js 버전 12까지) 사용되던 것이 pages 폴더입니다. 이 pages 폴더에서 백엔드 API를 개발할 때는 폴더명을 api로 지정해야 했습니다. 한편 app 폴더에서는 route.js 파일을 app 폴더 안에 만들면, 해당 폴더명이 URL로 매핑되어 백엔드 코드로 기능하기 때문에 api 폴더를 만들 필요가 없습니다.

앞에서 본 것처럼 app 폴더에서는 폴더명이 URL에 반영됩니다. 하지만 pages 폴더에서는 파일명이 URL에 반영되는 구조였습니다. 차이를 정리하면 표 2.1과 같습니다.

▼ 표 2.1 app 폴더와 pages 폴더의 차이

URL	폴더 구성(app 폴더)	폴더 구성(pages 폴더)
/api/hello	/app/api/hello/route.js	/pages/api/hello.js
/api/goodbye	/app/api/goodbye/route.js	/pages/api/goodbye.js

05

필요한 폴더와 파일 작성

가장 먼저 백엔드에 어떤 폴더와 파일이 필요한지 생각해 봅시다.

먼저 아이템 '작성', '수정', '삭제' 등의 처리를 담당하는 파일이 필요할 것입니다. 그리고 애플리케이션에는 사용자 등록과 로그인 기능도 있으므로 사용자 관련 처리를 담당하는 파일도 필요합니다. 즉, 크게 '아이템 관련'과 '사용자 관련'으로 나눌 수 있습니다.

api 폴더 안에 item 폴더와 user 폴더를 만듭니다(그림 2.16).

▲ 그림 2.16 item 폴더와 user 폴더

앞에서 만든 hello 폴더와 그 안의 route.js 파일은 이후 사용하지 않으므로 삭제합니다. hello 폴더를 선택한 상태에서 마우스 우클릭한 뒤, 표시된 메뉴에서 '삭제'를 선택합니다. 현재 api 폴더 안에는 그림 2.17과 같이 item 폴더와 user 폴더가 있습니다.

▲ 그림 2.17 api 폴더의 내용

사용자 관련 기능은 4장에서 개발하므로 여기에서는 item 폴더에 집중합니다. 어떤 폴더와 파일이 필요할지 생각해 봅시다.

먼저 '아이템을 작성하는' 처리를 수행하는 폴더와 파일이 필요합니다. item 폴더 안에 create 폴더를 만듭니다(그림 2.18).

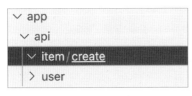

▲ 그림 2.18 create 폴더 작성

create 폴더 안에 코드를 작성할 route.js 파일을 만듭니다(그림 2.19).

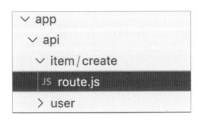

▲ 그림 2.19 route.js 파일 작성

다음은 '아이템을 읽는' 조작을 하는 폴더와 파일이 필요합니다. 따라서 read라는 폴더를 만들어야 합니다. 그 전에 고려해야 할 것이 있습니다. 아이템을 읽는 것은 사실 두 가지 종류가 있기 때문입니다. 한번 확인해 봅시다. 다음 URL을 열면 그림 2.20과 같이 모든 아이템이 표시됩니다.

URL https://nextjs-book-fullstack-app-folder-v2-example.vercel.app/

▲ 그림 2.20 샘플 애플리케이션 홈페이지

여기에서 아이템을 클릭하면 그림 2.21과 같이 아이템이 하나만 표시됩니다.

URL https://nextjs-book-fullstack-app-folder-v2-example.vercel.app/item/readsingle/67789
47b2341e86e7af21fe3

▲ 그림 2.21 아이템 페이지

여기에서 알 수 있는 것은 '아이템을 읽기' 처리에는 '모든 아이템 데이터 읽기'와 '하나의 아이템 데이터 읽기'라는 두 종류가 있다는 점입니다. 따라서 `readall`과 `readsingle`이라는 2개의 폴더를 `item` 폴더 안에 만듭니다(그림 2.22).

▲ 그림 2.22 `readall` 폴더와 `readsingle` 폴더 작성

각 폴더 안에 `route.js`를 만듭니다(그림 2.23).

▲ 그림 2.23 route.js 작성

'작성'과 '읽기'를 완료했습니다. 나머지는 '수정'과 '삭제'입니다. update와 delete 폴더를 item 폴더 안에 만듭니다(그림 2.24).

▲ 그림 2.24 update와 delete 폴더 작성

각 폴더 안에 route.js 파일을 만듭니다(그림 2.25).

▲ 그림 2.25 route.js 작성

이제 api 폴더 안의 형태는 다음과 같습니다(그림 2.26).

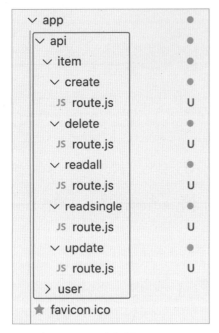

▲ 그림 2.26 api 폴더의 내용

이것으로 필요한 폴더와 파일을 모두 만들었습니다. 다음 장부터는 아이템 조작 기능을 개발합니다.

지금까지 작성한 코드는 다음 URL에서 확인할 수 있습니다.

URL https://github.com/moseskim/nextjs-book-fullstack-app-folder-v2/tree/chapter2

Chapter 3

아이템 조작 기능

백엔드의 메인 기능인 '아이템 작성하기/읽기/수정하기/삭제하기'를 각각 만듭니다. 이 네 가지 기능 중에서는 가장 처음 개발하는 '아이템을 작성한다'가 가장 복잡하고 규모가 큽니다. 이를 잘 만들 수 있다면 남은 세 가지 기능 개발 및 다음 장의 사용자 관련 기능 개발도 원활하게 수행할 수 있을 것입니다.

01

아이템 작성 1

화면 표시를 확인하고 데이터를 게시하면서 Next.js의 백엔드가 어떻게 동작하는지 확인합니다.

/app/api/item/create 폴더의 route.js에 코드 3.1의 템플릿 코드를 작성합니다. 앞 장에서 본 hello 폴더의 route.js와의 차이는 message 오른쪽의 구문뿐입니다.

▼ 코드 3.1 app/api/item/create/route.js

```
import { NextResponse } from "next/server"

export async function GET(){
    return NextResponse.json({message: "아이템 작성"})
}
```

다음으로 위 코드가 어떻게 표시되는지 확인해 봅시다. 변경 내용을 저장하고 다음 명령어로 Next.js를 실행합니다.

```
% npm run dev
```

브라우저에서 http://localhost:3000/api/item/create를 열어 봅시다(그림 3.1).

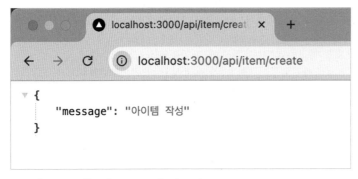

▲ 그림 3.1 http://localhost:3000/api/item/create

route.js에 작성한 코드가 확실히 동작하고 있음을 알 수 있습니다. 그리고 'api 폴더 안의 item 폴더 안에 create 폴더가 있다'는 위치 관계가 URL에 반영되어 있는 것도 알 수 있습니다. 다음은 이 파일에서 수행할 '아이템 작성'이라는 처리를 구현하는 방법을 생각해 봅시다.

'아이템 작성'을 하기 위해서는 그에 앞에서 '사용자로부터 아이템 데이터를 받는' 단계가 필요합니다. 이 데이터는 실제로는 프런트엔드에서 전달되지만 현재 프런트엔드가 존재하지 않으므로, 프런트엔드를 대체해 1장에서 VS Code에 추가했던 Thunder Client를 사용합니다.

VS Code 왼쪽 아이콘 중 번개 아이콘을 클릭하고 Thunder Client를 엽니다(그림 3.2).

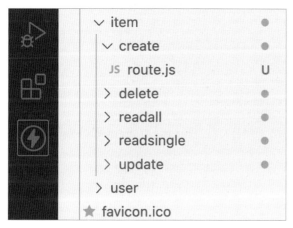

▲ 그림 3.2 Thunder Client 아이콘

그림 3.3과 같이 표시됩니다. 'New Request'를 클릭합니다.

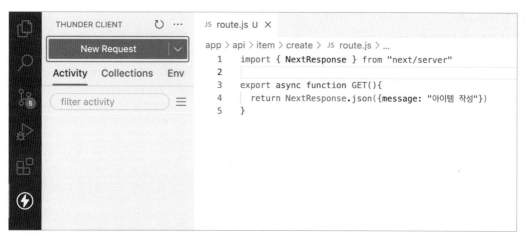

▲ 그림 3.3 New Request 버튼

그림 3.4와 같이 표시됩니다.

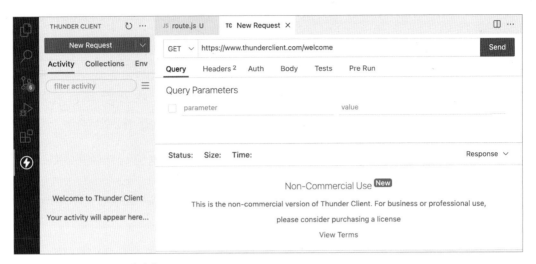

▲ 그림 3.4 New Request 페이지

Thunder Client의 기능을 실제로 사용하면서 살펴봅시다. Thunder Client에 다음 URL을 입력합니다(그림 3.5).

URL http://localhost:3000/api/item/create

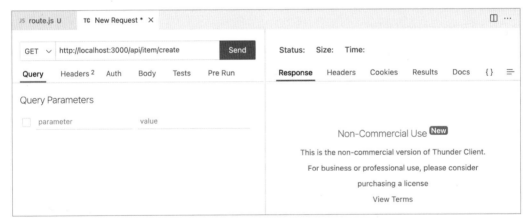

▲ 그림 3.5 URL 입력

오른쪽 'Send' 버튼을 클릭합니다. 화면 오른쪽(또는 VS Code 창 크기에 따라 화면 아래쪽)에 그림 3.6과 같이 표시됩니다.

▲ 그림 3.6 'Send' 버튼 클릭 후 화면

그림 3.6에서 프레임으로 감싼 부분의 내용을 보면 브라우저에서 표시된 것과 완전히 동일합니다. 이를 통해 Thunder Client에는 백엔드 URL에 접근했을 때, 브라우저와 동일한 내용을 표시하는 기능이 있음을 알 수 있습니다. Thunder Client에는 그 밖에도 백엔드 개발에 도움이 되는 기능이 많으므로 개발을 진행하면서 살펴봅니다.

여기에서 기억해 두어야 할 것이 있습니다. 1장에서 소개한 HTTP 메서드와 CRUD입니다(표 3.1).

▼ 표 3.1 HTTP 메서드와 CRUD

HTTP 메서드	조작	CRUD
GET	읽기	Read
POST	작성	Create
PUT	수정	Update
DELETE	삭제	Delete

현재 개발하고 있는 '아이템 작성하기' 기능은 위 표를 기준으로 하면 위에서 두 번째 항목에 해당합니다. 하지만 Thunder Client를 확인해 보면 URL 필드 왼쪽에는 GET으로 표시되어 있습니다(그림 3.7).

▲ 그림 3.7 GET 요청

하지만 GET은 '읽기(Read)'에 사용하는 것이므로, 여기에서는 '작성하기(Create)'에 사용하는
POST로 변경합니다(그림 3.8).

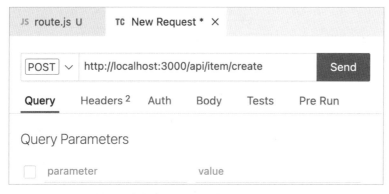

▲ 그림 3.8 POST 요청으로 변경

POST로 변경했다면 다시 'Send'를 클릭합니다. 그림 3.9와 같이 됩니다.

▲ 그림 3.9 'Send' 버튼 클릭 후 화면

앞과 달리 '아이템 작성'이라는 내용이 표시되지 않습니다. 그래서 무언가 잘되지 않는다고 생각
할 수 있습니다.

여기에서 주목해야 할 점은 위쪽의 'Status'에 빨간색 문자로 쓰인 '405 Method Not Allowed'
입니다. 'Method Not Allowed'는 '이 (HTTP) 메서드가 허가되지 않았다'는 의미입니다. 메시
지를 통해 GET이나 POST 같은 HTTP 메서드에 무언가 문제가 있다고 생각할 수 있습니다.

create 폴더의 route.js로 돌아와 확인해 봅시다. export async function 오른쪽에 GET이라는
문자가 있습니다(코드 3.1). 하지만 생각해 보면 이것은 조금 이상합니다. 이 파일에서 수행할 '아이
템 작성' HTTP 메서드는 GET이 아니라 POST이기 때문입니다. 그러므로 GET을 POST로 변경합니
다(코드 3.2).

▼ 코드 3.2 app/api/item/create/route.js

```
import { NextResponse } from "next/server"
```

```
export async function POST() {  // 변경
    return NextResponse.json({message: "아이템 작성"})
}
```

변경 내용을 저장했다면 Thunder Client로 돌아와 URL 왼쪽의 HTTP 메서드가 POST인 것을 확인한 뒤 'Send'를 클릭합니다. 그림 3.10과 같이 표시됩니다.

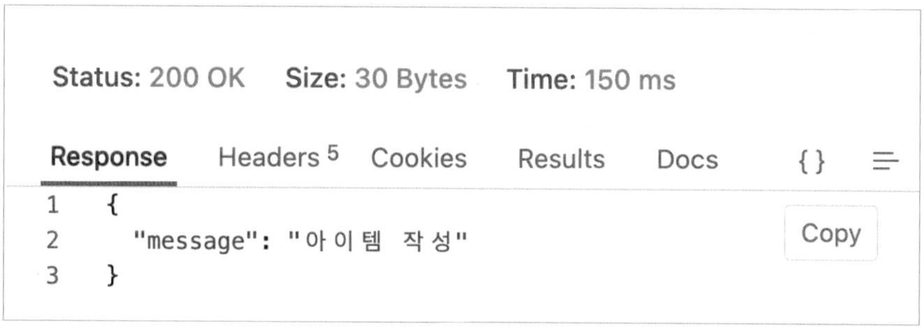

Status: 200 OK   Size: 30 Bytes   Time: 150 ms

Response   Headers 5   Cookies   Results   Docs   { }   ≡

```
1   {
2       "message": "아 이 템  작 성"
3   }
```
Copy

▲ 그림 3.10 'Send' 버튼 클릭 후 화면

앞에서 본 빨간색 문자 표시는 사라졌습니다. 그리고 '아이템 작성'이라는 내용이 표시되고 코드가 올바르게 동작함을 알 수 있습니다. 여기에서 기억해 두어야 할 점이 있습니다. Next.js의 route.js 파일에서는 export async function 오른쪽의 문자열로 HTTP 메서드를 지정한다는 점입니다. 지금까지 GET과 POST를 사용했고, 이번 장 후반에서는 PUT과 DELETE도 사용합니다.

이제 Thunder Client의 동작 방법을 알았습니다. 이제 아이템 데이터에 관해 살펴봅시다. 앞에서 살펴본 것처럼 '아이템 작성'을 하려면 그 전에 '사용자(프런트엔드)에게 아이템 데이터를 받는' 단계가 필요합니다. 지금은 아직 프런트엔드 부분이 없으므로 이 데이터는 Thunder Client를 사용해 백엔드로 전달합니다.

데이터는 JSON 형식으로 만듭니다. JSON은 {와 [를 사용해 데이터를 쉽게 볼 수 있게 정리한 것입니다. 앞에서 본 그림 3.11과 같은 데이터도 JSON 형식으로 작성된 것입니다.

```
{
    "message": "아이템 읽기 성공(모두)",
    "allItems": [
        {
            "_id": "677894182341e86e7af21fe1",
            "title": "안경",
            "image": "http://res.cloudinary.com/daeprmo1b/image/upload/v1736161968/sxl8euuq0wmpuycoltaq.jpg",
            "price": "55000",
            "description": "사용하기 쉬운 안경입니다. Lorem ipsum dolor sit amet, consectetur adipiscing elit. Suspendisse maximus
            est tellus, eget porta leo tristique a. Donec hendrerit massa leo, id tempus dolor vulputate et. Pellentesque
            consectetur dolor placerat euismod pellentesque. Integer scelerisque, augue ac ullamcorper sodales, neque lectus
            tristique turpis, id luctus lectus lorem eu tortor. In imperdiet semper accumsan. Etiam pellentesque libero et
            scelerisque vehicula. Nam quis justo mi. Cras erat ex, rhoncus id blandit id, commodo ac leo. In hac habitasse
            platea dictumst.",
            "email": "dummy@gmail.com",
            "__v": 0
        },
        {
            "_id": "6778947b2341e86e7af21fe3",
            "title": "색연필",
            "image": "http://res.cloudinary.com/daeprmo1b/image/upload/v1736162008/tpy1osuzkphafxhrnjqj.jpg",
            "price": "15000",
            "description": "사용하기 쉬운 색연필입니다. Lorem ipsum dolor sit amet, consectetur adipiscing elit. Suspendisse
            maximus est tellus, eget porta leo tristique a. Donec hendrerit massa leo, id tempus dolor vulputate et.
            Pellentesque consectetur dolor placerat euismod pellentesque. Integer scelerisque, augue ac ullamcorper sodales,
            neque lectus tristique turpis, id luctus lectus lorem eu tortor. In imperdiet semper accumsan. Etiam
            pellentesque libero et scelerisque vehicula. Nam quis justo mi. Cras erat ex, rhoncus id blandit id, commodo ac
            leo. In hac habitasse platea dictumst.",
            "email": "dummy@gmail.com",
            "__v": 0
        },
        {
            "_id": "677894b52341e86e7af21fe5",
            "title": "반지",
            "image": "http://res.cloudinary.com/daeprmo1b/image/upload/v1736162026/kafmdl0kn4es4pif3plo.jpg",
```

▲ 그림 3.11 JSON 데이터 예

Thunder Client를 열고 URL 필드 아래쪽의 'Body', 그 안에 있는 'JSON' 탭을 엽니다(그림 3.12).

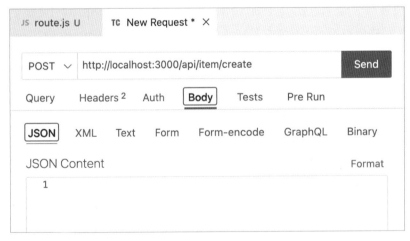

▲ 그림 3.12 JSON 탭

JSON 데이터 입력 화면이 표시됩니다(코드 3.3).

▼ 코드 3.3 JSON 데이터

```json
{
    "name": "Moses",
    "message": "안녕하세요"
}
```

그림3.13과 같이 됩니다.

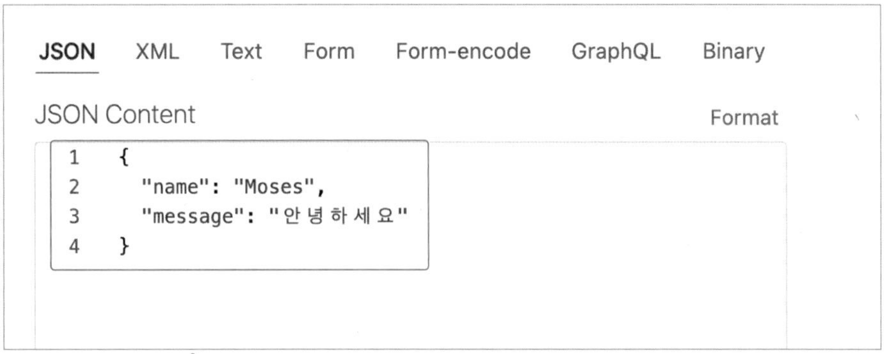

```
JSON   XML   Text   Form   Form-encode   GraphQL   Binary

JSON Content                                        Format

1   {
2       "name": "Moses",
3       "message": "안 녕 하 세 요"
4   }
```

▲ 그림 3.13 JSON 데이터 입력

데이터를 준비했으므로 'Send' 버튼을 클릭해 봅니다(그림3.14).

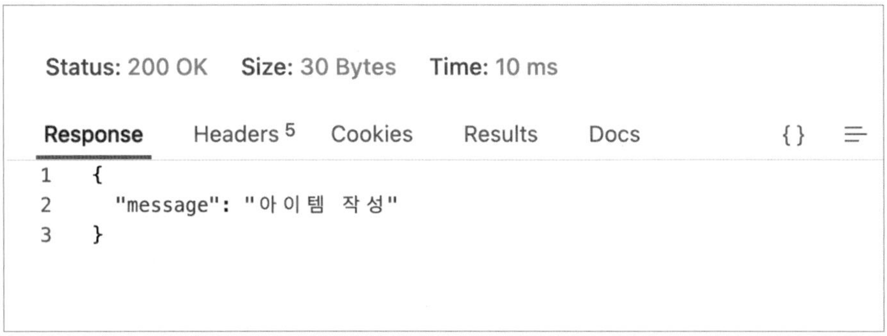

```
Status: 200 OK   Size: 30 Bytes   Time: 10 ms

Response   Headers 5   Cookies   Results   Docs        {}   ≡

1   {
2       "message": "아 이 템  작 성"
3   }
```

▲ 그림 3.14 'Send' 버튼 클릭 후 화면

'Response' 탭에는 '아이템 작성'이라는 메시지가 표시되므로, 코드가 앞과 마찬가지로 올바르게 기능하는 것을 알 수 있습니다. 그렇지만 입력한 데이터는 어디에 있는 것일까요? 이것을 확인하는 코드를 이제 추가해 봅니다. /create/route.js 파일에 코드3.4의 코드를 작성합니다.

▼ 코드 3.4 app/api/item/create/route.js

```js
import { NextResponse } from "next/server"
```

```
export async function POST(request){  // 추가
  return NextResponse.json({message: "아이템 작성"})
}
```

추가한 request(요청)는 프런트엔드에서 전송된 요청을 가리킵니다. 그리고 '요청'에 대한 대답, 즉, '응답'이 NextResponse입니다. 여기에 Next를 붙인 이유는 Next.js에서만 사용할 수 있는 특별한 코드이기 때문입니다. 하지만 다른 프레임워크나 언어에서도 '프런트엔드에서 요청을 받아, 응답을 반환하는' 동작 자체는 백엔드의 공통적인 동작입니다.

이 reuqest에 Thunder Client에서 보낸 JSON 데이터가 들어 있을 것이므로 확인해 봅니다. 여기에서 사용하는 것은 JavaScript의 console.log()입니다. 코드 3.5의 코드를 추가합니다.

▼ 코드 3.5 app/api/item/create/route.js

```
import { NextResponse } from "next/server"

export async function POST(request) {
  console.log(request)  // 추가
  return NextResponse.json({message: "아이템 작성"})
}
```

변경 내용을 저장했다면 Thunder Client로 돌아와 'Send'를 클릭합니다. 그러면 message: "아이템 작성"이라는 내용이 표시되고, 동시에 VS Code 아래쪽 터미널에 무언가 출력되는 것을 알 수 있습니다(그림 3.15).

```
      [Array], [Array],
      [Array]
    ]
  },
  [Symbol(internal request)]: {
    cookies: RequestCookies { _parsed: Map(0) {}, _headers: [_HeadersList] },
    geo: {},
    ip: undefined,
    nextUrl: NextURL { [Symbol(NextURLInternal)]: [Object] },
    url: 'http://localhost:3000/api/item/create'
  }
}
```

▲ 그림 3.15 request 데이터

이것이 request 내부 데이터입니다. 많은 양의 정보가 있습니다. 위쪽으로 스크롤하면 body 항목을 찾을 수 있습니다(그림 3.16).

```
[Symbol(state)]: {
  method: 'POST',
  localURLsOnly: false,
  unsafeRequest: false,
  body: { stream: undefined, source: null, length: null },
  client: { baseUrl: undefined, origin: [Getter], policyContainer: [Object] },
  reservedClient: null,
```

▲ 그림 3.16 request 안의 body

Thunder Client에서 JSON 데이터를 써 넣는 필드를 표시할 때 'Body' → 'JSON'으로 진행되므로, 전송한 데이터는 이 body에 들어 있다고 추측할 수 있습니다. 하지만 여기에는 stream이나 undefined 등으로 표시되어 있으며, body의 내용은 잘 알 수 없습니다. 여기에서 사용하는 것은 코드 3.6의 코드입니다. 이 코드를 추가합니다.

▼ 코드 3.6 app/api/item/create/route.js

```javascript
import { NextResponse } from "next/server"

export async function POST(request){
    console.log(await request.json()) // 변경
    return NextResponse.json({message: "아이템 작성"})
}
```

변경 내용을 저장하고 Thunder Client로 되돌아가 다시 'Send'를 클릭합니다. 터미널에 그림 3.17과 같이 표시됩니다.

```
PROBLEMS    OUTPUT    TERMINAL    PORTS    DEBUG CO

○ { name: 'moseskim', message: '안녕하세요' }
  ✓ Compiled in 11ms
  ▯
```

▲ 그림 3.17 'Send' 버튼 클릭 후 화면

Thunder Client를 전송한 데이터를 /create/route.js에서 받는 것을 알 수 있습니다.

지금까지의 작업을 통해 백엔드에서 데이터를 받는 방법을 알았습니다. 그러나 현재는 '데이터를 받는' 것만 가능합니다. 다음으로 이 데이터를 저장할 위치가 필요합니다. 데이터베이스인 MongoDB 설정과 접속을 수행하고, 받은 데이터를 저장할 수 있게 합니다.

02
아이템 작성 2

데이터베이스를 설정하고 Next.js를 연결해 데이터를 저장합니다. 작업량이 상당히 많으므로 주의해서 작업합시다.

MongoDB에는 'MongoDB'와 'MongoDB Atlas' 두 가지 종류가 있습니다. 개발자는 같습니다. 기능도 거의 비슷하지만 큰 차이가 있습니다. MongoDB가 로컬 환경, 즉 로컬 PC 안에 데이터를 저장하는 것에 비해 MongoDB Atlas는 클라우드, 즉 온라인에 데이터를 저장합니다. 이번 애플리케이션에서는 어느 쪽을 사용해도 무방하지만 데이터를 확인하기 쉽고, 애플리케이션을 인터넷에 공개할 때 추가 설정을 하지 않아도 되는 MongoDB Atlas를 사용합니다.

가장 먼저 계정을 만듭니다. 다음 URL을 엽니다(MongoDB Atlas 웹 사이트 디자인은 자주 변경됩니다. 책의 내용은 적절하게 바꿔서 읽습니다).

URL https://www.mongodb.com/

화면 오른쪽 위 'Try Free'를 클릭합니다(그림 3.18)

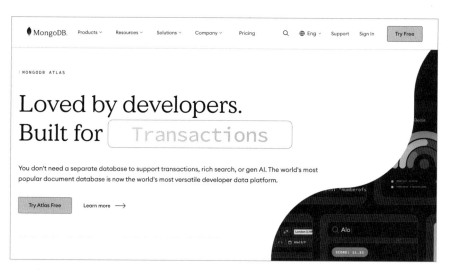

▲ 그림 3.18 MongoDB Atlas의 'Try Free' 버튼

'First Name(이름)', 'Last Name(성)', 'Email', 'Password'를 입력하고 'I Agree to the Terms of Service and Privacy Policy.' 항목에 체크한 뒤 'Create your Atlas account' 버튼을 클릭합니다(그림 3.19).

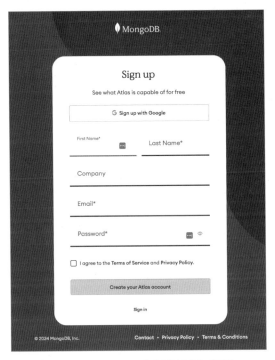

▲ 그림 3.19 MongoDB Atlas 계정 정보 등록 페이지

인증 메일 발송 알림 페이지가 표시됩니다. 등록에 사용한 이메일 주소의 수신함을 열고 이메일 주소를 인증을 완료합니다. 이메일 주소 인증을 성공하면 그림 3.20과 같은 화면이 됩니다. 'Continue' 버튼을 클릭합니다.

▲ 그림 3.20 MongoDB Atlas 메일 인증 성공 화면

간단한 설문이 표시됩니다(그림 3.21). 각 질문에 대한 대답은 임의로 선택해도 되지만, 프로그래 밍 언어에 관한 질문인 'What programming language are you primarily building on MongoDB with?'에는 'JavaScript/Node.js'를 선택합니다. 오른쪽 아래 'Finish' 버튼을 클릭합니다.

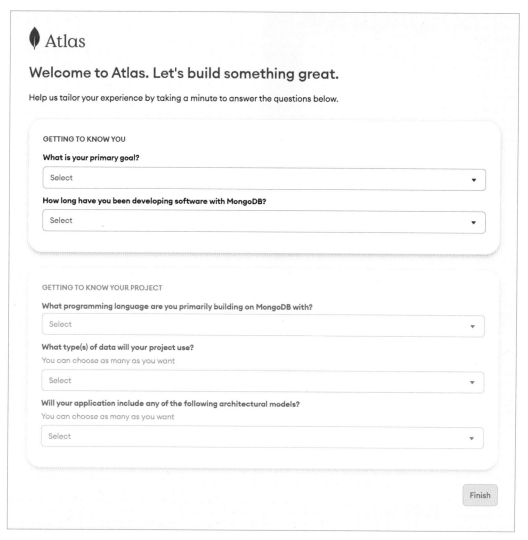

▲ 그림 3.21 MongoDB Atlas 설문 페이지

사용 플랜 선택 화면으로 이동합니다. 여기에서는 무료 플랜을 사용하므로 'M0'를 선택합니다.

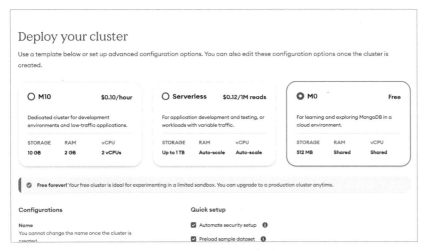

▲ 그림 3.22 MongoDB Atlas 사용 플랜 선택 페이지

아래로 스크롤하면 'Name', 'Provider', 'Region' 등의 설정 항목이 나타납니다. 이 항목들은 기본값을 사용해도 문제가 없으므로 특별한 설정 없이 진행합니다. 화면 맨 아래 오른쪽의 'Create Deployment' 버튼을 클릭합니다(그림 3.23).

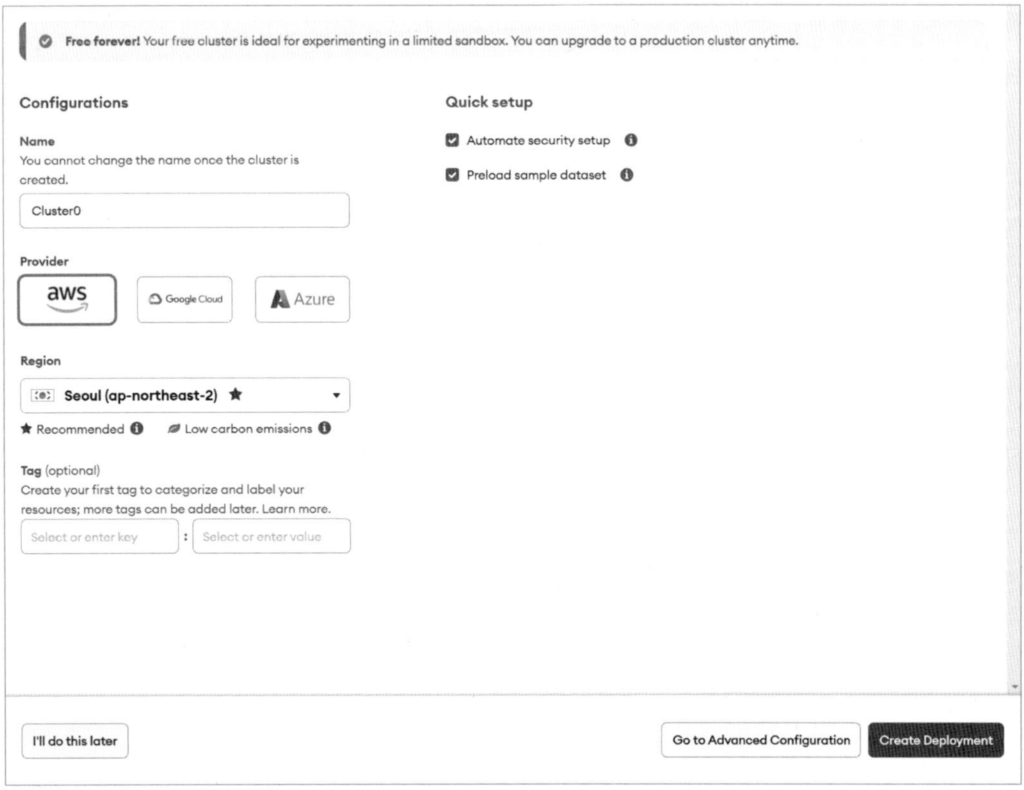

▲ 그림 3.23 MongoDB Atlas의 'Create Deployment' 버튼

화면이 그림 3.24와 같이 'Connect to Cluster0' 대화상자로 바뀔 때가 있습니다.

▲ 그림 3.24 MongoDB Atlas의 'Connect to Cluster0'

이 설정은 나중에 할 것이므로 'Connect to Cluster0' 대화상자 배경의 반투명한 회색 화면을 클릭합니다. 'Connect to Cluster0' 대화상자가 닫히고 그림 3.25의 화면이 표시됩니다.

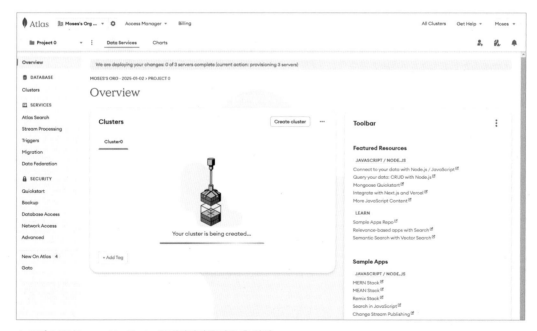

▲ 그림 3.25 'Connect to Cluster0' 대화상자를 닫은 후 화면

화면 왼쪽 'SECURITY'에 있는 'Quickstart'를 클릭합니다(그림3.26).

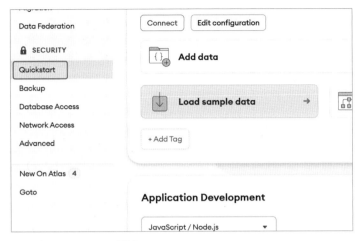

▲ 그림 3.26 Quickstart 항목

'Security Quickstart' 화면이 표시됩니다(그림3.27).

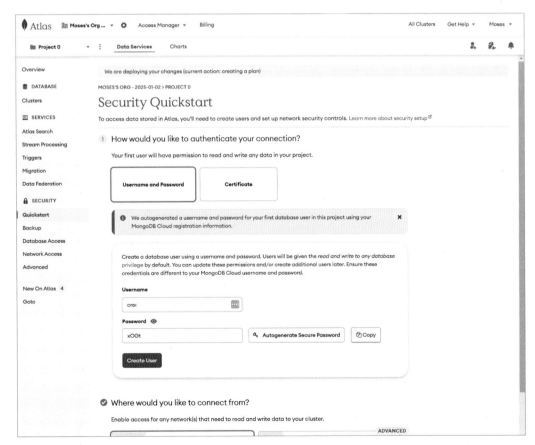

▲ 그림 3.27 Quickstart 화면

첫 번째 질문 'How would you like to authenticate your connection?'의 'Username'과 'Password'에는 기본값이 임의로 입력되어 있습니다. 이를 그대로 사용해도 되고, 원하는 것으로 변경해도 괜찮습니다. 다만 이 'Password'는 나중에 사용하게 되므로 별도로 메모해 두어야 합니다. 왼쪽 아래 'Create User' 버튼을 클릭합니다(그림 3.28).

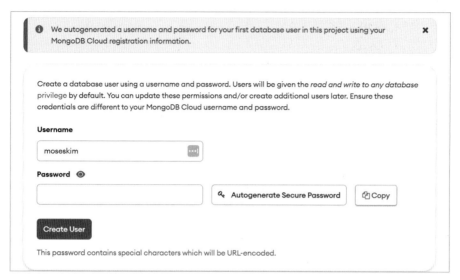

▲ 그림 3.28 Quickstart 화면의 'Username'과 'Password'

그 아래에는 두 번째 질문 'Where would you like to connect from?'이 있습니다. 기본값으로 'My Local Environment'가 선택되어 있습니다(그림 3.29).

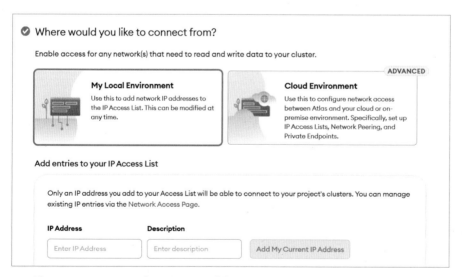

▲ 그림 3.29 MongoDB Atlas의 Environment 선택

여기는 'My Local Environment'를 그대로 유지합니다. 그 아래 'Add entries to your IP Access List'에는 여러분의 컴퓨터가 사용하고 있는 IP 주소를 입력하고, 해당 IP 이외에서 데이터베이스로 접근하지 못하도록 거부함으로써 보안 수준을 높일 수 있습니다. 하지만 로컬 PC에서의 접근만 허가한 상태에서는 이 애플리케이션을 인터넷에 공개했을 때 문제가 발생할 수 있습니다. 여기에서는 모든 IP 주소에서 접근을 허가합니다. 'IP Address'에는 '0.0.0.0/0', 'Description'에는 'Access from anywhere'를 입력한 뒤 'Add Entry' 버튼을 클릭합니다(그림 3.30).

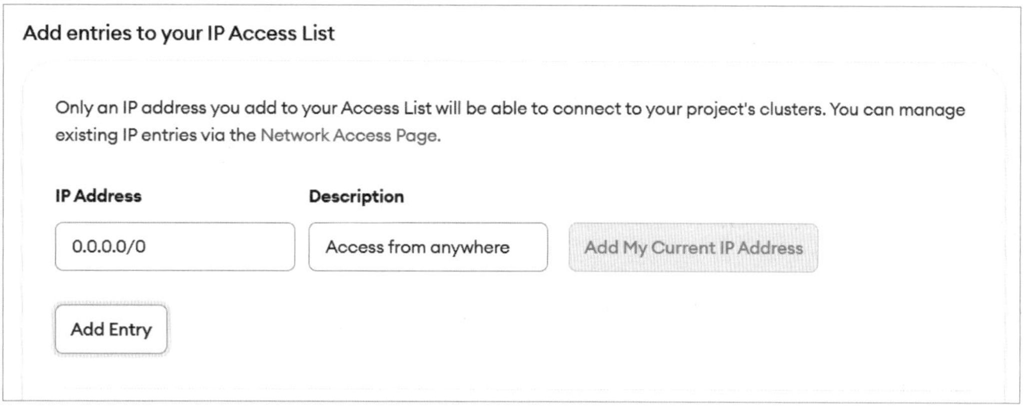

▲ 그림 3.30 MongoDB Atlas의 IP 주소 선택 페이지

그림 3.31과 같이 IP 주소가 추가됩니다. 오른쪽 아래 'Finish and Close' 버튼을 클릭합니다('Created as part of the Auto Setup process'라고 기재된 IP Address는 현재 사용하고 있는 네트워크의 IP 주소가 자동으로 추가된 것이므로 그대로 두어도 괜찮습니다).

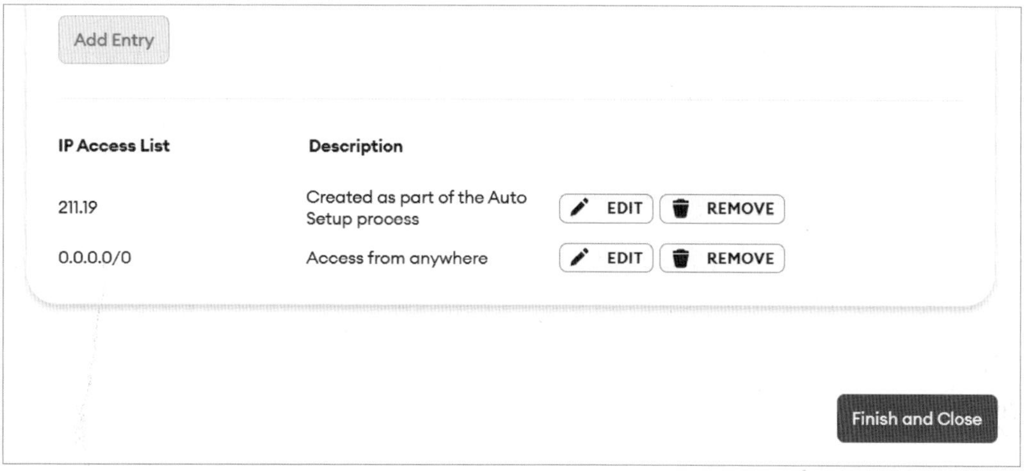

▲ 그림 3.31 MongoDB Atlas의 IP 주소 추가 완료 후 화면

그림3.32와 같은 알림이 표시되기도 합니다. 'Go to Overview' 버튼을 클릭해 진행합니다.

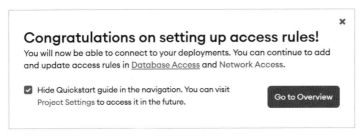

▲ 그림 3.32 셋업 완료 알림

이것으로 MongoDB의 기본 셋업을 마쳤습니다. 다음은 MongoDB와 Next.js를 연결하는 작업을 진행합니다. 'Connect' 버튼을 클릭합니다(그림3.33).

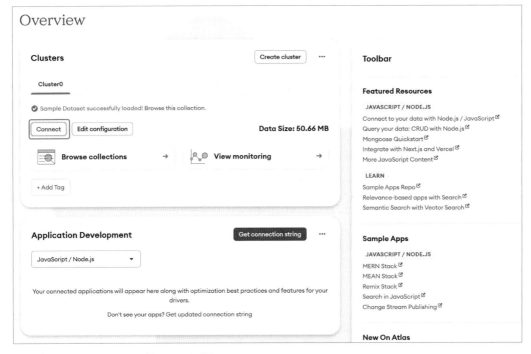

▲ 그림 3.33 MongoDB Atlas의 'Connect' 버튼

'Connect to your application'의 'Drivers'를 선택합니다(그림3.34).

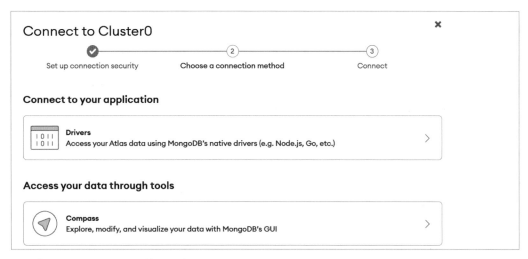

▲ 그림 3.34 MongoDB Atlas의 'Drivers'

'1. Select your driver and version'이 'Node.js'로 되어 있는지 확인합니다. '3. Add your connection string into your application code' 아래의 문자열을 복사합니다(그림 3.35). 이 문자열이 MongoDB과의 연결에 사용하는 URL입니다. 문자열을 복사했다면 오른쪽 아래 'Close'를 클릭합니다.

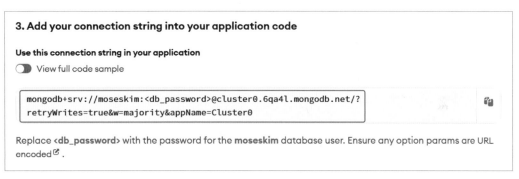

▲ 그림 3.35 MongoDB Atlas의 연결 URL

VS Code로 돌아와 복사한 문자열을 /create/route.js에 붙여 넣습니다. 현재 위치는 임시이므로 어디에 붙여 넣어도 괜찮습니다(코드 3.7).

▼ 코드 3.7 app/api/item/create/route.js

```
import { NextResponse } from "next/server"

export async function POST(request){
   console.log(await request.json())
   return NextResponse.json({message: "아이템 작성"})
```

```
}

// ↓ 붙여 넣기
mongodb+srv://yourname:<db_password>@cluster0.6qa4l.mongodb.net/?retryWrites=true&w
=majority&appName=Cluster0
```

다음은 Next.js와 MongoDB와 연결을 설정합니다. MongoDB Atlas는 닫지 말고 브라우저에
열어둔 채로 작업을 진행합니다.

먼저 MongoDB와의 연결을 담당하는 파일을 만듭니다. 이후 백엔드의 주요 작업인 '아이템 작
성', '사용자 로그인' 같은 조작을 담당하는 몇 개의 파일을 만들 것입니다. 먼저 이 파일들을 저장
할 utils라는 폴더를 app 폴더 안에 만듭니다. utils는 '도움이 된다'는 의미를 가진 utility의
복수형을 줄인 말입니다(그림 3.36).

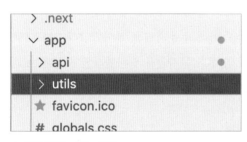

▲ 그림 3.36 utils 폴더

이 안에 데이터베이스와 연결을 수행하는 database.js 파일을 만듭니다(그림 3.37).

▲ 그림 3.37 database.js 파일

Next.js를 시작으로 하는 JavaScript 애플리케이션과 MongoDB의 연결에서는 일반적으로
mongoose라는 패키지를 사용합니다. mongoose를 통해 나중에 설명할 Schema와 Model을 쉽게
사용하기 위함입니다. 터미널에서 Ctrl 키 + C 키를 눌러 Next.js를 정지시킵니다. 그리고 다음 명
령어를 실행해 mongoose를 설치합니다.

```
% npm install mongoose
```

설치를 완료했다면 database.js에서 mongoose를 읽습니다. 코드 3.8의 코드를 기재합니다.

▼ 코드 3.8 app/utils/database.js

```
import mongoose from "mongoose"

const connectDB = () => {}

export default connectDB
```

여기에서는 '프런트엔드에서 요청을 받아 응답을 반환하는'는 처리를 하지는 않으므로 request, NextResponse 등은 없습니다. {} 안에는 이 파일에서 실행할 데이터베이스와 연결 처리를 기술합니다. 여기에서 데이터베이스와 연결이 항상 성공한다고 단정할 수는 없으며, 연결이 실패하는 경우도 가정해야 합니다. 이를 위해 JavaScript가 제공하는 try catch를 사용합니다. 코드 3.9의 코드를 작성합니다.

▼ 코드 3.9 app/utils/database.js

```
import mongoose from "mongoose"

const connectDB = () => {
  // ↓ 추가
  try {

  } catch {

  }
  // ↑ 추가
}

export default connectDB
```

try 옆의 괄호에는 실행할 처리를 작성하고, catch 옆의 괄호에는 해당 처리가 실패했을 때 실행할 처리를 작성합니다. 여기에서는 데이터베이스와 연결 작업을 수행하므로 코드 3.10의 코드를 추가합니다.

▼ 코드 3.10 app/utils/database.js

```javascript
import mongoose from "mongoose"

const connectDB = () => {
  try {
    // ↓ 추가
    mongoose.connect("")
    console.log("Success: Connected to MongoDB")
    // ↑ 추가
  } catch {

  }
}

export default connectDB
```

mongoose.connect("")의 괄호 안에는 앞에서 MongoDB Atlas에서 복사해 /create/route.js
에 임시로 붙여 넣은 URL을 붙여 넣습니다(코드 3.11).

▼ 코드 3.11 app/utils/database.js

```javascript
import mongoose from "mongoose"

const connectDB = () => {
  try {
    // ↓ 추가
    mongoose.connect("mongodb+srv://yourname:<password>@cluster0.gbupexr.mongodb.ne
t/?retryWrites=true&w=majority&appName=Cluster0")
    // ↑ 추가
    console.log("Success: Connected to MongoDB")
  } catch {

  }
}

export default connectDB
```

URL의 <password>에는 앞에서 MongoDB Atlas에서 'Create User' 버튼을 클릭하기 전에 표시되었던 비밀번호를 기술합니다.

필수는 아니지만 이 책에서는 MongoDB Atlas 안에서 사용하는 데이터베이스 이름을 지정할 것이므로 mongodb.net/와 ? 사이에 nextAppDataBase와 데이터베이스 이름을 기술합니다.

예를 들면 비밀번호가 abc-xyz-123, 데이터베이스 이름이 nextAppDataBase일 때 연결 URL은 코드 3.12와 같습니다.

▼ 코드 3.12 연결 URL 예

```
mongoose.connect("mongodb+srv://yourname:abc-xyz-123@cluster0.w7j3aqx.mongodb.net/
nextAppDataBase?retryWrites=true&w=majority&appName=Cluster0")
```

다음으로 연결을 실패했을 때의 처리를 기술합니다. 코드 3.13의 코드를 기술합니다.

▼ 코드 3.13 app/utils/database.js

```
import mongoose from "mongoose"

const connectDB = () => {
  try {
    mongoose.connect("mongodb+srv://yourname:abc-xyz-123@cluster0.gbupexr.mongodb.
net/nextAppDataBase?retryWrites=true&w=majority&appName=Cluster0")
    console.log("Success: Connected to MongoDB")
  } catch {
    // ↓ 추가
    console.log("Failure: Unconnected to MongoDB")
    throw new Error()
    // ↑ 추가
  }
}

export default connectDB
```

연결에 실패했을 때는 console.log()에서 Failure: Unconnected to MongoDB라고 표시되며, throw를 사용해 에러가 발생한 것을 알려줍니다. 이 알림은 뒤에서 사용할 아이템 '작성'과 '읽기' 같은 파일 코드에 전달됩니다.

변경한 내용을 저장합니다. 데이터베이스와 연결 파일을 만들었으므로 실제 동작하는지 시험해 봅시다. /create/route.js로 돌아가 database.js 파일 아래에서 export한 connectDB를 읽어 코드3.14와 같이 추가합니다.

▼ 코드 3.14 app/api/item/create/route.js

```
import { NextResponse } from "next/server"
import connectDB from "../../../../utils/database" // 추가


export async function POST(request){
  console.log(await request.json())
  connectDB() // 추가
  return NextResponse.json({message: "아이템 작성"})
}
```

변경한 내용을 저장한 뒤, 다음 명령어를 실행해 Next.js를 실행합니다.

```
% npm run dev
```

Thunder Client를 열고 앞에서와 같은 설정(POST 요청과 JSON 데이터)에서 'Send' 버튼을 클릭합니다(그림3.38).

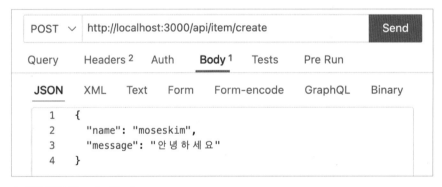

▲ 그림 3.38 Thunder Client

터미널을 확인하면 그림3.39와 같이 표시됩니다.

```
PROBLEMS    TERMINAL    ...              node  + ∨  □

{ name: 'moseskim', message: '안녕하세요' }
Success: Conected to MongoDB
□
```

▲ 그림 3.39 터미널 화면

request의 데이터와 함께 Success: Connected to MongoDB가 표시되며, 데이터베이스와 연결이 성공했음을 알 수 있습니다. 하지만 한 가지 실수가 있습니다.

실수가 무엇인지 확인해 봅시다. Wi-Fi 등을 OFF로 설정해 인터넷 연결을 한 번 끊습니다. 그 상태에서 잠깐 기다립니다. 그리고 앞과 같은 그림 3.38 설정에서 Thunder Client의 'Send' 버튼을 클릭합니다.

터미널에 몇 가지 메시지가 표시됩니다. 위쪽으로 스크롤해 봅시다. 그러면 그림 3.39와 같은 표시를 찾을 수 있습니다. 조금 생각해 보면 이것은 이상합니다. MongoDB Atlas는 클라우드 서비스이기 때문에 반드시 인터넷에 연결되어 있어야 합니다. 하지만 현재 네트워크 연결은 끊어진 상태이므로 MongoDB Atlas로 연결할 수 없는 상태, 즉 연결이 실패해야 하고 터미널에는 Failure: Unconnected to MongoDB라고 표시되어야 합니다.

실제로는 연결이 실패했음에도 터미널에는 Success: Connected to MongoDB라고 표시되는 이유가 있습니다. database.js 파일을 열어 봅시다.

코드에는 mongoose.connect() 아래 console.log()가 기술되어 있습니다. 얼핏 보면 mongoose.connect()가 실행되고 종료된 뒤 console.log()가 동작할 것이라 생각됩니다. 하지만 사실 JavaScript에서는 코드를 작성한 순서대로 처리가 실행된다고 단정할 수 없으며, 한 단계 앞의 처리 완료 여부에 관계없이 다음 코드가 실행되기도 합니다.

즉, database.js에서는 현재 mongoose.connect()가 실행되어 연결이 완료되었는지 알기 전에 console.log()가 동작해, 터미널에 Success: Connected to MongoDB라고 표시된 것입니다. 이를 수정하려면 'mongoose.connect() 처리가 완료된 후 console.log()를 실행한다'고 순서를 붙여 줘야 합니다. 여기에서 사용하는 것이 await입니다. 코드 3.15와 같이 코드를 추가합니다.

▼ 코드 3.15 app/utils/database.js

```
import mongoose from "mongoose"

const connectDB = async() => {  // 추가
  try {
    //↓ 추가
      await mongoose.connect("mongodb+srv://yourname:abc-xyz-123@cluster0.gbupexr.
mongodb.net/nextAppDataBase?retryWrites=true&w=majority&appName=Cluster0")
      console.log("Success: Connected to MongoDB")
  } catch {
    ...
```

```
        }
    }
```

'기다린다'는 의미의 await를 추가하면 해당 코드의 처리가 완료되는 것을 기다린 뒤, 다음 코드를 실행하게 됩니다. 그리고 await는 async와 함께 사용해야 하므로 async도 추가했습니다.

await 추가에 따른 동작 변경을 확인해 봅시다. 지금까지 변경한 내용을 저장합니다. 네트워크가 끊어진 상태에서 다시 Thunder Client를 열고, 그림 3.38과 같은 설정에서 'Send' 버튼을 클릭합니다. 터미널에는 그림 3.40처럼 표시될 것입니다.

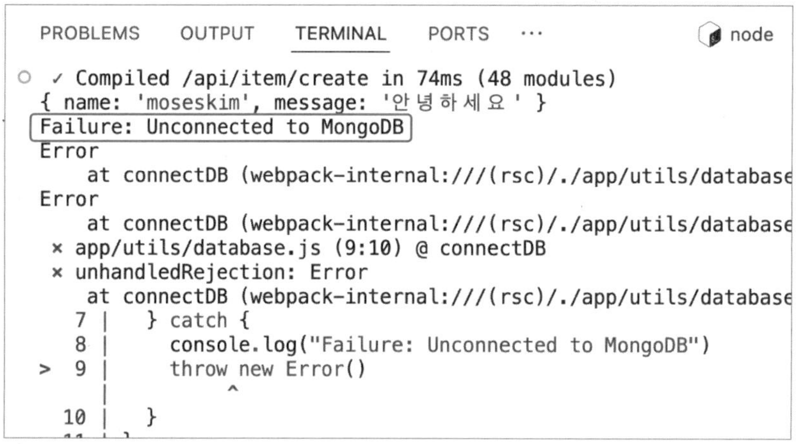

```
PROBLEMS    OUTPUT    TERMINAL    PORTS    ...              node
○  ✓ Compiled /api/item/create in 74ms (48 modules)
   { name: 'moseskim', message: '안녕하세요 ' }
   Failure: Unconnected to MongoDB
   Error
       at connectDB (webpack-internal:///(rsc)/./app/utils/database
   Error
       at connectDB (webpack-internal:///(rsc)/./app/utils/database
   × app/utils/database.js (9:10) @ connectDB
   × unhandledRejection: Error
       at connectDB (webpack-internal:///(rsc)/./app/utils/database
     7 |      } catch {
     8 |          console.log("Failure: Unconnected to MongoDB")
   > 9 |          throw new Error()
       |               ^
    10 |      }
```

▲ 그림 3.40 터미널 화면

JSON 데이터를 작성한 뒤 connectDB()라는 코드를 실행하려고 했으나 연결이 실패하고 Failure: Unconnected to MongoDB라고 표시되는 것을 알 수 있습니다. 그 아래에도 에러 메시지가 이어집니다. 이 부분은 이후 create/route.js 파일을 완성하면 표시되지 않을 것입니다.

try catch 구문에서는 await를 자주 함께 사용하므로 잘 기억해 둡시다. 이 책에서도 이후 여러 차례 사용할 것입니다. Wi-Fi 등을 켜고 네트워크를 연결합니다. 여기까지 데이터베이스와의 연결을 완료했습니다. 이제 데이터를 저장해 봅시다.

간단하게 생각하면 데이터베이스와 연결되었으므로 프런트엔드로부터 전달된 데이터를 그대로 저장하면 될 것 같습니다. 하지만 그렇게 하면 데이터베이스안에 데이터가 정리되지 않은 채 저장됩니다. 이는 데이터를 활용할 때 큰 문제가 될 것입니다. MongoDB에서는 Schema(스키마)라는 것을 만들고, 저장할 데이터의 형태와 종류를 사전에 결정합니다. 먼저 Schema 파일을 만듭니다. utils 폴더에 schemaModels.js 파일을 만듭니다(그림 3.41).

▲ 그림 3.41 schemaModels.js 파일

schemaModels.js에 코드 3.16의 코드를 작성합니다.

▼ 코드 3.16 app/utils/schemaModels.js

```
import mongoose from "mongoose"

const Schema = mongoose.Schema

const ItemSchema = new Schema({

})
```

new Schema 옆의 괄호 안에 MongoDB에 저장할 데이터 형태와 종류를 정의합니다. 그 전에 어떤 것들을 아이템 데이터로 저장할지 결정합니다. 다음 URL을 열어 봅니다.

URL https://nextjs-book-fullstack-app-folder-v2-example.vercel.app/item/readsingle/
6778947b2341e86e7af21fe3

지금까지 여러 차례 봤던 것처럼 여기에 표시되는 것은 다음 URL의 데이터를 소스로 합니다.

URL https://nextjs-book-fullstack-app-folder-v2-example.vercel.app/api/item/readsingle/
6778947b2341e86e7af21fe3

```
{
    "message": "아이템 읽기 성공(하나)",
    "singleItem": {
        "_id": "6778947b2341e86e7af21fe3",
        "title": "색연필",
        "image": "http://res.cloudinary.com/daeprmo1b/image/upload/v1736162008/tpy1osuzkphafxhrnjqj.jpg",
        "price": "15000",
        "description": "사용하기 쉬운 색연필입니다. Lorem ipsum dolor sit amet, consectetur adipiscing elit. Suspendisse maximus
        est tellus, eget porta leo tristique a. Donec hendrerit massa leo, id tempus dolor vulputate et. Pellentesque
        consectetur dolor placerat euismod pellentesque. Integer scelerisque, augue ac ullamcorper sodales, neque lectus
        tristique turpis, id luctus lectus lorem eu tortor. In imperdiet semper accumsan. Etiam pellentesque libero et
        scelerisque vehicula. Nam quis justo mi. Cras erat ex, rhoncus id blandit id, commodo ac leo. In hac habitasse
        platea dictumst.",
        "email": "dummy@gmail.com",
        "__v": 0
    }
}
```
Raw Parsed

▲ 그림 3.42 아이템 데이터

singleItem 옆의 괄호를 보면 그 안에 title, image, price 등이 있으며, 이것이 아이템 데이터로서 저장되어 있는 것을 알 수 있습니다(그림 3.42). schemaModels.js에 코드 3.17과 같이 추가합니다.

▼ 코드 3.17 app/utils/schemaModels.js

```
import mongoose from "mongoose"

const Schema = mongoose.Schema

const ItemSchema = new Schema({
  // ↓ 추가
  title:
  image:
  price:
  description:
  email:
  // ↑ 추가
})
```

이것으로 저장할 아이템 데이터 형태를 결정했습니다. 여기에 _id는 없습니다. _id는 데이터베이스에 저장할 때 MongoDB가 자동으로 할당하는 값이기 때문입니다. 그리고 email는 아이템 데이터를 작성한 사람의 이메일 주소를 저장하기 위한 것입니다. 이것은 다음 장에서 로그인한 사람을 특정하는 기능을 개발할 때 사용합니다.

데이터 형태를 결정했으므로 다음은 데이터 종류를 결정합니다. 데이터 종류에는 문자열(string), 수치(number), 불리언(boolean) 등이 있습니다. 아이템 데이터는 모두 문자 또는 숫자이므로 문자열, 즉 string이 됩니다('10'이나 '5' 같은 숫자라 하더라도 "10", "5" 같이 따옴표로 감싸면 문자열로 취급됩니다. 아이템 가격 price는 수치로 취급해도 문제없지만, 이 책에서는 간결함을 우선해 문자열로 취급합니다).

코드 3.18과 같이 작성합니다.

▼ 코드 3.18 app/utils/schemaModels.js

```
...
const ItemSchema = new Schema({
  title: String,
  image: String,
  price: String,
```

```
    description: String,
    email: String
  })
```

이것으로 아이템 데이터의 Schema를 완성했습니다.

데이터베이스에 대해 실행할 작업에는 읽기, 쓰기, 수정하기, 삭제하기가 있습니다. 이 조작을 실행하려면 Model이라는 것이 필요합니다. Model은 Schema를 베이스로 생성합니다. 코드 3.19의 코드를 추가합니다.

▼ 코드 3.19 app/utils/schemaModels.js

```
...
const ItemSchema = new Schema({
  title: String,
  image: String,
  price: String,
  description: String,
  email: String
})

export const ItemModel = mongoose.model("Item", ItemSchema)  // 추가
```

export는 '수출한다', '밖으로 가져 간다'는 의미입니다. 이 코드에 의해 ItemModel을 다른 파일에서 읽어 사용할 수 있게 된 것을 알 수 있습니다. 그리고 이 코드에서는 향후 에러가 발생할 수 있으므로, 그에 대한 대책으로 코드 3.20과 같이 기술합니다.

▼ 코드 3.20 app/utils/schemaModel.js

```
export const ItemModel = mongoose.models.Item || mongoose.model("Item", ItemSchema)
```

변경한 내용을 저장한 뒤 /create/route.js로 돌아와 ItemModel을 임포트합니다. 그리고 database.js와 같이 데이터베이스로의 데이터 저장 처리를 실패했을 때의 코드가 필요하므로 try catch 구문을 사용합니다. 지금까지 작성한 코드는 try 옆의 괄호 안으로 이동합니다. 코드 3.21과 같이 기술합니다.

▼ 코드 3.21 app/api/item/create/route.js

```
import { NextResponse } from "next/server"
import connectDB from "../../../../utils/database"
```

```
import { ItemModel } from "../../../../utils/schemaModels"

export async function POST(request){
  try {
    console.log(await request.json())
    connectDB()
    return NextResponse.json({message: "아이템 작성"})
  } catch {


  }
}
```

아이템 작성을 실패했을 때의 처리를 만듭니다. '실패'에 대응한 '성공'이라는 문자도 추가합니다
(코드 3.22).

▼ 코드 3.22 app/api/item/create/route.js

```
...

export async function POST(request){
  try {
    console.log(await request.json())
    connectDB()
    return NextResponse.json({message: "아이템 작성 성공"})     // 추가
  } catch {
    return NextResponse.json({message: "아이템 작성 실패"})     // 추가
  }
}
```

다음은 ItemModel을 사용해 MongoDB에 쓰기를 실행하는 코드를 추가합니다(코드 3.23).

▼ 코드 3.23 app/api/item/create/route.js

```
...

export async function POST(request){
  try {
    console.log(await request.json())
    connectDB()
```

```
        ItemModel.create()        // 추가
        return NextResponse.json({message: "아이템 작성 성공"})
    } catch {
        return NextResponse.json({message: "아이템 작성 실패"})
    }
}
```

데이터베이스에 대해 쓰기를 실행하는 것이 ItemModel의 create()입니다. create()의 괄호 안에는 쓰고 싶은 데이터를 입력합니다.

여기에서 주의할 점이 있습니다. '데이터베이스에 대한 쓰기'라는 처리는 '데이터베이스에 대한 연결'이 확실하게 완료된 후에 수행해야 한다는 점입니다. 또한 NextResponse 처리 역시 '연결'과 '쓰기' 처리가 완료된 뒤 실행해야 합니다. 따라서 database.js에서와 같이 await를 2개 추가합니다 (코드 3.24).

▼ 코드 3.24 app/api/item/create/route.js

```
...

export async function POST(request){
    try {
        console.log(await request.json())
        await connectDB()                // 추가
        await ItemModel.create()         // 추가
        return NextResponse.json({message: "아이템 작성 성공"})
    } catch {
        return NextResponse.json({message: "아이템 작성 실패"})
    }
}
```

위 코드를 사용해 실제 데이터베이스에 대한 쓰기 작업을 시험해 봅니다. 한 단계씩 확인하면서 진행할 것이므로 코드 3.25의 코드로 바꿔서 작성합니다.

▼ 코드 3.25 app/api/item/create/route.js

```
...

export async function POST(request){
    // ↓ 추가
```

```
const reqBody = await request.json()
console.log(reqBody)
// ↑ 추가

try {
  console.log(await request.json())  // 삭제
  await connectDB()
  await ItemModel.create()
  return NextResponse.json({message: "아이템 작성 성공"})
} catch {
  return NextResponse.json({message: "아이템 작성 실패"})
}
```

지금 추가한 코드는 프런트엔드 또는 Thunder Client에서 보낸 데이터를 reqBody에 저장한 뒤, 그것을 console.log()에서 확인합니다. try 안의 console.log()는 삭제합니다.

변경한 내용을 모두 저장한 뒤 Thunder Client에서 'Send'를 클릭합니다. 터미널에는 앞과 같이 Thunder Client에서 보낸 데이터가 표시되는 것을 알 수 있습니다. 이것은 지금 추가한 console.log(reqBody)에 쓰여진 것입니다(그림 3.43).

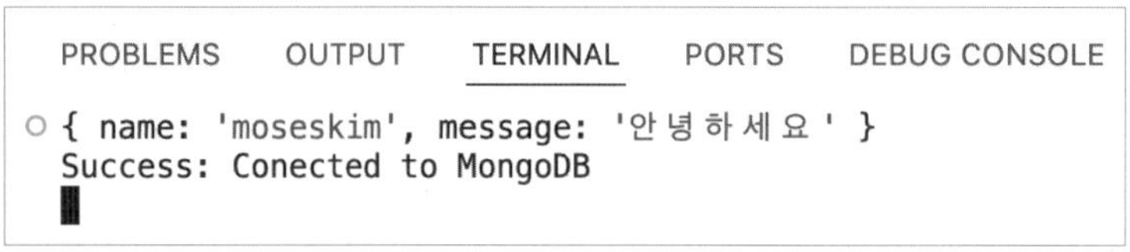

```
PROBLEMS    OUTPUT    TERMINAL    PORTS    DEBUG CONSOLE
○ { name: 'moseskim', message: '안녕하세요 ' }
  Success: Conected to MongoDB
  ▮
```

▲ 그림 3.43 터미널 화면

다음은 Schema에서 정의한 형태의 데이터를 보내 봅시다. Thunder Client를 열고 'JSON' 필드를 그림 3.44와 같이 더미 데이터로 치환합니다.

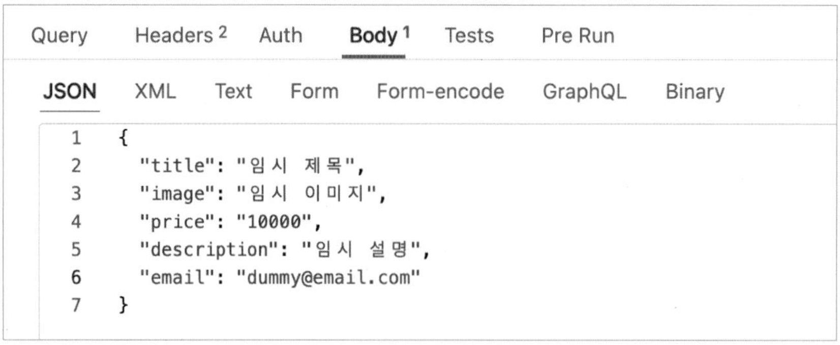

```
Query    Headers 2    Auth    Body 1    Tests    Pre Run

JSON    XML    Text    Form    Form-encode    GraphQL    Binary

1    {
2      "title": "임시 제목",
3      "image": "임시 이미지",
4      "price": "10000",
5      "description": "임시 설명",
6      "email": "dummy@email.com"
7    }
```

▲ 그림 3.44 Thunder Client에 입력한 더미 JSON 데이터

먼저 이 데이터가 백엔드로 보내지는지 확인합시다. 'Send' 버튼을 클릭하고 VS Code의 터미널을 확인합니다. 그림 3.45와 같이 표시되면 데이터가 보내지고, 그것이 reqBody에 저장되었음을 알수 있습니다.

```
PROBLEMS    OUTPUT    TERMINAL    PORTS    DEBUG CONSOLE
{
    title: '임시 제목',
    image: '임시 이미지',
    price: '10000',
    description: '임시 설명',
    email: 'dummy@email.com'
}
Success: Conected to MongoDB
```

▲ 그림 3.45 터미널 화면에 표시된 더미 데이터

Thunder Client에서 백엔드로 데이터가 전달되는 것을 알았으므로, 이제 이것을 MongoDB에 저장해 봅시다. 저장할 데이터는 ItemModel.create()의 괄호 안에 입력하므로 코드 3.26의 코드를 추가합니다.

▼ 코드 3.26 app/api/item/create/route.js

```
...

export async function POST(request){
    const reqBody = await request.json()
    console.log(reqBody)

    try {
      await connectDB()
      await ItemModel.create(reqBody)  // 추가
      return NextResponse.json({message: "아이템 작성 성공"})
    } catch {
      return NextResponse.json({message: "아이템 작성 실패"})
    }
}
```

변경한 내용을 저장했다면 Thunder Client의 'Send' 버튼을 클릭합니다. Thunder Client에는 그림 3.46과 같이 표시됩니다.

▲ 그림 3.46 'Send' 버튼 클릭 후 화면

이것으로 MongoDB에 대한 쓰기를 할 수 있게 되었을 것이므로 확인해 봅시다. MongoDB Atlas로 돌아와 왼쪽 'Database'를 클릭하고, 'Browse Collections'를 클릭합니다(그림 3.47).

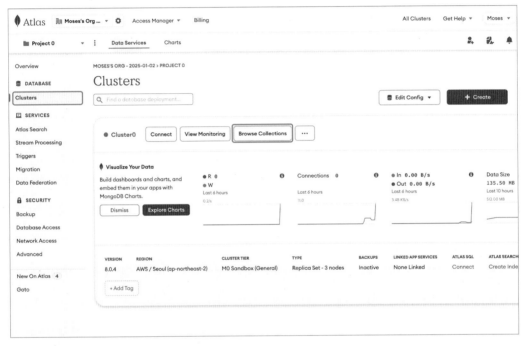

▲ 그림 3.47 MongoDB Atlas의 'Browse Collections'

그러면 앞에서 MongoDB와의 연결 URL 안에 기입한 `nextAppDataBase` 안에 `items`라는 항목이 있고, 거기에 데이터가 저장되어 있는 것을 확인할 수 있습니다(그림 3.48).

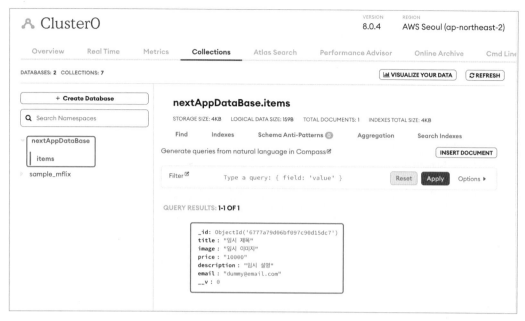

▲ 그림 3.48 MongoDB Atlas에 저장된 데이터

확인을 위해 한 번 더 데이터를 게시해 봅시다. Thunder Client의 'JSON' 탭에 그림 3.49와 같이 입력합니다.

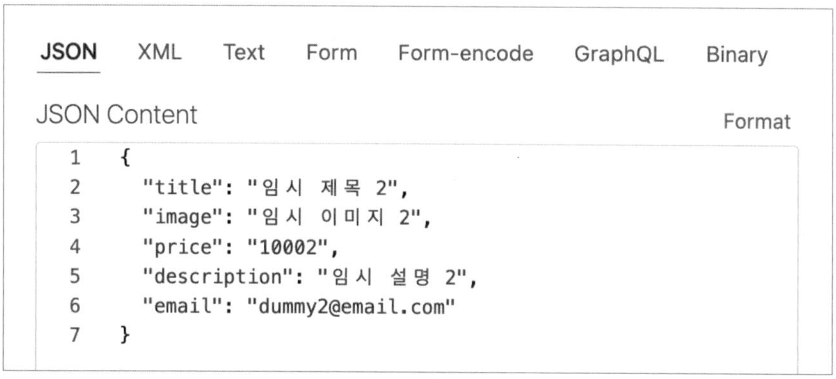

```json
{
    "title": "임시 제목 2",
    "image": "임시 이미지 2",
    "price": "10002",
    "description": "임시 설명 2",
    "email": "dummy2@email.com"
}
```

▲ 그림 3.49 Thunder Client에 더미 JSON 데이터를 입력

'Send' 버튼을 클릭하고, 보낸 데이터가 VS Code의 터미널에 표시되는지 확인합니다. 확인했다면 MongoDB로 돌아옵니다. 데이터를 확인하려면 브라우저를 새로 고침해야 합니다. 새로 고침하면 데이터가 저장되어 있는 것을 알 수 있습니다(그림 3.50).

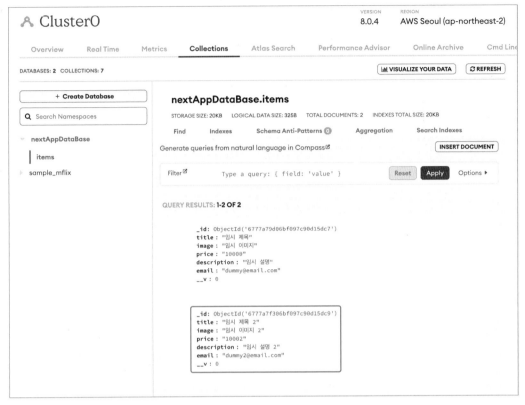

▲ 그림 3.50 MongoDB Atlas에 저장된 두 번째 데이터

이후 console.log()는 필요하지 않으므로 다음 단계를 진행하기 전에 삭제합시다(코드 3.27).

▼ 코드 3.27 app/api/item/create/route.js

```javascript
import { NextResponse } from "next/server"
import connectDB from "../../../../utils/database"
import { ItemModel } from "../../../../utils/schemaModels"

export async function POST(request){
  const reqBody = await request.json()
  console.log(reqBody) // 삭제

  try {
    await connectDB()
    await ItemModel.create(reqBody)
    return NextResponse.json({message: "아이템 작성 성공"})
  } catch {
```

```
        return NextResponse.json({message: "아이템 작성 실패"})
    }
  }
```

이것으로 이번 장에서 가장 어려운 아이템 데이터 '작성' 기능을 완성했습니다. 다음은 '읽기' 기능을 만듭니다.

03
모든 아이템 읽기

이번 장에서 가장 어렵고 작업량이 많은 '작성하기' 기능을 마쳤습니다. 이후의 기능은 비교적
쉽게 구현할 수 있습니다. 다음으로 먼저 '읽기' 기능을 구현합니다.

앞 장의 마지막에서 본 것처럼 아이템 읽기에는 '모든 아이템 데이터 읽기'와 '하나의 아이템 데
이터 읽기'의 두 가지 종류가 있습니다. 먼저 '모든 아이템 데이터 읽기' 기능을 작성합니다. /
readall/route.js를 열고 코드 3.28의 템플릿 코드를 기술합니다. 여기에서는 '읽기' 조작이 전부
이므로 POST가 아니라 GET이 됩니다.

▼ 코드 3.28 app/api/item/readall/route.js

```
import { NextResponse } from "next/server"

export async function GET() {
    return NextResponse.json({message: "아이템 읽기 성공(모두)"})
}
```

데이터를 읽기 위해서는 데이터베이스와 연결해야 하므로 코드 3.29의 코드를 추가합니다.

▼ 코드 3.29 app/api/item/readall/route.js

```
import { NextResponse } from "next/server"
import connectDB from "../../../../utils/database"  // 추가

export async function GET() {
    connectDB()  // 추가
    return NextResponse.json({message: "아이템 읽기 성공(모두)"})
}
```

데이터 읽기를 실패했을 때의 처리를 기술할 것이므로 try catch와 에러 시 응답, 및 읽기 처리
전 데이터베이스 연결을 수행할 것이므로 await를 각각 추가합니다(코드 3.30).

▼ 코드 3.30 app/api/item/readall/route.js

```js
import { NextResponse } from "next/server"
import connectDB from "../../../../utils/database"


export async function GET() {
  try {
  // ↓ 추가
    await connectDB()
    return NextResponse.json({message: "아이템 읽기 성공(모두)"})
  } catch {
    return NextResponse.json({message: "아이템 읽기 실패(모두)"})
  }
  // ↑ 추가
}
```

MongoDB에서 데이터 읽기를 수행하는 기능은 Model 안에 있으므로 ItemModel을 임포트합니다(코드 3.31)

▼ 코드 3.31 app/api/item/readall/route.js

```js
import { NextResponse } from "next/server"
import connectDB from "../../../../utils/database"
import { ItemModel } from "../../../../utils/schemaModels"  // 추가


export async function GET() {
  ...
```

데이터 읽기에는 ItemModel 안에 있는 find()를 사용합니다. 여기에서도 이 조작이 확실하게 완료되었을 때 다음 조작을 실행할 것이므로 await를 추가합니다(코드 3.32).

▼ 코드 3.32 app/api/item/readall/route.js

```js
...

export async function GET() {
  try {
    await connectDB()
    await ItemModel.find()  // 추가
    return NextResponse.json({message: "아이템 읽기 성공(모두)"})
```

```
    } catch {
      return NextResponse.json({message: "아이템 읽기 실패(모두)"})
    }
  }
```

이것으로 이 파일은 '모든 아이템 데이터 읽기' 조작을 실행합니다. 읽은 데이터를 확인하기 위해 코드 3.33의 코드도 추가합니다.

▼ 코드 3.33 app/api/item/readall/route.js

```
  ...

  export async function GET() {
    try {
      await connectDB()
      const allItems = await ItemModel.find()  // 추가
      return NextResponse.json({message: "아이템 읽기 성공(모두)"})
    } catch {
      return NextResponse.json({message: "아이템 읽기 실패(모두)"})
    }
  }
```

이제 ItemModel.find()를 통해 데이터베이스에서 얻은 데이터는 allItems에 저장됩니다. 이 데이터를 브라우저에서 표시할 것이므로 NextResponse의 message 뒤에 추가합니다(코드 3.34).

▼ 코드 3.34 app/api/item/readall/route.js

```
  return NextResponse.json({message: "아이템 읽기 성공(모두)", allItems: allItems })
```

의도한 대로 동작하는지 확인해 봅시다. 변경한 내용을 저장합니다. 폴더 구조를 확인해 봅시다. 이것은 api 폴더에 있는 item 폴더 안의 readall 폴더의 route.js이므로 URL은 다음과 같이 될 것입니다.

URL http://localhost:3000/api/item/readall

브라우저에서 열면 그림 3.51과 같이 표시됩니다.

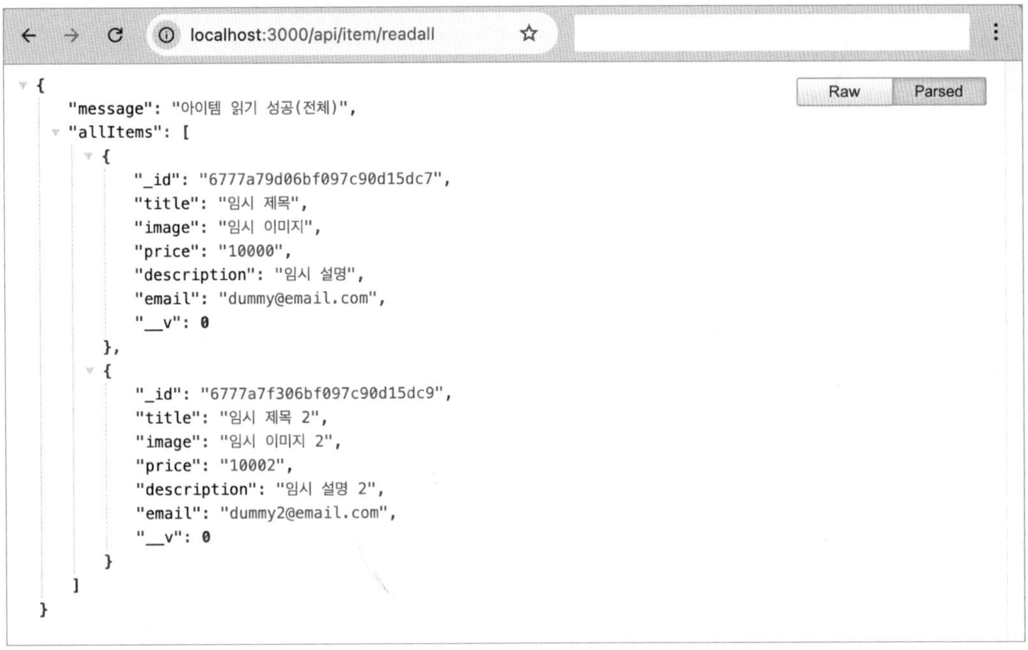

브라우저 주소창: localhost:3000/api/item/readall

```
{
    "message": "아이템 읽기 성공(전체)",
    "allItems": [
        {
            "_id": "6777a79d06bf097c90d15dc7",
            "title": "임시 제목",
            "image": "임시 이미지",
            "price": "10000",
            "description": "임시 설명",
            "email": "dummy@email.com",
            "__v": 0
        },
        {
            "_id": "6777a7f306bf097c90d15dc9",
            "title": "임시 제목 2",
            "image": "임시 이미지 2",
            "price": "10002",
            "description": "임시 설명 2",
            "email": "dummy2@email.com",
            "__v": 0
        }
    ]
}
```

▲ 그림 3.51 브라우저에 표시된 모든 아이템 데이터

모든 아이템 데이터를 읽은 것을 확인했습니다. 다음은 '하나의 아이템 데이터 읽기' 기능을 개발합니다.

04
하나의 아이템 읽기

얼핏 간단하게 보이는 '하나의 아이템 데이터 읽기' 처리에는 사실 주의해야 할 점이 있습니다.

앞 장 마지막 부분에서 하나의 아이템을 읽는 처리를 작성할 폴더 및 파일로 `/api/item/ readsingle/route.js`를 만들었습니다. 하지만 이것이 올바른 구조일까요? 먼저 다음 URL을 열어 봅시다(그림 3.52).

URL https://nextjs-book-fullstack-app-folder-v2-example.vercel.app/item/readsingle/67789 47b2341e86e7af21fe3

▲ 그림 3.52 아이템 페이지

이 페이지의 데이터는 다음 URL을 통해 제공됩니다(그림3.53).

URL https://nextjs-book-fullstack-app-folder-v2-example.vercel.app/api/item/readsingle/677
8947b2341e86e7af21fe3

```
{
    "message": "아이템 읽기 성공(하나)",
    "singleItem": {
        "_id": "6778947b2341e86e7af21fe3",
        "title": "색연필",
        "image": "http://res.cloudinary.com/daeprmo1b/image/upload/v1736162008/tpy1osuzkphafxhrnjqj.jpg",
        "price": "15000",
        "description": "사용하기 쉬운 색연필입니다. Lorem ipsum dolor sit amet, consectetur adipiscing elit. Suspendisse maximus
        est tellus, eget porta leo tristique a. Donec hendrerit massa leo, id tempus dolor vulputate et. Pellentesque
        consectetur dolor placerat euismod pellentesque. Integer scelerisque, augue ac ullamcorper sodales, neque lectus
        tristique turpis, id luctus lectus lorem eu tortor. In imperdiet semper accumsan. Etiam pellentesque libero et
        scelerisque vehicula. Nam quis justo mi. Cras erat ex, rhoncus id blandit id, commodo ac leo. In hac habitasse
        platea dictumst.",
        "email": "dummy@gmail.com",
        "__v": 0
    }
}
```

▲ 그림 3.53 아이템 데이터 페이지

한 가지 예를 더 살펴봅시다. 다음 URL을 열어 봅니다(그림3.54).

URL https://nextjs-book-fullstack-app-folder-v2-example.vercel.app/item/readsingle/67789
4b52341e86e7af21fe5

▲ 그림 3.54 아이템 페이지

이 페이지의 데이터는 다음 URL을 통해 제공됩니다(그림 3.55).

URL https://nextjs-book-fullstack-app-folder-v2-example.vercel.app/api/item/readsingle/677894b52341e86e7af21fe5

```
▼ {
    "message": "아이템 읽기 성공(하나)",
  ▼ "singleItem": {
        "_id": "677894b52341e86e7af21fe5",
        "title": "반지",
        "image": "http://res.cloudinary.com/daeprmo1b/image/upload/v1736162026/kafmdl0kn4es4pif3plo.jpg",
        "price": "22000",
        "description": "사용하기 쉬운 반지입니다. Lorem ipsum dolor sit amet, consectetur adipiscing elit. Suspendisse maximus est tellus, eget porta
        leo tristique a. Donec hendrerit massa leo. id tempus dolor vulputate et. Pellentesque consectetur dolor placerat euismod pellentesque. Integer
        scelerisque, augue ac ullamcorper sodales, neque lectus tristique turpis. id luctus lectus lorem eu tortor. In imperdiet semper accumsan. Etiam
        pellentesque libero et scelerisque vehicula. Nam quis justo mi. Cras erat ex, rhoncus id blandit id, commodo ac leo. In hac habitasse platea
        dictumst.",
        "email": "dummy@gmail.com",
        "__v": 0
    }
}
```

▲ 그림 3.55 아이템 데이터 페이지

데이터를 제공하는 URL을 보면 /api/item/readsingle/ 뒤에 무작위의 문자열이 이어진다는 점을 알 수 있습니다. 지금까지 생각했던 대로라면 URL에는 폴더명을 사용하므로 URL은 다음과 같이 /readsingle로 끝나야 할 것입니다.

URL https://nextjs-book-fullstack-app-folder-v2-example.vercel.app/api/item/readsingle

하지만 실제로는 아이템마다 서로 다른 무작위 문자열이 연결된다는 것은 6255... 같은 이름을 가진 각각의 폴더를 만들고, 그 안에 route.js를 만들어 코드를 작성해야 한다는 의미일까요?

물론 그렇게 할 수도 있지만 문제가 발생합니다. 먼저 폴더 수가 아이템 수만큼 늘어나므로 관리가 어려워집니다. 또한 '하나의 아이템 데이터 읽기' 처리를 수행하는 코드는 모든 route.js에서 동일할 것이므로 '작성하는 코드는 같은데 폴더명만 다른' 상태, 즉, 불필요하게 많은 폴더를 갖는 구성이 됩니다.

이 문제는 그림 3.56과 같은 '하나의 아이템 데이터 읽기' 조작을 수행하는 범용적인 템플릿 같은 폴더를 사용해 해결할 수 있을 것입니다.

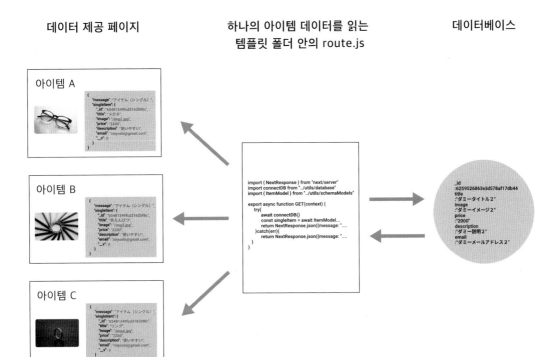

데이터 제공 페이지　　　　하나의 아이템 데이터를 읽는　　　　데이터베이스
　　　　　　　　　　　　　템플릿 폴더 안의 route.js

아이템 A

아이템 B

아이템 C

▲ 그림 3.56 템플릿 폴더 이미지

다음으로 폴더 구성과 그 이름에 관해 생각해 봅시다.

Next.js의 app 폴더에서는 폴더명을 URL로서 사용한다(/app/api/item/readall/route.js →
/api/item/readall 등)고 알고 있습니다. 하지만 여기에서 만들고자 하는 URL은 /api/item/
readsingle 뒤에 추가로 문자열이 계속되므로 /api/item/readsingle 폴더 안에 하나의 폴더를
더 만들어야 합니다.

하지만 그 폴더명에 6255... 같은 개별 아이템의 문자열을 사용하는 것은 효율적이지 않다고 설
명했습니다. 아이템과 같은 수만큼 폴더를 만들어야 하기 때문입니다.

이럴 때 Next.js가 제공하는 [id]라는 특별한 폴더명을 사용할 수 있습니다. [id] 폴더를 만들고
그 안에 route.js 파일을 만들면, 이 폴더를 다른 URL에 할당할 수 있습니다. 실제로 살펴봅시다.
/item/readsingle 폴더 안에 [id] 폴더를 만듭니다(그림 3.57).

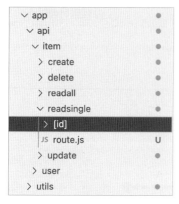

▲ 그림 3.57 [id] 폴더 작성

route.js 파일은 [id] 폴더 안으로 이동합니다(그림 3.58).

▲ 그림 3.58 [id] 안으로 route.js를 이동

다음은 템플릿 코드를 작성합니다. 템플릿 코드에서는 앞에서 작성한 '아이템 읽기(모든 아이템)'와 같이 '읽기' 조작이므로 GET을 사용합니다(코드 3.35).

▼ 코드 3.35 app/api/item/readsingle/[id]/route.js

```
import { NextResponse } from "next/server"

export async function GET() {
    return NextResponse.json({message: "아이템 읽기 성공(하나)"})
}
```

작성한 내용을 저장합니다. 이 파일에 브라우저나 Thunder Client에서 접근하면 '아이템 읽기 성공(하나)'이라는 응답이 표시될 것입니다. 하지만 그 URL은 어떤 것일까요? 지금까지의 흐름에 따라 생각해 보면 폴더명이 [id]이므로 URL은 다음과 같을 것이라 예측할 수 있습니다.

URL http://localhost:3000/api/item/readsingle/[id]

하지만 URL에는 [과]는 사용할 수 없으므로, 이것은 잘못된 URL임을 알 수 있습니다. 사실은 /api/item/readsingle 뒤의 문자열은 무엇이 되어도 좋습니다. 적당하게 abc-123이라는 문자열을 붙여서 브라우저에서 열어 봅시다(그림 3.59)

URL http://localhost:3000/api/item/readsingle/abc123

```
← → C    ⓘ localhost:3000/api/item/readsingle/abc-123

▼ {
      "message": "아이템 읽기 성공(하나)"
  }
```

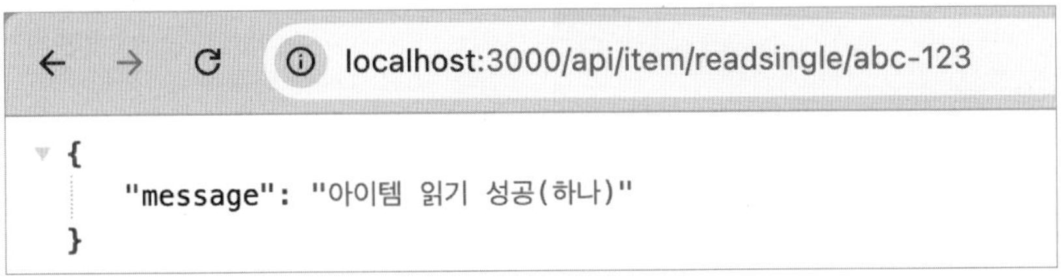

▲ 그림 3.59 URL에 무작위 문자열 입력 1

/api/item/readsingle/[id]/route.js가 실행되는 것을 확인할 수 있습니다. URL 끝을 xwz-789로 바꿔도 마찬가지로 실행됩니다(그림 3.60).

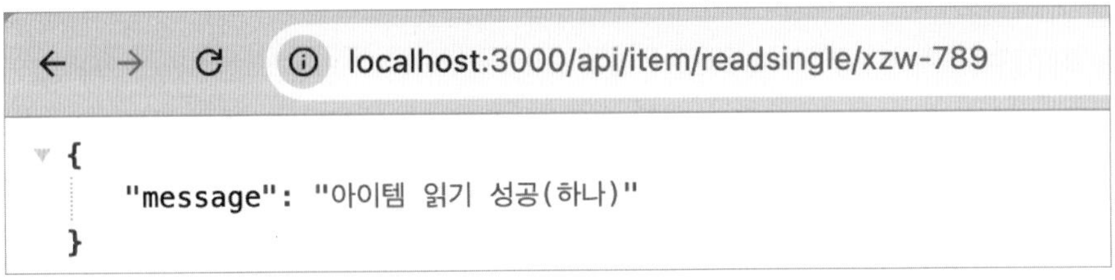

```
← → C    ⓘ localhost:3000/api/item/readsingle/xzw-789

▼ {
      "message": "아이템 읽기 성공(하나)"
  }
```

▲ 그림 3.60 URL에 무작위 문자열 입력 2

폴더명을 [id]로 하면 URL이 무엇이 되어도 그 안의 route.js가 실행됩니다. 따라서 Next.js에서는 '하나의 아이템 데이터를 읽는', '하나의 블로그 아티클을 읽는' 것과 같이 '실행하는 코드는 같지만 URL은 다른' 상황에서 이 폴더명을 사용합니다. 그리고 폴더명은 [와]로 감싸면 [user], [abc] 등 임의의 것을 사용해도 괜찮습니다. 이 책에서는 [id]를 사용합니다.

다음으로 URL에 사용하는 /api/item/readsingle/ 뒤의 문자열을 얻는 방법에 관해 생각해 봅시다. 이 문자열을 얻어야 하는 이유는 무엇일까요? 다음 URL을 다시 열어 봅시다(그림 3.61).

URL https://nextjs-book-fullstack-app-folder-v2-example.vercel.app/item/readsingle/67789
47b2341e86e7af21fe3

Next Market

등록　로그인　아이템 작성

색연필

₩15000

사용하기 쉬운 색연필입니다. Lorem ipsum dolor sit amet, consectetur adipiscing elit. Suspendisse maximus est tellus, eget porta leo tristique a. Donec hendrerit massa leo, id tempus dolor vulputate et. Pellentesque consectetur dolor placerat euismod pellentesque. Integer scelerisque, augue ac ullamcorper sodales, neque lectus tristique turpis, id luctus lectus lorem eu tortor. In imperdiet semper accumsan. Etiam pellentesque libero et scelerisque vehicula. Nam quis justo mi. Cras erat ex, rhoncus id blandit id, commodo ac leo. In hac habitasse platea dictumst.

아이템 수정　아이템 삭제

▲ 그림 3.61 아이템 페이지

이 페이지의 데이터는 다음 URL을 통해 제공됩니다(그림 3.62).

URL https://nextjs-book-fullstack-app-folder-v2-example.vercel.app/api/item/readsingle/6778947b2341e86e7af21fe3

```
{
    "message": "아이템 읽기 성공(하나)",
    "singleItem": {
        "_id": "6778947b2341e86e7af21fe3",
        "title": "색연필",
        "image": "http://res.cloudinary.com/daeprmo1b/image/upload/v1736162008/tpy1osuzkphafxhrnjqj.jpg",
        "price": "15000",
        "description": "사용하기 쉬운 색연필입니다. Lorem ipsum dolor sit amet, consectetur adipiscing elit. Suspendisse maximus est tellus, eget porta leo tristique a. Donec hendrerit massa leo, id tempus dolor vulputate et. Pellentesque consectetur dolor placerat euismod pellentesque. Integer scelerisque, augue ac ullamcorper sodales, neque lectus tristique turpis, id luctus lectus lorem eu tortor. In imperdiet semper accumsan. Etiam pellentesque libero et scelerisque vehicula. Nam quis justo mi. Cras erat ex, rhoncus id blandit id, commodo ac leo. In hac habitasse platea dictumst.",
        "email": "dummy@gmail.com",
        "__v": 0
    }
}
```
Raw　Parsed

▲ 그림 3.62 아이템 데이터 페이지

여기에서 /api/item/readsingle 뒤의 문자열을 보면 이것은 _id와 같다는 것을 알 수 있습니다
(그림 3.63).

▲ 그림 3.63 아이템 데이터 페이지의 _id

앞에서 설명했듯 _id는 데이터를 저장할 때 MongoDB가 자동으로 할당하며, 각 데이터에 다른
문자열을 사용합니다. 데이터베이스에서 하나의 데이터를 읽을 때, 어떤 데이터가 필요하지 지정
해야 합니다. 이런 목적으로 사용하는 값이 이 _id입니다. 즉, URL에 입력된 문자열로부터 데이
터베이스 안에서 어떤 데이터를 읽을지 결정하는 것입니다. 이렇게 말로만 설명하기는 어려우므
로 실제로 코드를 통해 살펴봅시다.

[id] 폴더의 route.js에 데이터베이스와 연결하는 코드, 데이터 읽기가 실패했을 때 대응하기 위
한 try catch 구문, 그리고 처리 완료를 기다리는 await를 추가합니다. 코드는 코드 3.36과 같습니
다.

▼ 코드 3.36 app/api/item/readsingle/[id]/route.js

```
import { NextResponse } from "next/server"
import connectDB from "../../../../utils/database"


export async function GET() {
  try {
    await connectDB()
    return NextResponse.json({message: "아이템 읽기 성공(하나)"})
  } catch {
    return NextResponse.json({message: "아이템 읽기 실패(하나)"})
  }
}
```

다음은 입력된 URL을 얻는 방법입니다. 여기에서는 Next.js가 제공하는 특별한 코드인 context를 사용합니다. 코드 3.37의 코드를 추가합니다. context의 내용을 확인하기 위해 console.log()도 추가합니다. 그리고 context는 GET 옆의 괄호 안의 두 번째 요소로 입력해야 하므로 request도 추가합니다.

▼ 코드 3.37 app/api/item/readsingle/[id]/route.js

```
import { NextResponse } from "next/server"
import connectDB from "../../../../utils/database"

export async function GET(request, context) { // 추가
  console.log(context) // 추가
  try {
    await connectDB()
    return NextResponse.json({message: "아이템 읽기 성공(하나)"})
  } catch {
    ...
```

변경한 내용을 저장합니다. /api/item/readsingle/ 뒤에 적당한 문자열을 넣은 다음 URL을 브라우저에서 열어 봅시다.

URL http://localhost:3000/api/item/readsingle/abc-123

그림 3.64와 같이 표시됩니다. /api/item/readsingle/[id]/roiute.js 파일이 실행되는 것을 알수 있습니다.

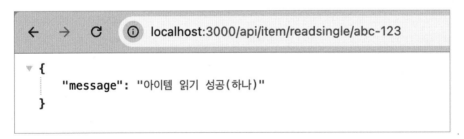

▲ 그림 3.64 /item/readsingle/[id]/route.js의 표시

터미널을 보면 console.log()에 의해 context의 내용이 표시됩니다(그림 3.65).

```
PROBLEMS    OUTPUT    TERMINAL    PORTS

○  ✓ Compiled in 47ms (75 modules)
   { params: { id: 'abc-123' } }
   Success: Conected to MongoDB
   ▯
```

▲ 그림 3.65 터미널에 표시된 context의 내용

context 안에 있는 params의 id 부분이 URL의 마지막 문자열과 일치하는 것을 알 수 있습니다. 따라서 console.log()의 괄호 안을 코드 3.38과 같이 하면 URL 마지막의 문자열을 얻을 수 있습니다.

▼ 코드 3.38 app/api/item/readsingle/[id]/route.js

```
console.log(context.params.id)
```

변경한 내용을 저장합니다. 브라우저에서 다시 다음 URL을 열어 봅시다.

URL http://localhost:3000/api/item/readsingle/abc123

그리고 터미널을 확인합니다(그림 3.66).

```
PROBLEMS    OUTPUT    TERMINAL    PORTS

○  ✓ Compiled in 24ms (75 modules)
   abc-123
   Success: Conected to MongoDB
   ▮
```

▲ 그림 3.66 터미널에 표시된 context.params.id

이것으로 URL 마지막의 문자열은 context.params.id로 얻을 수 있다는 것을 알았습니다. 다음은 이것을 사용해 MongoDB의 데이터를 지정해 읽어 봅시다. 코드 3.39의 코드를 추가합니다. console.log()는 필요하지 않으므로 삭제합니다.

▼ 코드 3.39 app/api/item/readsingle/[id]/route.js

```
import { NextResponse } from "next/server"
import connectDB from "../../../../utils/database"
import { ItemModel } from "../../../../utils/schemaModels"  // 추가

export async function GET(request, context) {
  console.log(context.params.id)  // 삭제
  try {
```

```
      await connectDB()
      await ItemModel.findById()  // 추가
      return NextResponse.json({message: "아이템 읽기 성공(하나)"})
    } catch {
      return NextResponse.json({message: "아이템 읽기 실패(하나)"})
    }
  }
```

ItemModel 안에 있는 findById()는 지정한 하나의 데이터를 읽는 것입니다. 데이터 지정은
MongoDB의 _id를 사용해서 수행하므로 괄호 안에는 코드 3.40과 같이 context.params.id를
넣습니다.

▼ 코드 3.40 app/api./item/readsingle/[id]/route.js

```
await ItemModel.findById(context.params.id)
```

읽은 데이터를 확인하기 위해 코드 3.41의 코드를 추가합니다.

▼ 코드 3.41 app/api/item/readsingle/[id]/route.js

```
...

export async function GET(request, context) {
  try {
    await connectDB()
    const singleItem = await ItemModel.findById(context.params.id)  // 추가
    return  NextResponse.json({message:  "아이템  읽기  성공(하나)",  singleItem:
singleItem})  // 추가
  } catch {
    return NextResponse.json({message: "아이템 읽기 실패(하나)"})
  }
}
```

변경한 내용을 저장합니다. 이것으로 읽는 데이터는 singleItem에 저장되고, 이 데이터가
NextResponse를 통해 브라우저로 보내져 표시될 것입니다. 코드가 올바르게 동작하는지 확인해
봅시다.

api/item/readsingle/ 뒤쪽 문자열에는 MongoDB의 _id를 사용하므로, MongoDB를 열어
복사합니다. 필요한 것은 ObjectId() 괄호 안의 문자열입니다(그림 3.67)(문자열은 여러분의 환경
에 다릅니다).

QUERY RESULTS: **1-2 OF 2**

           _id: `ObjectId('6777a79d06bf097c90d15dc7')`
          title : "임시 제목"
          image : "임시 이미지"
          price : "10000"
          description : "임시 설명"
          email : "dummy@email.com"
          __v : 0

          _id: ObjectId('6777a7f306bf097c90d15dc9')
          title : "임시 제목 2"
          image : "임시 이미지 2"
          price : "10002"
          description : "임시 설명 2"
          email : "dummy2@email.com"
          __v : 0

▲ 그림 3.67 MongoDB의 _id

이것을 /api/item/readsingle 뒤에 붙여서 브라우저에서 열어 봅시다. 그림 3.68과 같이 표시됩니다.

```
←  →  C  ⓘ  localhost:3000/api/item/readsingle/6777a79d06bf097c90d15dc7
▼ {
      "message": "아이템 읽기 성공(하나)",
    ▼ "singleItem": {
          "_id": "6777a79d06bf097c90d15dc7",
          "title": "임시 제목",
          "image": "임시 이미지",
          "price": "10000",
          "description": "임시 설명",
          "email": "dummy@email.com",
          "__v": 0
      }
  }
```

▲ 그림 3.68 브라우저에 표시된 하나의 아이템 데이터

이것으로 지정한 하나의 아이템 데이터를 읽을 수 있는 것을 알았습니다.

지금까지의 작업으로 '데이터 작성', '모든 아이템 데이터 읽기', '하나의 아이템 데이터 읽기'를 마쳤습니다. 다음으로 '데이터 수정하기' 기능을 구현합니다.

더 알아보기

동적 페이지를 만드는 방법의 차이(app 폴더와 pages 폴더)

범용적으로 동작하는 템플릿 폴더/파일명과 관련해 Next.js 버전 13에서 도입된 app 폴더와 그 이전의 pages 폴더의 차이를 정리하면 표 3.2와 같습니다. pages 폴더에서는 [id]라는 이름을 폴더가 아니라 파일에 사용합니다.

▼ 표 3.2 app 폴더와 pages 폴더를 사용한 동적 페이지 만드는 방법

URL	폴더 구성(app 폴더)	폴더 구성(pages 폴더)
/api/item/reasingle/9fcd3162bf8c	/app/api/item/readsingle/[id]/route.js	pages/api/item/readsingle/[id].js

05 ──────────
아이템 수정

사실 '수정' 조작은 지금까지 만든 '작성하기'와 '읽기'의 처리를 조합한 것입니다.

Instagram, 게시판 사이트 등에서 데이터를 수정할 때를 생각해 봅시다. 가장 먼저 수정할 게시물을 엽니다. 그리고 '수정하기' 등의 버튼을 클릭한 뒤 게시한 문장을 수정하거나 사진을 변경합니다. 즉, 수정 이전 단계로 '하나의 데이터를 지정한다'는 프로세스가 포함되어 있습니다.

이것은 지금까지 만든 '하나의 데이터를 읽는' 것과 비슷합니다. 여기에도 '읽을 데이터 하나를 지정한다'는 프로세스가 있기 때문입니다. 데이터 지정은 [id]라는 여러 URL에 적용할 수 있는 폴더를 만들고 그 안의 route.js에서 context.params.id로 URL을 읽어서 수행합니다.

아이템 데이터 수정 기능에서도 이 흐름을 그대로 따릅니다. api/item/update 폴더 안에 [id] 폴더를 만들고, 그 안으로 route.js를 이동시킵니다(그림3.69).

▲ 그림 3.69 app/api/item/update 폴더

여기에 코드 3.42의 템플릿 코드를 기술합니다.

▼ **코드 3.42** app/api/item/update/[id]/route.js

```
import { NextResponse } from "next/server"


export async function GET() {
    return NextResponse.json({message: "아이템 수정 성공"})
}
```

먼저 이 코드가 올바르게 동작하는지 확인해 봅시다. 변경한 내용을 저장한 뒤 브라우저를 열고 아래 URL을 엽니다. 끝에는 적당한 문자열을 붙였습니다.

URL http://localhost:3000/api/item/update/xyz789

그림3.70과 같이 표시됩니다.

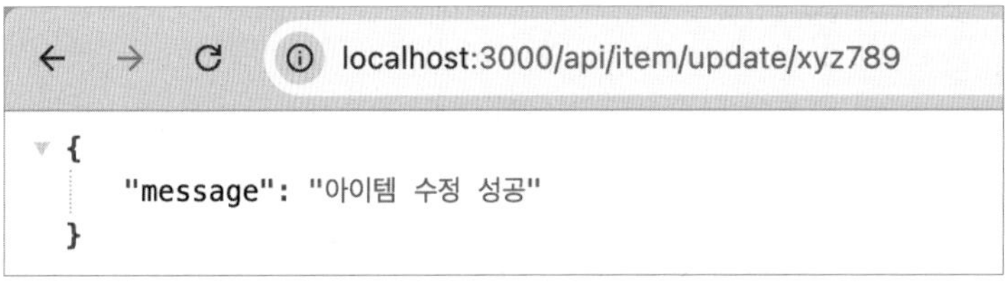

← → C ⓘ localhost:3000/api/item/update/xyz789

```
▼ {
      "message": "아이템 수정 성공"
  }
```

▲ **그림 3.70** 브라우저 표시

이것으로 코드3.42의 코드가 올바르게 동작하는 것을 확인했습니다. 이후의 흐름은 앞에서 만들었던 '하나의 아이템 데이터 읽기'와 거의 같습니다. 먼저 HTTP 메서드를 '수정'을 나타내는 PUT으로 변경합니다(코드3.43).

▼ **코드 3.43** app/api/item/update/[id]/route.js

```
import { NextResponse } from "next/server"

export async function PUT() {  // 변경
    return NextResponse.json({message: "아이템 수정 성공"})
}
```

데이터베이스와 연결하는 코드, 데이터 읽기를 실패했을 때의 대응을 위한 try catch 구문, 처리가 완료되는 것을 기다리는 await를 추가합니다(코드3.44).

▼ **코드 3.44** app/api/item/update/[id]/route.js

```js
import { NextResponse } from "next/server"
import connectDB from "../../../../utils/database"


export async function PUT() {
  try {
    await connectDB()
    return NextResponse.json({message: "아이템 수정 성공"})
  } catch {
    return NextResponse.json({message: "아이템 수정 실패"})
  }
}
```

프런트엔드 또는 Thunder Client에서 전송된 수정 완료 데이터를 받아야 하므로 '아이템 작성'에서와 마찬가지로 request, request 안의 내용을 해석하는 .json(), 그 데이터를 저장하는 reqBody를 추가합니다(코드 3.45).

▼ **코드 3.45** app/api/item/update/[id]/route.js

```js
import { NextResponse } from "next/server"
import connectDB from "../../../../utils/database"


export async function PUT(request) { // 추가
  const reqBody = await request.json() // 추가
  try {
    await connectDB()
    return NextResponse.json({message: "아이템 수정 성공"})
  } catch {
    ...
```

수정은 ItemModel의 updateOne()을 사용하므로 모델을 임포트합니다(코드 3.46).

▼ **코드 3.46** app/api/item/update/[id]/route.js

```js
import { NextResponse } from "next/server"
import connectDB from "../../../../utils/database"
import { ItemModel } from "../../../../utils/schemaModels" // 추가


export async function PUT(request) {
```

```
    const reqBody = await request.json()
    try {
      await connectDB()
      await ItemModel.updateOne()  // 추가
      return NextResponse.json({message: "아이템 수정 성공"})
    } catch {
      ...
```

수정할 데이터 지정은 URL에 입력된 문자열을 얻어서 수행하므로 context.params.id를 사용합니다. 이를 사용해 MongoDB 안의 데이터를 지정하고, 수정 완료 데이터가 들어 있는 reqBody를 사용해 데이터 전체를 새로운 데이터로 치환함으로써 수정을 실행하게 됩니다. 코드 3.47과 같이 기술합니다.

▼ 코드 3.47 app/api/item/update/[id]/route.js

```
import { NextResponse } from "next/server"
import connectDB from "../../../../utils/database"
import { ItemModel } from "../../../../utils/schemaModels"

export async function PUT(request, context) {  // 추가
  const reqBody = await request.json()
  try {
    await connectDB()
    await ItemModel.updateOne({_id: context.params.id}, reqBody)  // 추가
    return NextResponse.json({message: "아이템 수정 성공"})
  } catch {
    return NextResponse.json({message: "아이템 수정 실패"})
  }
}
```

여기에서 updateOne 오른쪽이 {_id: ...}로 되어 있는 것은 앞에서 findById()가 이름 대신 _id를 사용한다는 것을 전제로 했던 것과 달리, updateOne()에서는 '_id를 사용해 데이터를 특정한다'고 지정해야 하기 때문입니다.

변경한 내용을 모두 저장합니다. 이 코드가 올바르게 동작하는지 Thunder Client를 사용해 확인합니다. 앞에서 사용했던 Thunder Client 탭을 닫았다면 VS Code 왼쪽의 번개 아이콘을 클릭한 뒤 'New Request' 버튼을 클릭합니다. URL 필드에는 그림 3.71과 같이 입력합니다. URL이

/update/로 되어 있는 것에 주의합니다. URL 끝의 문자열은 MongoDB 안에 있는 아이템의 _id의 ObjectId() 괄호 안에 있는 문자열을 사용합니다.

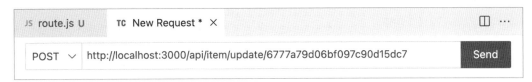

▲ 그림 3.71 Thunder Client의 New Request

URL 필드에 있는 'Body'에서 'JSON'을 열고 그림3.72와 같이 수정 데이터를 입력합니다.

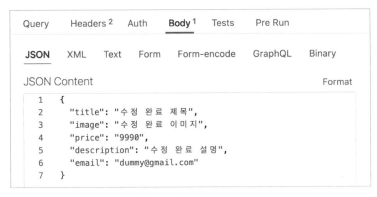

▲ 그림 3.72 Thunder Client의 JSON 탭 수정 데이터

이것으로 URL과 수정할 데이터의 준비를 마쳤습니다. 마지막으로 URL 필드 왼쪽의 HTTP 메서드를 PUT으로 변경합니다(그림3.73).

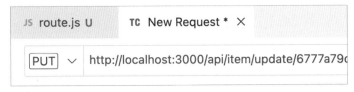

▲ 그림 3.73 Thunder Client의 HTTP 메서드를 'PUT'으로 변경

'Send' 버튼을 클릭해 수정이 성공하면 그림3.74와 같이 표시됩니다.

▲ 그림 3.74 아이템 수정 성공 후 표시

데이터베이스를 확인해 봅시다. MongoDB로 이동해 새로 고침합니다. 그러면 그림 3.75와 같이
데이터가 수정되어 있을 것입니다.

```
QUERY RESULTS: 1-2 OF 2


        _id: ObjectId('6777a79d06bf097c90d15dc7')
        title : "수정 완료 제목"
        image : "수정 완료 이미지"
        price : "9990"
        description : "수정 완료 설명"
        email : "dummy@gmail.com"
        __v : 0
```

▲ 그림 3.75 아이템 수정 성공 후의 MongoDB 데이터

수정이 실행된 것을 확인했습니다. 이제 이번 장의 마지막 기능인 '아이템 삭제하기' 기능을 만듭
니다.

06

아이템 삭제

'삭제하기'의 흐름은 '수정하기'와 거의 같습니다.

아이템 데이터 삭제하기의 흐름은 앞에서 만든 수정하기와 거의 같습니다. 삭제 조작에서도 가장 먼저 삭제할 데이터를 지정하는 것으로 시작합니다. /api/item/delete 폴더 안에 [id] 폴더를 만듭니다. 그 안으로 route.js을 이동합니다(그림 3.76).

▲ 그림 3.76 /api/item/delete 폴더

지금까지와 같이 템플릿 코드, 데이터베이스 연결 코드, try catch 및 await를 기술합니다. HTTP 메서드는 DELETE로 합니다. 작성하는 코드는 코드 3.48과 같습니다.

▼ 코드 3.48 app/api/item/delete/[id]/route.js

```
import { NextResponse } from "next/server"
import connectDB from "../../../../utils/database"


export async function DELETE() {
    try {
```

```
      await connectDB()
      return NextResponse.json({message: "아이템 삭제 성공"})
    } catch {
      return NextResponse.json({message: "아이템 삭제 실패"})
    }
  }
```

데이터 삭제에는 `ItemModel`의 `deleteOne()`을 사용합니다. 데이터 지정에는 앞과 같이 `context.params.id`를 사용하므로 `context`를 추가합니다. 수정을 수행하는 `updateOne()`과 달리, 삭제 처리에서는 게시할 데이터가 없으므로 `request.json()`과 `reqBody`는 필요하지 않습니다(코드 3.49).

▼ 코드 3.49 app/api/item/delete/[id]/route.js

```
import { NextResponse } from "next/server"
import connectDB from "../../../../../utils/database"
import { ItemModel } from "../../../../../utils/schemaModels"  // 추가


export async function DELETE(request, context) {  // 추가
  try {
    await connectDB()
    await ItemModel.deleteOne({_id: context.params.id})  // 추가
    return NextResponse.json({message: "아이템 삭제 성공"})
  } catch {
    return NextResponse.json({message: "아이템 삭제 실패"})
  }
}
```

변경한 내용을 저장합니다. 올바르게 동작하는지 확인해 봅시다.

Thunder Client를 열고 URL 필드에 그림 3.77과 같이 입력합니다. 삭제이므로 URL은 `/delete/`가 되는 점에 주의합니다. URL 끝의 문자열은 각자 MongoDB의 `_id`의 `ObjectId()` 괄호 안의 문자열로 치환합니다. HTTP 메서드는 'DELETE'를 선택합니다.

▲ 그림 3.77 Thunder Client

'Send' 버튼을 클릭합니다. 그림3.78과 같이 표시되고 삭제가 완료될 것입니다.

```
Status: 200 OK    Size: 37 Bytes    Time: 171 ms

Response    Headers⁵    Cookies    Results    Docs        { }    ≡
1    {
2        "message": "아 이 템  삭 제  성 공"
3    }
```

▲ 그림 3.78 아이템 삭제 성공 후 표시

확인해 봅시다. MongoDB를 열고 변경을 새로 고침해서 변경을 반영하면 데이터가 하나 삭제되어 있는 것을 알 수 있을 것입니다.

이것으로 '아이템 데이터 작성하기', '모든 아이템 데이터 읽기', '하나의 아이템 데이터 읽기', '하나의 아이템을 수정한다', '하나의 아이템 데이터 삭제하기'의 아이템 관련 기능을 모두 완성했습니다. 다음 장에서는 사용자 등록과 로그인 기능을 만듭니다.

지금까지 작성한 코드는 다음 URL에서 확인할 수 있습니다.

URL https://github.com/moseskim/nextjs-book-fullstack-app-folder-v2/tree/chapter3

 더 알아보기

Next.js 버전 15에서의 context 사용에 관해

이 책에서는 백엔드와 프런트엔드의 여러 위치에서 context라는 코드를 사용하고 있습니다. Next/.js 버전 15에서는 context 사용 방법이 변경되어, 이 책의 설명대로 진행하다 보면 에러가 발생합니다. 다음 두 가지 방법으로 이 문제를 해결할 수 있습니다.

대응 방법 1: 버전을 강제 지정한다(권장)

이 책은 Next.js 버전 14를 기준으로 쓰였기 때문에 버전을 강제 지정함으로써 큰 변경 없이 읽을 수 있습니다.

Next.js 버전 15에서는 React 버전도 변경되었으므로 React 관련 패키지 버전도 강제 지정합니다.

Next.js 설치를 완료 한 뒤 VS Code를 열고, 다음 명령어를 실행합니다.

```
npm install next@14.1.4 react@18 react-dom@18
```

실행이 완료되면 package.json을 열고 dependencies 섹션에 다음과 같이 작성합니다. 이로써 이 책에서와 동일한 버전을 사용할 수 있습니다.

```
// package.json
...

"dependencies": {
  "next": "^14.1.4",
  "react": "^18.3.1",
  "react-dom": "^18.3.1"
}
...
```

대응 방법 2: 코드를 변경한다

버전을 14로 변경하지 않고 15를 그대로 사용할 때는 다음 설명을 참조해 코드를 변경해야 합니다.

이 책에서는 context를 사용해 URL을 취득합니다. 처음 사용하는 부분은 3장 MongoDB에서 하나의 아이템을 읽는 기능을 개발할 때입니다.

이 책에서 사용하는 Next.js 버전 14에서는 context 내부에서 context.params.id와 같이 직접 접근했습니다. 하지만 버전 15에서 await를 사용해야 하므로 다음과 같이 추가로 1행을 작성해야 합니다.

```
// 버전 14(본문 코드)
console.log(context.params.id)

// 버전 15
const params = await context.params
console.log(params.id)
```

버전 15를 사용하면서 이 책을 읽는다면 context를 사용할 때 위 방법을 사용하십시오.

다음은 [완성 시점의 코드](https://github.com/moseskim/nextjs-book-fullstack-app-folder-v2)를 기준으로 버전 15에 맞춰 변경해야 할 위치를 소개합니다. 먼저 백엔드 파일입니다.

```
// app/api/item/readSingle/[id]/route.js (하나의 아이템을 읽는 기능)
import { NextResponse } from "next/server"
import connectDB from "../../../../utils/database"
import { ItemModel } from "../../../../utils/schemaModels"
```

```
export async function GET(request, context){
  try{
    await connectDB()
    const params = await context.params                        // 추가
    const singleItem = await ItemModel.findById(params.id)      // 변경
        return NextResponse.json({message: "아이템 읽기 성공(하나)", singleItem:
singleItem})
  }catch{
    ...
```

```
// app/api/item/update/[id]/route.js (아이템 편집 기능)
import { NextResponse } from "next/server"
import connectDB from "../../../../utils/database"
import { ItemModel } from "../../../../utils/schemaModels"


export async function PUT(request, context){
  const reqBody = await request.json()
  try{
    await connectDB()
    const params = await context.params                        // 추가
    const singleItem = await ItemModel.findById(params.id)      // 변경
    if(singleItem.email === reqBody.email){
      await ItemModel.updateOne({_id: params.id}, reqBody)      // 변경
      return NextResponse.json({message: "아이템 수정 성공"})
    }else{
      return NextResponse.json({message: "다른 사용자가 작성한 아이템입니다."})
    }
  }catch{
    ...
```

```
// app/api/item/delete/[id]/route.js (아이템 삭제 기능)
import { NextResponse } from "next/server"
import connectDB from "../../../../utils/database"
import { ItemModel } from "../../../../utils/schemaModels"
```

06 아이템 삭제   113

```
export async function DELETE(request, context){
  const reqBody = await request.json()
  try{
    await connectDB()
    const params = await context.params                         // 추가
    const singleItem = await ItemModel.findById(params.id)      // 변경
    if(singleItem.email === reqBody.email){
      await ItemModel.deleteOne({_id: params.id})               // 변경
      return NextResponse.json({message: "아이템 삭제 성공"})
    }else{
      return NextResponse.json({message: "다른 사용자가 작성한 아이템입니다."})
    }
  }catch{
    ...
```

다음은 프런트엔드 관련 파일입니다.

```
// app/item/readSingle/[id]/page.js (하나의 아이템을 읽는 페이지)
import Image from "next/image"
import Link from "next/link"

const getSingleItem = async(id) => {
  ...
}

const ReadSingleItem = async(context) => {
  const params = await context.params              // 추가
  const singleItem = await getSingleItem(params.id) // 변경
  return (
    <div className="grid-container-si">
      ...
```

```
// app/item/update/[id]/page.js (아이템 수정 페이지)
"use client"
import { useState, useEffect } from "react"
import { useRouter } from "next/navigation"
import useAuth from "../../../utils/useAuth"
```

```
const UpdateItem = (context) => {
  ...
  useEffect(() => {
    const getSingleItem = async() => {        // id를 삭제
      const params = await context.params     // 추가                          // ↓ 변경
          const response = await fetch(`${process.env.NEXT_PUBLIC_URL}/api/item/
readsingle/${params.id}`, {cache: "no-store"})
      const jsonData = await response.json()
      const singleItem = jsonData.singleItem
      setTitle(singleItem.title)
      setPrice(singleItem.price)
      setImage(singleItem.image)
      setDescription(singleItem.description)
      setEmail(singleItem.email)
      setLoading(true)
    }
    getSingleItem()      // context.params.id를 삭제
  }, [context])

  const handleSubmit = async(e) => {
    e.preventDefault()
    const params = await context.params      // 추가
    try{                                                                          // ↓ 변경
          const response = await fetch(`${process.env.NEXT_PUBLIC_URL}/api/item/
update/${params.id}`, {
        method: "PUT",
        headers: {
          "Accept": "application/json",
          "Content-Type": "application/json",
          "Authorization": `Bearer ${localStorage.getItem("token")}`
        },
        ...
```

```
// app/item/delete/[id]/page.js (아이템 삭제 페이지)
"use client"
import { useState, useEffect } from "react"
```

```
import { useRouter } from "next/navigation"
import Image from "next/image"
import useAuth from "../../../utils/useAuth"

const DeleteItem = (context) => {
  ...
  useEffect(() => {
    const getSingleItem = async() => {        // id를 삭제
      const params = await context.params    // 추가                        // ↓ 변경
            const response = await fetch(`${process.env.NEXT_PUBLIC_URL}/api/item/
readSingle/${params.id}`, {cache: "no-store"})
      const jsonData = await response.json()
      const singleItem = jsonData.singleItem
      setTitle(singleItem.title)
      setPrice(singleItem.price)
      setImage(singleItem.image)
      setDescription(singleItem.description)
      setEmail(singleItem.email)
      setLoading(true)
    }
    getSingleItem()      // context.params.id를 삭제
  }, [context])

  const handleSubmit = async(e) => {
    e.preventDefault()
    const params = await context.params      // 추가
    try{                                                              // ↓ 변경
            const response = await fetch(`${process.env.NEXT_PUBLIC_URL}/api/item/
delete/${params.id}`, {
        method: "DELETE",
        headers: {
          "Accept": "application/json",
          "Content-Type": "application/json",
          "Authorization": `Bearer ${localStorage.getItem("token")}`
        },
        ...
```

Chapter 4

사용자 등록 및 로그인 기능

이 애플리케이션에서는 로그인한 사용자만 아이템 작성, 수정, 삭제를 할 수 있게 합니다.
이번 장에서는 이를 위해 필요한 기능, 즉, 사용자 등록 기능, 로그인 기능, 및 로그인 상태
를 유지하는 기능, 사용자의 로그인 상태를 판정하는 기능을 만듭니다.

01

사용자 등록 기능

등록 기능을 만드는 방법과 제약을 부여하는 Schema 작성 방법을 소개합니다.

사용자에게는 이름과 이메일 주소를 등록하고 계정을 작성하도록 해야 합니다. 사용자 등록이란 새로운 데이터를 작성하는 것이므로 흐름 자체는 앞 장의 '아이템 데이터 작성하기'와 같습니다.

하지만 여기에서의 데이터는 아이템 데이터가 아니라 사용자 데이터이므로, 새로운 Schema와 Model이 필요합니다. schemaModels.js를 열고 코드 4.1의 코드를 기술합니다.

▼ 코드 4.1 app/utils/schemaModels.js

```
import mongoose from "mongoose"

const Schema = mongoose.Schema

const ItemSchema = new Schema({
    title: String,
    image: String,
    price: String,
    description: String,
    email: String
})

const UserSchema = new Schema({}) // 추가

export const ItemModel = mongoose.models.Item || mongoose.model("Item", ItemSchema)
```

저장한 데이터의 형태와 종류를 결정하는 Schema입니다. 아이템 데이터에서는 title, image, price 등의 항목을 사용했습니다. 여기에서는 사용자 데이터로 데이터베이스에 '사용자 이름', '이메일 주소', '비밀번호' 세 가지를 저장할 것이므로, 저장할 데이터의 형태는 코드 4.2와 같습니다.

▼ 코드 4.2 app/utils/schemaModels.js

```
...

const ItemSchema = new Schema({
  title: String,
  image: String,
  price: String,
  description: String,
  email: String
})

const UserSchema = new Schema({
  // ↓ 추가
  name:
  email:
  password:
  // ↑ 추가
})

export const ItemModel = mongoose.models.Item || mongoose.model("Item", ItemSchema)
```

다음으로 데이터의 종류를 결정합니다. 데이터는 모두 문자 또는 숫자, 즉, 문자열이므로 코드 4.3 과 같이 모두 String으로 기술할 수 있습니다.

▼ 코드 4.3 app/utils/schemaModels.js

```
...

const UserSchema = new Schema({
  name: String,        // 추가
  email: String,       // 추가
  password: String     // 추가
})

export const ItemModel = mongoose.models.Item || mongoose.model("Item", ItemSchema)
```

조금 더 자세하게 Schema를 정의할 수도 있습니다. 여기에서 그 방법을 소개합니다. 일반적인 웹 애플리케이션의 계정은 이메일 주소와 결합되어 있습니다. 사용자 등록에 한 번 사용한 이메일 주소에는 두 번째, 세 번째 계정은 작성할 수 없습니다. 이 애플리케이션에서도 데이터베이스 저장한 이메일 주소는 모두 다른 것으로 하고 싶으므로 코드 4.4와 같이 기술합니다. 그리고 이메일 주소는 필수 항목으로 할 것이므로 required도 추가합니다. required가 붙은 항목이 비어 있으면 데이터베이스에 대한 쓰기가 실패합니다.

▼ 코드 4.4 app/utils/schemaModels.js

```
...

const UserSchema = new Schema({
  name: String,
  // ↓ 추가
  email: {
    type: String,
    required: true,
    unique: true
  },
  // ↑ 추가
  password: String
})

export const ItemModel = mongoose.models.Item || mongoose.model("Item", ItemSchema)
```

name과 password에도 보다 자세한 조건을 붙여 코드 4.5와 같이 작성합니다.

▼ 코드 4.5 app/utils/schemaModels.js

```
...

const UserSchema = new Schema({
  // ↓ 추가
  name: {
    type: String,
    required: true
  },
  // 추가
```

```
    email: {
      type: String,
      required: true,
      unique: true
    },
    // ↑ 추가
    password: {
      type: String,
      required: true
    }
  })


  export const ItemModel = mongoose.models.Item ¦¦ mongoose.model("Item", ItemSchema)
```

이것으로 사용자 데이터 Schema를 완성했습니다. 다음은 Model을 만듭니다(코드 4.6).

▼ 코드 4.6 app/utils/schemaModels.js

```
  ...

  const UserSchema = new Schema({
    name: {
      type: String,
      required: true
    },
    email: {
      type: String,
      required: true,
      unique: true
    },
    password: {
      type: String,
      required: true
    }
  })


  export const ItemModel = mongoose.models.Item ¦¦ mongoose.model("Item", ItemSchema)
  export const UserModel = mongoose.model("User", UserSchema)        // 추가
```

아이템 데이터인 Model과 마찬가지로 이 코드에서는 향후 에러가 발생할 수 있으므로 코드 4.7과 같이 기술합니다.

▼ 코드 4.7 app/utils/schemaModels.js

```
export const UserModel = mongoose.models.User || mongoose.model("User", UserSchema)
```

이것으로 사용자 데이터를 MongoDB에 저장하기 위한 준비를 마쳤습니다. 다음은 사용자 데이터를 만드는 코드를 작성합니다.

사용자 관련 폴더는 api 폴더 안에 user를 이미 만들었습니다. 먼저 여기에 사용자 등록 기능에 사용하는 register 폴더, 로그인 기능에 사용하는 login 폴더를 만듭니다(그림 4.1).

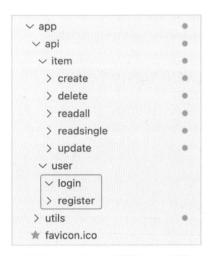

▲ 그림 4.1 register 폴더와 login 폴더

각 폴더 안에 route.js 파일을 만듭니다(그림 4.2).

▲ 그림 4.2 route.js 파일 작성

/api/user/register/route.js에 코드 4.8의 템플릿 코드를 기술합니다.

▼ 코드 4.8 app/api/user/register/route.js

```
import { NextResponse } from "next/server"

export async function GET() {
  return NextResponse.json({message: "사용자 등록 성공"})
}
```

앞에서 다뤘던 것처럼 사용자 등록은 새 데이터를 작성하는 것이므로 앞 장의 아이템 데이터 작성(/api/item/create/route.js)과 거의 같은 코드가 됩니다. 코드 4.9과 같이 코드를 추가합니다. HTTP 메서드를 POST로 하는 것을 잊지 맙시다.

▼ 코드 4.9 app/api/user/register/route.js

```
import { NextResponse } from "next/server"
import connectDB from "../../../utils/database"
import { UserModel } from "../../../utils/schemaModels"

export async function POST(request) {
  const reqBody = await request.json()

  try {
    await connectDB()
    await UserModel.create(reqBody)
    return NextResponse.json({message: "사용자 등록 성공"})
  } catch {
    return NextResponse.json({message: "사용자 등록 실패"})
  }
}
```

변경한 내용을 저장합니다. 실제로 이 코드가 동작하는지 확인해 봅시다. Thunder Client를 열고, HTTP 메서드를 POST로 하고 URL 필드에 다음 URL을 입력합니다.

URL http://localhost:3000/api/user/register

그림 4.3과 같이 됩니다.

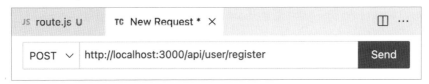

▲ 그림 4.3 Thunder Client에 입력 후 화면

다음으로 URL 필드 아래 'Body'에서 'JSON'을 열고 코드 4.10의 더미 사용자 데이터를 입력합니다.

▼ 코드 4.10 더미 데이터

```
{
    "name": "monotein",
    "email": "dummy@gmail.com",
    "password": "mono-123"
}
```

그림 4.4와 같이 됩니다.

JSON   XML   Text   Form   Form-encode   GraphQL   Binary

JSON Content   Format

```
1    {
2        "name": "monotein",
3        "email": "dummy@gmail.com",
4        "password": "mono-123"
5    }
```

▲ 그림 4.4 Thunder Client에 입력 후 화면

'Send' 버튼을 클릭하고 '사용자 등록 성공'이라고 메시지가 표시된다면 MongoDB로 이동합니다. 새로 고침(다시 읽기)하면 그림 4.5와 같이 users라는 항목이 만들어져 있고, 그 안에 방금 게시한 사용자 데이터가 저장되어 있습니다.

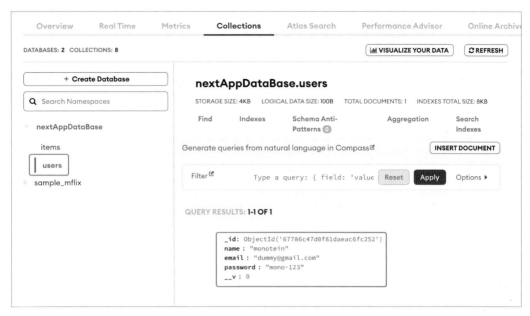

▲ 그림 4.5 MongoDB에 저장된 사용자 데이터

이것으로 사용자 등록 기능을 만들었습니다. 다음은 로그인 기능입니다.

02

로그인 기능

사용자 상태에 맞춰 실행하는 처리를 변경하는 코드를 작성합니다.

/api/user/login/route.js에 코드 4.11의 템플릿 코드를 기술합니다.

▼ 코드 4.11 app/api/user/login/route.js

```javascript
import { NextResponse } from "next/server"


export async function GET() {
  return NextResponse.json({message: "로그인 성공"})
}
```

가장 먼저 로그인이 어떤 프로세스인지에 관해 생각해 봅시다.

사용자는 이메일 주소와 비밀번호를 입력해 로그인을 합니다. 하지만 그중에는 사용자 등록을 완료하지 않는 사람도 있을 것입니다. 그렇기 때문에 가장 먼저 사용자가 등록을 마쳤는지 확인해야 합니다. 이 확인은 데이터베이스에서 사용자 데이터를 얻고, 그 데이터를 확인해서 수행합니다. 이 기능을 먼저 만듭니다.

데이터베이스와의 연결, try catch 구문, await 등 지금까지 여러 차례 함께 사용했던 코드를 코드 4.12와 같이 추가합니다. HTTP 메서드는 POST로 설정합니다.

▼ 코드 4.12 app/api/user/login/route.js

```javascript
import { NextResponse } from "next/server"
import connectDB from "../../../utils/database"


export async function POST(request) {
  const reqBody = await request.json()
  try {
```

```
    await connectDB()
    return NextResponse.json({message: "로그인 성공"})
  } catch {
    return NextResponse.json({message: "로그인 실패"})
  }
}
```

로그인을 시도하는 사람의 데이터가 데이터베이스에 있는지 확인하려면 데이터를 읽어야 합니다. 하지만 모든 사용자 데이터를 읽을 필요는 없습니다. Schema에서 설정한 것처럼 데이터베이스에 저장되어 있는 이메일 주소는 모두 다를 것이므로 로그인 화면에 입력된 이메일 주소가 존재하는지 확인하면 됩니다. 코드 4.13의 코드를 추가합니다.

▼ 코드 4.13 app/api/user/login/route.js

```
import { NextResponse } from "next/server"
import connectDB from "../../../utils/database"
import { UserModel } from "../../../utils/schemaModels"  // 추가


export async function POST(request) {
  const reqBody = await request.json()
  try {
    await connectDB()
    await UserModel.findOne()  // 추가
    return NextResponse.json({message: "로그인 성공"})
  } catch {
    ...
```

앞 장에서 하나의 아이템 데이터를 읽을 때는 URL에서 _id를 찾기 위해 findById(context.params.id)라고 기술했습니다. 하지만 여기에서는 _id에만 사용할 수 있는 findById()가 아닌 findOne()을 사용했습니다. findOne()에서는 데이터를 찾을 기준을 지정해야 하므로 email을 추가합니다. 그리고 그 오른쪽에는 게시된 데이터 reqBody에 포함된 email을 넣습니다(코드 4.14).

▼ 코드 4.14 app/api/user/login/route.js

```
...

export async function POST(request) {
  const reqBody = await request.json()
```

```
try {
  await connectDB()
  await UserModel.findOne({email: reqBody.email})  // 추가
  return NextResponse.json({message: "로그인 성공"})
} catch {
  ...
```

이것으로 실제 이메일 주소를 사용해 사용자 데이터를 읽을 수 있는지 확인해 봅시다. 코드 4.15의
코드를 추가합니다.

▼ 코드 4.15 app/api/user/login/route.js

```
...

export async function POST(request) {
  const reqBody = await request.json()
  try {
    await connectDB()
    const savedUserData = await UserModel.findOne({email: reqBody.email})  // 추가
    console.log(savedUserData)  // 추가
    return NextResponse.json({message: "로그인 성공"})
  } catch {
    ...
```

변경한 내용을 저장했다면 Thunder Client를 열고, HTTP 메서드는 POST, URL 필드에는 다음
URL을 입력합니다.

URL http://localhost:3000/api/user/login

그림 4.6과 같이 됩니다.

▲ 그림 4.6 Thunder Client에 입력 후 화면

'Body' 탭에서 'JSON'을 클릭한 뒤 코드 4.16과 같은 로그인 데이터를 입력합니다. 앞에서 사용자
등록 시 사용한 것과 같이 email과 password로 합니다.

▼ 코드 4.16 로그인 데이터

```
{
  "email": "dummy@gmail.com",
  "password": "mono-123"
}
```

그림 4.7과 같이 됩니다.

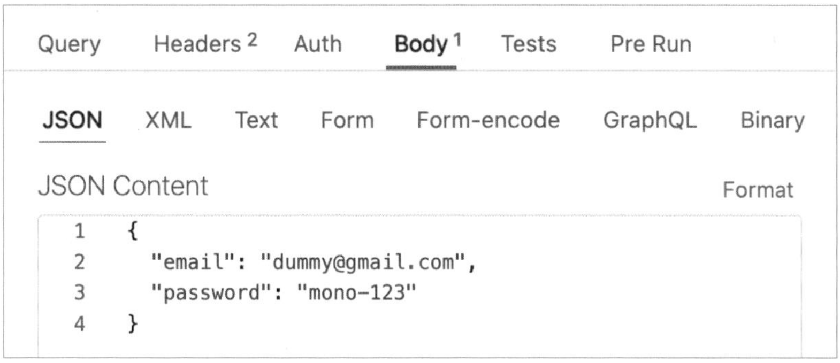

Query	Headers 2	Auth	**Body** 1	Tests	Pre Run	

JSON   XML   Text   Form   Form-encode   GraphQL   Binary

JSON Content   Format

```
1  {
2      "email": "dummy@gmail.com",
3      "password": "mono-123"
4  }
```

▲ 그림 4.7 Thunder Client에 입력한 로그인 데이터

'Send' 버튼을 클릭합니다. 터미널을 확인하면 이메일 주소를 기준으로 해서, 데이터베이스 사용자 데이터를 확실하게 읽은 것을 알 수 있습니다(그림 4.8).

```
✓ Compiled /api/user/login in 72ms (88 modules)
Success: Connected to MongoDB
{
  _id: new ObjectId('67786c47d0f81daeac6fc252'),
  name: 'monotein',
  email: 'dummy@gmail.com',
  password: 'mono-123',
  __v: 0
}
```

▲ 그림 4.8 터미널 표시

사용자 데이터를 읽을 수 있음을 확인했습니다. 다음으로 사용자 데이터가 존재할 때와 그렇지 않을 때의 처리가 필요합니다. 여기에서는 if 구문을 사용합니다. 쉽게 알아볼 수 있도록 주석을 추가했습니다(코드 4.17).

▼ 코드 4.17 app/api/user/login/route.js

```
...

export async function POST(request) {
```

```
    const reqBody = await request.json()
    try {
        await connectDB()
        const savedUserData = await UserModel.findOne({email: reqBody.email})
        console.log(savedUserData)
        // ↓ 추가
        if (savedUserData) {
            // 사용자 데이터가 존재할 때의 처리
            return NextResponse.json({message: "로그인 성공"})
        } else {
            // 사용자 데이터가 존재하지 않을 때의 처리
            return NextResponse.json({message: "로그인 실패: 사용자를 등록하십시오"})
        }
        // ↑ 추가
    } catch {
        return NextResponse.json({message: "로그인 실패"})
    }
}
```

사용자 데이터가 존재한다면 다음으로 비밀번호를 확인합니다. 비밀번호 확인은 '입력된 비밀번호'와 '데이터베이스에 저장되어 있는 비밀번호'를 비교하는 것으로 가능합니다. 데이터베이스에 저장되어 있는 데이터인 savedUserData에는 비밀번호도 들어 있으므로, 그것을 사용해 코드 4.18과 같이 기술합니다. console.log(savedUserData)는 필요하지 않으므로 삭제합니다.

▼ 코드 4.18 app/api/user/login/route.js

```
...

export async function POST(request) {
    const reqBody = await request.json()
    try {
        await connectDB()
        const savedUserData = await UserModel.findOne({email: reqBody.email})
        console.log(savedUserData) // 삭제
        if (savedUserData) {
            // 사용자 데이터가 존재할 때의 처리
```

```
    // ↓ 추가
    if (reqBody.password === savedUserData.password) {
      // 비밀번호가 올바를 때의 처리
      return NextResponse.json({message: "로그인 성공"})
    } else {
      // 비밀번호가 올바르지 않을 때의 처리
      return NextResponse.json({message: "로그인 실패: 비밀번호가 올바르지 않습니다"})
    }
    // ↑ 추가
  } else {
    // 사용자 데이터가 존재하지 않을 때의 처리
    return NextResponse.json({message: "로그인 실패: 사용자를 등록하십시오"})
  }
} catch {
  return NextResponse.json({message: "로그인 실패"})
}
}
```

의도한 대로 동작하는지 확인합시다. 변경한 내용을 저장하고 Thunder Client를 엽니다. 코드 4.9와 같이 사용자 등록에 사용한 것과 같은 이메일 주소와 비밀번호를 'JSON' 탭에 입력하고 'Send' 버튼을 클릭합니다.

▲ 그림 4.9 Thunder Client에 입력 후 화면

'로그인 성공'이라고 표시되면 코드가 의도한 대로 동작하는 것입니다(그림 4.10).

| Status: 200 OK | Size: 30 Bytes | Time: 149 ms |
```
1   {
2     "message": "로 그 인  성 공"
3   }
```

▲ 그림 4.10 Thunder Client에 표시된 응답

다음은 이메일 주소를 다른 것으로 바꾸고 'Send' 버튼을 클릭합니다(그림 4.11).

▲ 그림 4.11 Thunder Client에 올바르지 않은 이메일 주소를 입력

이 이메일 주소를 가진 사용자는 데이터베이스에 존재하지 않으므로 로그인 실패: 사용자를 등록하십시오라고 표시됩니다(그림 4.12).

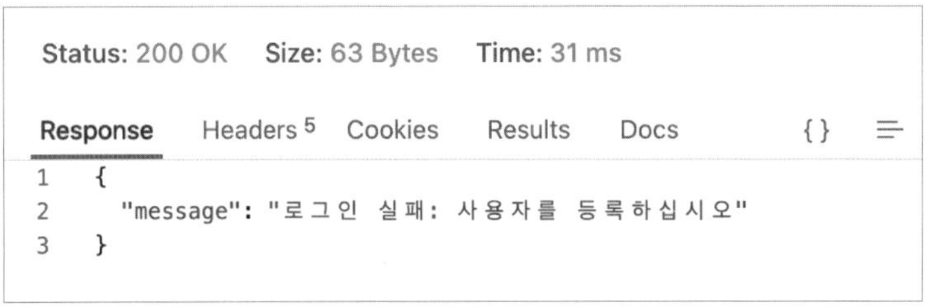

▲ 그림 4.12 Thunder Client에 표시된 응답

다음은 올바른 이메일 주소와 올바르지 않은 비밀번호의 조합입니다. 그림 4.13과 같이 등록한 올바른 이메일 주소와 올바르지 않은 비밀번호를 입력하고 'Send' 버튼을 클릭합니다.

```
     {
        "email": "dummy@gmail.com",
        "password": "tein-789"
     }
```

▲ 그림 4.13 Thunder Client에 올바르지 않은 비밀번호를 입력

로그인 실패: 비밀번호가 일치하지 않습니다라고 표시됩니다(그림 4.14).

```
Status: 200 OK    Size: 73 Bytes    Time: 30 ms

Response    Headers 5    Cookies    Results    Docs              { }    ☰
1    {
2        "message": "로그인 실패: 비밀번호가 일치하지 않습니다"
3    }
```

▲ 그림 4.14 Thunder Client에 표시된 응답

이것으로 로그인 코드가 의도한 대로 동작하는 것을 알 수 있습니다.

03

로그인 상태 유지

JSON Web Token을 사용한 로그인 기능을 개발합니다.

지금까지 사용자 등록과 로그인 기능을 완성했습니다. 하지만 현재는 로그인을 하든, 하지 않든 아무것도 달라지지 않습니다. 로그인한 사용자만 할 수 있어야 할 아이템 작성, 수정, 삭제를 누구나 할 수 있습니다.

이번 장에서는 이후 로그인하지 않은 사용자의 기능을 제한하는 구조, 그리고 그 준비로 로그인 상태를 유지하는 기능을 만듭니다.

먼저 로그인 상태의 유지입니다. 로그인 기능을 가진 웹 서비스를 사용했던 장면을 생각해 봅시다. 한 번 로그인하면 이후 30분, 1시간, 24시간, 1주일 등 일정 기간은 다시 로그인할 필요가 없습니다. 즉, '로그인 상태가 유지된다'는 것입니다. 이것은 어떤 구조로 구현되어 있을까요?

로그인 상태를 유지하는 구조에 일반적으로 세션 방식과 토큰 방식 중 하나를 사용합니다. 여기에서는 토큰 방식을 사용합니다. 이 방식에서는 어떻게 로그인 상태를 유지하는지 설명합니다. 그림 4.15를 살펴봅시다.

그림 4.15의 ③과 같이 첫 번째 로그인 시 서버가 클라이언트(프런트엔드)에 토큰을 발생합니다. 그 토큰을 이후의 요청마다 서버로 보내고 서버는 그것을 매번 확인함으로써 로그인 상태가 유지됩니다.

이 토큰에는 유효 기한을 설정할 수 있어, 서버가 확인했을 때 설정된 기간을 넘겼을 때는 로그인이 실패하고, 사용자는 재 로그인을 해야 합니다.

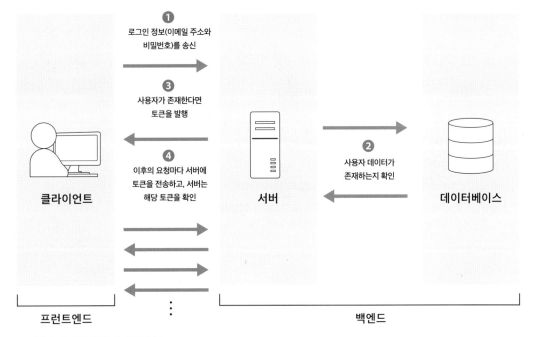

▲ 그림 4.15 로그인 상태 유지 구조

여기까지 '토큰'이라는 용어를 여러 차례 사용했습니다. 머릿속에 잘 그려지지 않을 수도 있으므로 실제 토큰의 예를 들어 보겠습니다. 코드 4.19 같은 것이 토큰입니다.

▼ 코드 4.19 토큰 예

```
eyJhbGciOiJIUzI1NiIsII6IkpXVCJ9.eyJlbWFpbCI6Im1vbm90ZWluIiwicGFzc3dvcmQiOi5vd
GVpbkBnbWFpbC5jb20iLCJpYXQiOxMjYsImV4cCI6MTY1MDI0NzcyNn0.dWp-Vu44p82lhS6fwy_
J2Gz1pcDDpGmO-uYxCsg
```

앞의 예와 같이 '토큰'은 이렇게 문자와 숫자가 무작위로 배열된 문자열을 의미합니다. 뒤에서 확인하겠지만, 이 안에는 다양한 데이터를 포함시킬 수 있으며, 유효 기간 같은 정보도 포함되어 있습니다.

토큰 방식의 로그인에서는 JSON Web Token(JWT)이 널리 사용되고 있습니다. 이 책에서 만드는 애플리케이션에서도 JWT를 사용합니다(Next.js에서 로그인 기능을 구현할 때는 NextAuth라는 패키지를 많이 사용하지만, 이 책에서는 초보자의 이해를 돕기 위해 기본적인 로그인 기능을 직접 만들어 봅니다).

가장 먼저 JSON Web Token 패키지를 설치합니다. Ctrl키+C키를 눌러 Next.js를 정지시킵니다. 그리고 터미널에 다음 명령어를 입력한 뒤 Enter키를 눌러 실행합니다.

```
% npm install jose
```

토큰 발생은 로그인 기능이 있는 위치에서 수행하므로 설치를 마쳤다면, /user/login/route.js
에 코드 4.20의 코드를 추가합니다.

▼ 코드 4.20 app/api/user/login/route.js

```
import { NextResponse } from "next/server"
import { SignJWT } from "jose"  // 추가
import connectDB from "../../../../utils/database"
import { UserModel } from "../../../../utils/schemaModels"

export async function POST(request) {
  ...
```

jose는 토큰을 발행하는 SignJWT(), 로그인 후 요청 시 토큰의 유효성을 검증하는 jwtVerify()
를 쌍으로 사용합니다. 먼저 SignJWT()부터 작성합니다.

SignJWT()로 토큰을 발생할 때는 토큰의 알고리즘 종류, 유효 기간, 페이로드, 시크릿 키 등을 설
정합니다.

'페이로드payload'는 토큰이 포함하는 데이터를 가리키며, 일반적으로는 사용자 이름, 이메일 주소
가 됩니다. '시크릿 키secret key'는 발행된 토큰의 안정성을 높이기 위한 것입니다. 토큰만 가진 경
우 해당 토큰은 유효하다고 간주되지 않습니다. '시크릿 키'와 조합함으로써 비로소 유효한 것으
로 판정합니다.

먼저 코드 4.21과 같이 시크릿 키 생성 코드를 추가합니다. new TextEncoder().encoder()는
JavaScript 코드로, 문자열을 인코딩(다른 형식으로 변환하는 것)하는 동작을 합니다. 다음 코드
에서는 next-market-app-book이라는 문자열을 토큰 발행에 사용하는 시크릿 키 형식으로 변환
합니다.

▼ 코드 4.21 app/api/user/login/route.js

```
  ...

  if (savedUserData) {
    // 사용자 데이터가 존재할 때의 처리
    if (reqBody.password === savedUserData.password) {
      // 비밀번호가 올바를 때의 처리
```

```
        const secretKey = new TextEncoder().encode("next-market-app-book")
        // ↑ 추가


        return NextResponse.json({message: "로그인 성공"})
    } else {
        ...
```

다음은 토큰에 포함할 데이터(페이로드)입니다. 여기에서는 이메일 주소를 페이로드에 넣습니다. 로그인 화면에서 입력된 데이터는 reqBody에 들어 있으므로 코드 4.22 같이 됩니다.

▼ 코드 4.22 app/api/user/login/route.js

```
...

  if (savedUserData) {
    // 사용자 데이터가 존재할 때의 처리
    if (reqBody.password === savedUserData.password) {
      // 비밀번호가 올바를 때의 처리

      const secretKey = new TextEncoder().encode("next-market-app-book")

      // ↓ 추가
      const payload = {
        email: reqBody.email
      }
      // ↑ 추가


      return NextResponse.json({message: "로그인 성공"})
    } else {
      ...
```

시크릿 키와 페이로드를 준비했으므로 토큰 발행 코드를 추가합니다(코드 4.23).

▼ 코드 4.23 app/api/user/login/route.js

```
...

        const secretKey = new TextEncoder().encode("next-market-app-book")
```

```
        const payload = {
            email: reqBody.email
        }


        // ↓ 추가
        const token = await new SignJWT(payload)
                            .setProtectedHeader({alg: "HS256"})
                            .setExpirationTime("1d")
                            .sign(secretKey)
        // ↑ 추가


        return NextResponse.json({message: "로그인 성공"})
    } else {
        ...
```

여기에서는 가장 먼저, 발행된 토큰을 저장할 token을 준비합니다, 그 오른쪽의 SignJWT 뒤에는 먼저 페이로드를 지정합니다. 다음으로 인코딩 알고리즘은 HS256, 유효 기간은 1d(즉, 1 day/1 일)로 지정합니다. 유효 기간은 5m(5 min/5분), 2h(2 hours/2시간) 등으로도 지정할 수 있습니다. 마지막에는 시크릿 키를 작성합니다. 이제 토큰을 발생할 수 있는지 확인해 봅시다. 터미널과 Thunder Client 양쪽을 확인해 봅니다. 코드 4.24의 코드를 추가합니다.

▼ 코드 4.24 app/ap/user/login/route.js

```
...
    const token = await new SignJWT(payload)
                        .setProtectedHeader({alg: "HS256"})
                        .setExpirationTime("1d")
                        .sign(secretKey)
    console.log(token) // 추가
    return NextResponse.json({message: "로그인 성공", token: token}) // 추가
    } else {
        ...
```

변경한 내용을 저장합니다. npm run dev로 Next.js를 실행한 뒤 Thunder Client를 엽니다. 'JSON' 탭에는 데이터베이스에 저장되어 있는 올바른 로그인 정보를 입력하고, 'Send' 버튼을 클릭합니다. 로그인을 성공하면 Thunder Client(그림 4.16)과 터미널(그림 4.17)에 토큰이 표시됩니다.

```
Status: 200 OK   Size: 165 Bytes   Time: 53 ms

Response   Headers 5   Cookies   Results   Docs        {}    ≡
1   {
2      "message": "로그인 성공",
3      "token": "eyJhbGciOiJIUzI1NiJ9
           .eyJlbWFpbCI6ImR1bW15QGdtYWlsLmNvbSIsImV4cCI6MTczNjAzN
           TQ1MH0.yXZ6BLdS01n53Dtq_BOy8IzSRstVPNbX7IWOk0O3dPk"
4   }
```

▲ 그림 4.16 Thunder Client에 표시된 토큰

```
✓ Compiled in 115ms (138 modules)
Success: Connected to MongoDB
eyJhbGciOiJIUzI1NiJ9.eyJlbWFpbCI6ImR1bW15QGdtYWlsLmNvbSIsImV4cCI6MTczNjAzNT
Q1MH0.yXZ6BLdS01n53Dtq_BOy8IzSRstVPNbX7IWOk0O3dPk
```

▲ 그림 4.17 터미널에 표시된 토큰

이 토큰 안에 페이로드에 저장되어 있던 이메일 주소가 들어 있는지 확인해 봅시다. 다음 JSON
Web Token 웹 사이트를 엽니다.

URL https://jwt.io/

화면을 아래로 스크롤해 'Encoded' 아래에 터미널 또는 Thunder Client에 표시되어 있는 토
큰을 복사해서 붙여 넣습니다(그림 4.18). 더미 토큰이 표시되어 있다면 그 토큰을 삭제한 뒤 붙여
넣습니다. 그러면 오른쪽 'PAYLOAD'에 이 토큰에 포함되어 있는 데이터가 표시됩니다.

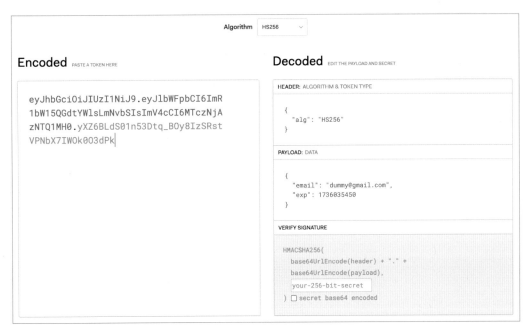

▲ 그림 4.18 jwt.io에 표시한 페이로드 데이터

/api/user/login/route.js로 돌아옵니다. 현재는 프런트엔드가 없어 알기 어렵지만 로그인에 서공하면 발행된 토큰, 즉, token이 프런트엔드에 전송됩니다. 전송된 토큰을 저장하는 것이 브라우저 안에 있는 작은 데이터 저장 공간인 Local Storage(로컬 저장소)입니다. 그리고 이후의 요청에서는 Local Storage에서 토큰을 꺼내 요청에 포함시킵니다. 그것을 백엔드 측에서 매번 확인하고 해당 사용자의 로그인 상태를 확인합니다.

여기에서 Local Storage를 확인해 봅시다. 브라우저에서 개발자 도구를 열고, 위 탭의 'Application'을 클릭합니다(그림 4.19).

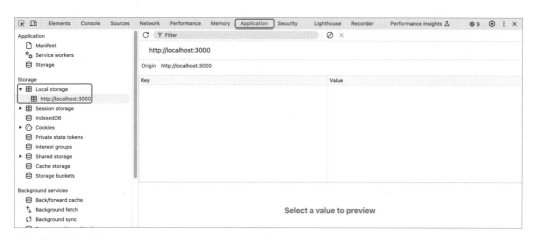

▲ 그림 4.19 Local Storage

왼쪽 'Local storage'를 클릭했을 때 표시되는 것이 지금 브라우저에 열려 있는 사이트(여기에서는 http://localhost:3000)인 Local Storage입니다. 여기에는 데이터를 저장할 수 있습니다. 프런트엔드를 개발하는 7장에서 백엔드로부터 보내진 토큰을 Local storage에 저장하고 요청 시 붙이는 방법을 사용합니다.

04
사용자 로그인 상태 판정 기능

> Next.js의 middleware.js를 사용해 로그인 상태를 판정합니다.

우리가 현재 개발하고 있는 애플리케이션에서는 누구나 아이템을 볼 수 있습니다. 즉, '모든 아이템을 읽는' 것과 '하나의 아이템을 읽는' 조작을 누구나 할 수 있습니다. 하지만 아이템 '작성', '수정', '삭제'는 로그인한 사용자만 할 수 있도록 해야 합니다. 그리고 로그인을 했더라도 '수정'과 '삭제'는 해당 아이템을 '작성'한 사람만 할 수 있도록 해야 합니다. 그렇지 않으면 다른 사람의 아이템을 임의로 조작할 수 있게 되기 때문입니다.

이번 장 마지막에 사용자가 로그인했는지 판정하는 기능과 자신이 작성한 아이템만 조작할 수 있도록 제한하는 기능을 만듭니다.

먼저 로그인 상태를 판정하는 기능입니다. 이것은 애플리케이션 안의 여러 위치에서 필요한 구조입니다. 이런 경우에는 Next.js가 제공하는 미들웨어라 불리는 구조를 사용하는 것이 편리합니다. 먼저 파일을 만듭니다.

app 폴더와 같은 계층에 `middleware.js` 파일을 만듭니다(그림 4.20).

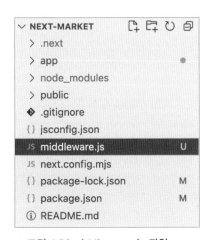

▲ 그림 4.20 `middleware.js` 파일

Next.js에서는 폴더의 가장 상위 계층(이 애플리케이션에서는 app 폴더와 같은 계층)에 middleware.js라는 이름의 파일을 만들면, 해당 파일은 애플리케이션 전체를 대상으로 하는 기능을 하게 됩니다. 이에 관해 조금 더 자세히 설명합니다.

이 애플리케이션서는 현재 프론트엔드(또는 Thunder Client)와 백엔드에 있는 아이템의 각 기능이 그림 4.21과 같이 직접 통신(Request와 Response)을 수행합니다.

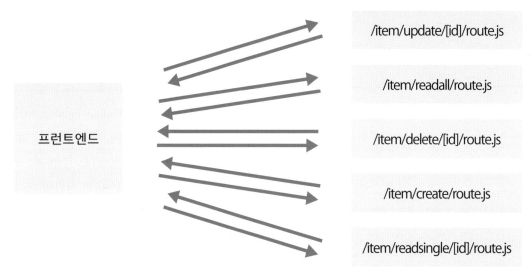

▲ 그림 4.21 프론트엔드와 백엔드 사이의 Request와 Response

여기에 middleware.js를 제공하면 그림 4.22와 같이 모든 통신(Request와 Reponses)이 middleware.js를 경유하게 됩니다.

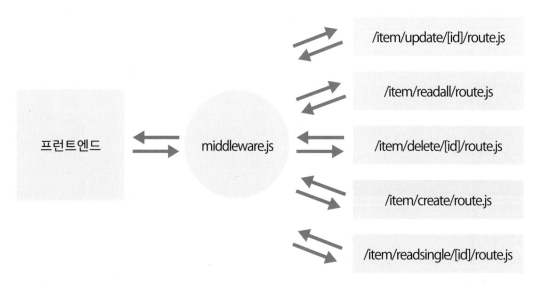

▲ 그림 4.22 middleware.js를 경유한 프론트엔드와 백엔드 사이의 Request와 Response

사용자의 로그인 상태를 판정하는 코드를 middleware.js에 기술하면 개발을 효율적으로 진행할 수 있을 것입니다. 코드 4.25의 코드를 작성합니다.

▼ **코드 4.25** middleware.js

```
import { NextResponse } from "next/server"

export async function middleware() {
  return NextResponse.next()
}
```

지금까지 여러 차례 작성했던 템플릿 코드와의 차이는 GET과 POST가 middleware로 되어 있는 점과, NextResponse 뒤가 json()이 아니라 next()로 되어 있다는 점입니다. next()는 '이 파일에서의 처리를 문제없이 완료했다'는 것을 알리는 코드입니다. 변경한 내용을 저장하고 모든 아이템을 읽는 다음 URL을 브라우저에서 엽니다.

URL http://localhost:3000/api/item/readall

데이터베이스에 저장한 모든 아이템의 데이터가 브라우저에 표시됩니다. 하지만 middleware.js가 실제로 동작하고 있는지는 알 수 없습니다. 그러므로 코드 4.6의 코드를 추가합니다. 이 코드에 의해 middleware.js가 동작하면 터미널에는 middleware라고 표시될 것입니다.

▼ **코드 4.26** middleware.js

```
import { NextResponse } from "next/server"

export async function middleware() {
  console.log("middleware") // 추가
  return NextResponse.next()
}
```

변경한 내용을 저장합니다. 모든 아이템을 읽는 다음 URL을 브라우저에서 다시 열고, 터미널을 확인합니다(그림 4.23).

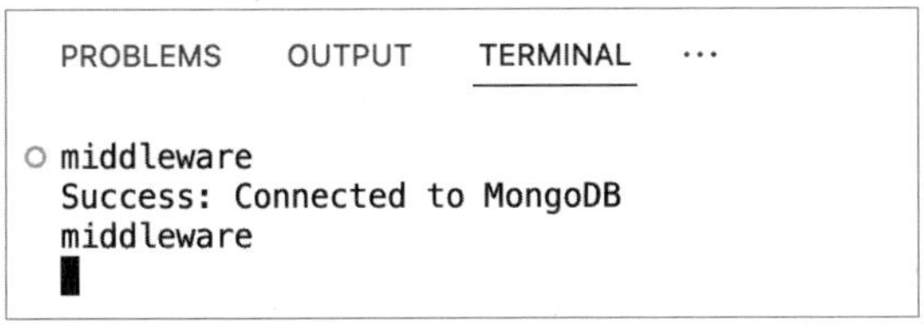

```
PROBLEMS    OUTPUT    TERMINAL    ...

○ middleware
  Success: Connected to MongoDB
  middleware
  ▮
```

▲ **그림 4.23** 터미널 표시

이것으로 middleware.js가 동작하고 있음을 확인했습니다. 다른 URL에 Thunder Client에서 POST 요청을 전송해도 middleware.js가 동작하는 것을 확인할 수 있습니다.

다음으로 이 middleware.js를 적용해야 할 파일에 관해 생각해 봅시다. middleware.js는 기본적으로 app 폴더 안의 모든 파일에 적용됩니다, 하지만 middleware.js에 기술한 '사용자 로그인 상태를 판정하는 기능'은 '모든 아이템 데이터 읽기' 기능 혹은 '하나의 아이템 데이터 읽기' 기능에 적용할 필요는 없습니다. 이 기능들은 로그인 상태에 관계없이, 모든 사용자가 사용할 수 있는 기능이기 때문입니다. middleware.js 파일의 적용 범위를 제한하는 코드 4.27의 코드를 추가합니다.

▼ 코드 4.27 middleware.js

```
import { NextResponse } from "next/server"

export async function middleware() {
  console.log("middleware")
  return NextResponse.next()
}


// ↓ 추가
export const config = {
  matcher: []
}
// ↑ 추가
```

이 [ ] 안에 적용할 파일을 기술합니다. 로그인한 사용자만 사용할 수 있도록 할 기능은 아이템 '작성', '수정', '삭제'의 세 가지 기능입니다. 따라서 코드 4.28과 같이 추가합니다.

▼ 코드 4.28 middleware.js

```
import { NextResponse } from "next/server"

export async function middleware() {
  console.log("middleware")
  return NextResponse
}

export const config = {
  // ↓ 추가
  matcher: ["/api/item/create", "/api/item/update/:path*", "/api/item/delete/:path*"]
```

```
}
```

첫 번째의 /api/item/create는 이해하는 데 큰 어려움이 없습니다. 하지만 /update와 /delete 끝에 있는 :path*는 무엇일까요? 이것은 해당 폴더에 포함된 모든 폴더와 파일에 적용할 때 사용하는 특별한 표기법입니다. 이를 사용하면 /api/item/update와 /api//item/delete 내부의 [id] 폴더 및 그 안의 route.js에 이 middleware.js가 적용됩니다.

여기에서 추가한 적용 범위의 제한을 그림으로 표시하면 그림 4.24와 같습니다.

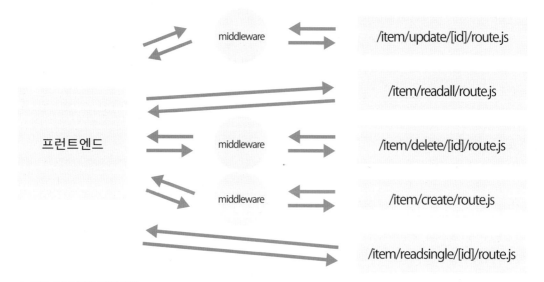

▲ 그림 4.24 적용 범위 제한

실제로 시험해 봅시다. 변경한 내용을 저장한 뒤, 모든 아이템을 읽는 다음 URL을 브라우저에서 다시 열어 봅니다.

URL http://localhost:3000/api/item/readall

그리고 터미널을 확인하면 이번에는 middleware라고 표시되지 않습니다. 즉, middleware.js가 /api/item/readall에 대해서는 동작하지 않는 것을 알 수 있습니다.

이상으로 middleware.js의 동작과 적용 범위 제한 방법에 관해 살펴봤습니다. 이제부터는 사용자 로그인 상태를 판정하는 코드를 작성합니다. 그 전에 '로그인 상태 판정'이 어떤 프로세스인지에 관해 설명합니다.

그림 4.15에서 본 것처럼 접근할 때마다 프런트엔드에서 백엔드에 토큰이 전달됩니다. 즉, 로그인 구조에서 토큰이 큰 역할을 담당하고 있습니다. 이 토큰이 유효한 것인지, 유효 기간이 지났는지,

또는 애초에 토큰이 존재하는지 등을 확인하는 것이 '로그인 상태를 판정하는' 방법이 됩니다.

가장 먼저 해야 하는 작업은 프런트엔드에서 오는 요청에 토큰이 포함되어 있는지 확인하는 것입니다. 프런트엔드에서 토큰을 받는 코드 4.29의 코드를 작성합니다. console.log()는 불필요하므로 삭제합니다.

▼ 코드 4.29 middleware.js

```js
import { NextResponse } from "next/server"

export async function middleware(request) { // 추가
  console.log("middleware") // 삭제
  const token = await request.headers.get("Authorization")?.split(" ")[1] // 추가
  return NextResponse.next()
}

export const config = {
  ...
```

프런트엔드에서 요청을 보낼 때, 먼저 Local Storage에서 토큰을 꺼낸 뒤 HTTP headers에 저장합니다. 다음으로 request로서 백엔드에 보냅니다. 현재 프런트엔드가 이 부분은 확인할 수 없지만, 프런트엔드를 개발할 때 확인할 것이므로, 지금은 위 코드로 토큰을 취득할 수 있다고 생각해도 좋습니다.

token에는 얻은 토큰을 저장합니다. await는 토큰 취득을 완료한 뒤 다음 처리를 진행하기 위한 것입니다.

다음으로 '토큰이 없을 때'의 처리를 작성합니다. !는 'Not'을 의미하고, !token은 'Not token', 즉 'token이 존재하지 않는' 것을 의미하므로, 이때는 NextResponse를 사용해 **토큰이 없습니다**라는 응답을 메시지로 반환합니다(코드 4.30).

▼ 코드 4.30 middleware.js

```js
import { NextResponse } from "next/server"

export async function middleware(request) {
  const token = await request.headers.get("Authorization")?.split(" ")[1]

  // ↓ 추가
```

```
    if (!token) {
      return NextResponse.json({message: "토큰이 없습니다."})
    }
    // ↑ 추가
    return NextResponse.next()
  }

export const config = {
  ...
```

계속해서 '토큰이 있을 때'의 처리를 작성합니다. 토큰이 있을 때는 해당 토큰의 유효성을 판정합니다. 토큰이 유효하지 않을 때의 처리도 작성해야 하므로 try catch를 사용합니다(코드 4.31).

▼ 코드 4.31 middleware.js

```
import { NextResponse } from "next/server"

export async function middleware(request) {
  const token = await request.headers.get("Authorization")?.split(" ")[1]

  if (!token) {
    return NextResponse.json({message: "토큰이 없습니다."})
  }

  // ↓ 추가
  try {
    return NextResponse.next()
  } catch {
    return NextResponse.json({message: "토큰이 올바르지 않습니다. 로그인 해 주십시오."})
  }
  // ↑ 추가
}

export const config = {
  ...
}
```

여기에는 토큰이 있을 때의 처리로 토큰을 판정하는 코드를 기술했습니다. 토큰 판정에는 jose 의 jwtVerify()를 사용하며, 시크릿 키가 필요하므로 추가합니다. 시크릿 키 코드는 /api/user/ login/route.js에서 사용한 것과 같습니다. 복사해서 여기에 붙여 넣습니다(코드 4.32).

▼ 코드 4.32 middleware.js

```javascript
import { NextResponse } from "next/server"
import { jwtVerify } from "jose"  // 추가

export async function middleware(request) {
  const token = await request.headers.get("Authorization")?.split(" ")[1]

  if (!token) {
    return NextResponse.json({message: "토큰이 없습니다." })
  }

  try {
    // ↓ 추가
    const secretKey = new TextEncoder().encode("next-market-app-book")
    jwtVerify(token, secretKey)
    // ↑ 추가
    return NextResponse.next()
  } catch {
    return NextResponse.json({message: "토큰이 올바르지 않습니다. 로그인 해 주십시오." })
  }
}

export const config = {
  ...
```

코드 4.33의 코드도 추가합니다.

▼ 코드 4.33 middleware.js

```javascript
  ...

  try {
    const secretKey = new TextEncoder().encode("next-market-app-book")
    const decodedJwt = await jwtVerify(token, secretKey) // 추가
```

```
      return NextResponse.next
    } catch {
      return NextResponse.json({message: "토큰이 올바르지 않습니다. 로그인 해 주십시오." })
    }
    ...
```

이 코드에 따라 토큰이 올바를 때는 해석된 토큰 안의 데이터가 decodedJwt에 저장됩니다. 올바르지 않은 토큰 또는 유효 기간이 지난 토큰일 때는 에러가 발생합니다. 그런 경우에는 다음 처리를 진행하지 않고 catch로 이동해 '토큰이 올바르지 않습니다. 로그인 해 주십시오.'라는 메시지가 반환됩니다. 그리고 여기에서는 해석 처리가 끝난 뒤 다음으로 진행하게 할 것이므로 await를 사용합니다. 이것으로 토큰을 판정하는 것을 확인합니다. console.log()를 추가합니다(코드 4.34)

▼ 코드 4.34 middleware.js

```
  ...

  try {
    const secretKey = new TextEncoder().encode("next-market-app-hook")
    const decodedJwt = await jwtVerify(token, secretKey)
    console.log("decodedJwt:", decodedJwt)  // 추가
    return NextResponse.next()
  } catch {
    return NextResponse.json({message: "토큰이 올바르지 않습니다. 로그인 해 주십시오.})
  }
    ...
```

확인에는 유효한 토큰이 필요하므로 여기에서는 코드 4.35와 같이 const token 오른쪽의 HTTP headers에서 얻은 코드는 주석 처리하고, 앞에서 얻은 토큰을 사용합니다(생성한 토큰의 유효 기간이 만료되거나 토큰이 삭제되었을 때는, Thunder Client를 사용해 로그인하고, 새로운 토큰을 얻어 주십시오).

▼ 코드 4.35 middleware.js

```
import { NextResponse } from "next/server"
import { jwtVerify } from "jose"


export async function middleware(request) {
  const token = " eyJhbGciOiJIUzI1NiJ9.eyJlbWFpbCI6ImR1bW15QGdtYWlsLmNvbSIsImV4cCI6M
```

```
    TczNjAzNTQ1MH0.yXZ6BLdS01n53Dtq_BOy8IzSRstVPNbX7IWOk0O3dPk" // token 추가


    // await request.headers.get("Authorization")?.split(" ")[1]
    // ↑ 주석 처리
    if (!token) {
      return NextResponse.json({message: "토큰이 없습니다."})
    }


    ...
  }
```

지금까지 추가한 변경 내용을 저장하고, 실제로 이 코드가 의도대로 동작하는지 확인해 봅시다. middleware.js가 적용된 /api/item/create/route.js, 즉, '아이템 작성' 기능을 사용해 시험해 봅시다. Thunder Client를 열고 HTTP 메서드와 URL, JSON 필드를 그림 4.25와 같이 설정합니다.

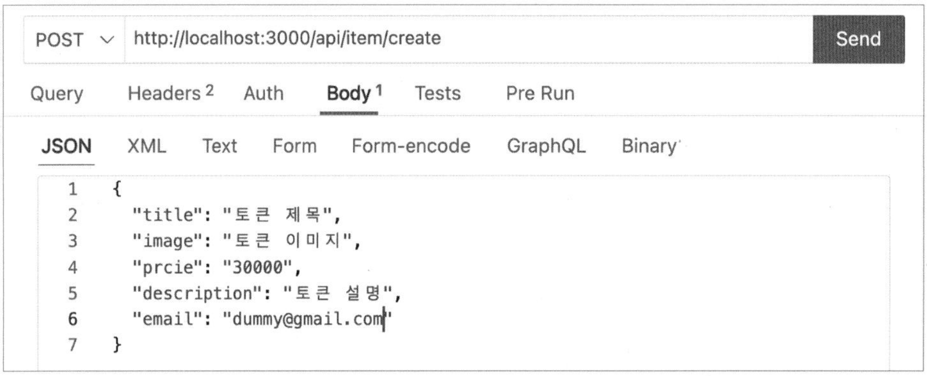

```
POST ⌄   http://localhost:3000/api/item/create                    Send

Query    Headers 2   Auth   Body 1   Tests   Pre Run

JSON   XML   Text   Form   Form-encode   GraphQL   Binary

1    {
2      "title": "토큰 제목",
3      "image": "토큰 이미지",
4      "prcie": "30000",
5      "description": "토큰 설명",
6      "email": "dummy@gmail.com"
7    }
```

▲ 그림 4.25 Thunder Client에 입력 후 화면

'Send' 버튼을 누릅니다. '아이템 작성 성공' 메시지가 나타난 후에 터미널을 보면 그림 4.26과 같이 표시됩니다.

```
decodedJwt: {
  payload: { email: 'dummy@gmail.com', exp: 1736035450 },
  protectedHeader: { alg: 'HS256' }
}
 ✓ Compiled /api/item/create in 106ms (88 modules)
Success: Connected to MongoDB
```

▲ 그림 4.26 터미널 표시

이제 decodedJwt에는 페이로드에 저장한 로그인 사용자의 이메일 주소 등의 정보가 포함되며, 토큰 해석 처리 코드가 올바르게 동작하는 것을 알 수 있습니다. 확인을 마쳤으므로 코드 4.36의 코드는 삭제합니다.

▼ 코드 4.36 middleware.js

```
console.log("decodedJwt:", decodedJwt) // 삭제
```

이것으로 사용자가 로그인했는지, 그리고 토큰이 올바른지 확인하는 로그인 상태 판단의 구조를 완성했습니다.

05
로그인한 사용자 판정 기능

이메일 주소를 사용하면 누가 로그인하고 있는지 알 수 있습니다.

지금까지의 작업으로 로그인 상태를 판정할 수 있게 되었습니다. 하지만 현 시점에서는 로그인한 사용자는 다른 사람의 아이템이라도 '수정'과 '삭제'를 할 수 있습니다. 이제부터는 누가 로그인했는지 판정하고, 아이템을 작성한 사람이 외에는 해당 아이템의 수정과 삭제를 하지 않도록 제한을 추가합니다.

작업을 시작하기 전에 한 가지 떠올려야 할 점이 있습니다. 아이템으로서 작성한 데이터 형태와 종류를 결정한 ItemSchema에 email이 포함되어 있다는 점입니다. 작성한 아이템에는 아이템 작성자의 이메일 주소도 함께 저장됩니다.

그리고 이것은 프런트엔드 개발 과정에서 확인하겠지만, 프런트엔드 측에서도 토큰 해석을 수행합니다. 앞에서 본 것과 같이 해석한 토큰(decodedJwt)에는 로그인 사용자의 이메일 주소가 포함되어 있으며, 이것을 프런트엔드에서 '수정' 및 '삭제' 요청 시 함께 보내는 구조입니다.

즉, 백엔드 측에서는 아이템 '수정'과 '삭제' 요청을 받았을 때, 해당 처리를 실행하기 전에 '데이터베이스에 저장된 아이템 데이터에 있는 email'과 '프런트엔드에서 보낸 요청에 포함되어 있는 로그인 사용자의 email'을 비교해 둘이 같을 때만 처리를 허가하는 프로세스를 구현할 수 있을 것입니다. 글로만 설명하면 이해하기 어려울 수 있으므로 코드를 통해 실제로 확인해 봅시다.

먼저 수정을 수행하는 /api/item/update/[id]/route.js에서 작업을 진행합니다. 코드 4.37의 코드를 추가합니다.

▼ 코드 4.37 app/api/item/update/[id]/route.js

```
...

export async function PUT(request, context) {
    const reqBody = await request.json()
```

```
    try {
      await connectDB()
      const singleItem = await ItemModel.findById(context.params.id)
      // ↑ 추가
      await ItemModel.updateOne({_id: context.params.id}, reqBody)
      return NextResponse.json({message: "아이템 수정 성공"})
    } catch {
      ...
```

아이템 수정 처리를 수행하기 전에 먼저 해당 아이템 데이터를 findById()로 얻고 singleItem에 저장합니다. 그리고 singleItem에 들어 있는 email과 그 둘이 같을 때만 '수정' 처리를 실행하도록 합니다. 코드 4.38과 같이 코드를 변경합니다.

▼ 코드 4.38 app/api/item/update/[id]/route.js

```
...

export async function PUT(request, context) {
  const reqBody = await request.json()
  try {
    await connectDB()
    const singleItem = await ItemModel.findById(context.params.id)
    // ↓ 변경
    if (singleItem.email === reqBody.email) {
      await ItemModel.updateOne({_id: context.params.id}, reqBody)
      return NextResponse.json({message: "아이템 수정 성공"})
    } else {
      return NextResponse.json({message: "다른 사용자가 작성한 아이템입니다."})
    }
    // ↑ 변경
  } catch {
    return NextResponse.json({message: "아이템 수정 실패"})
  }
}
```

이제 아이템 작성자의 이메일 주소와 같은 이메일 주소가 포함된 토큰을 가진 사용자만 아이템 '수정' 처리를 할 수 있게 되었습니다.

'삭제'를 수행하는 /api/item/delete/[id]/route.js도 흐름은 완전히 같습니다. 코드 4.39와 같이 코드를 수정합니다. try 위쪽의 request를 해석해 reqBody에 포함시키는 코드를 잊지 않도록 합니다.

▼ 코드 4.39 app/api/item/delete/[id]/route.js

```
import { NextResponse } from "next/server"
import connectDB from "../../../../utils/database"
import { ItemModel } from "../../../../utils/schemaModels"

export async function DELETE(request, contex) {
  const reqBody = await reqeust.json()
  try {
    await connectDB()
    const singleItem = await ItemModel.findById(context.params.id)
    if (singleItem.email === reqBody.email) {
      await ItemModel.deleteOne({_id: context.params.id})
      return NextResponse.json({message: "아이템 삭제 성공"})
    } else {
      return NextResponse.json({message: "다른 사용자가 작성한 아이템입니다."})
    }
  } catch {
    return NextResponse.json({message: "아이템 삭제 실패"})
  }
}
```

이것으로 백엔드 기능을 모두 만들었습니다. 다음 장에서는 이 백엔드를 배포해서 온라인에 공개합니다.

지금까지 작성한 코드는 다음 URL에서 확인할 수 있습니다.

URL https://github.com/moseskim/nextjs-book-fullstack-app-folder-v2/tree/chapter4

더 알아보기

Next.js의 경쟁 상대

몇 년 전까지 Next.js와 인기를 양분하고 있던 프레임워크가 있습니다. 바로 Gatsby입니다. Gatsby도 React를 기반으로 하는 프레임워크이며 소규모~중규모의 웹 사이트, 아주 복잡한 기능은 없는 웹 애플리케이션 제작에 매우 적합한 도구입니다. Gatsby의 가장 큰 특징은 빠른 속도로 페이지를 이동할 수 있는 성능 특성이 높다는 점입니다. 그 속도는 놀라울 정도였습니다. 하지만 유행의 변화가 격심한 프런트엔드에서는 Gatsby의 인기에도 영향을 미쳤고, 지금은 Next.js와의 거리는 좁혀질 수 없을 만큼 벌어졌습니다.

최근에는 Remix 같은 비교적 새로운 React 프레임워크도 인기를 얻고 있습니다. Next.js는 가장 오래되었다고 말해도 좋을 만큼 '오래된' React 프레임워크이지만 새로운 기능을 적극적으로 도입하고, 진화를 거듭하면서 전 세계에서 사용자를 계속 늘려가고 있습니다.

MEMO

Chapter 5

백엔드 배포

앞 장까지 완성한 백엔드를 Vercel에 공개합니다. Vercel은 Next.js의 개발사이기 때문에, Next.js 애플리케이션과 호환성이 높고 원활한 연동을 제공합니다. Vercel을 사용하기 전 GitHub, GitLab 등에 코드를 푸시해 둡시다.

01

Vercel을 이용한 배포 순서

Git에 코드를 푸시하고 Vercel에서 배포 작업을 수행해 백엔드를 온라인에 공개합니다.

배포에 앞서 한 군데 코드를 추가합니다. Next.js에서는 성능 향상을 위해 요청마다 데이터를 취득하지 않도록 설정되어 있습니다. 하지만 이로 인해 데이터가 업데이트되지 않거나 지연될 때가 있으므로, 데이터를 매번 취득하도록 합니다. app/api/item/readall/route.js에 코드 5.1의 코드를 추가합니다.

▼ 코드 5.1 app/api/item/readall/route.js

```
  ...

    } catch {
      return NextResponse.json({message: "아이템 읽기 실패(모두)"})
    }
  }


  export const revalidate = 0  // 추가
```

배포를 시작합시다. Git을 사용하지 않는다면 먼저 Git을 다운로드합니다. 그리고 GitHub 혹은 GitLab의 계정을 만들고, 지금까지 개발한 코드를 푸시합니다. 이 책에서는 GitHub를 사용해 설명을 진행합니다.

다음 URL에서 Vercel에 접속합니다(Vercel의 사이트 디자인은 자주 변경되므로, 적절하게 바꿔서 읽어 주십시오).

URL https://vercel.com

오른쪽 위 'Log In'을 클릭합니다(그림 5.1).

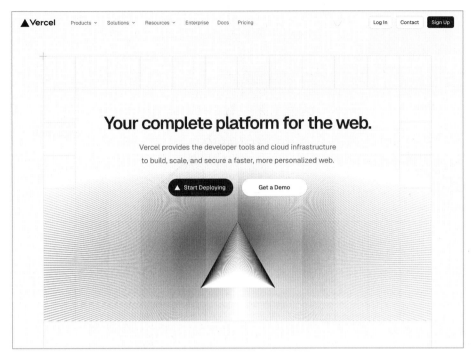

▲ 그림 5.1 Vercel 홈페이지

GitHub를 선택하고 'Continue with GitHub' 버튼을 클릭합니다(그림 5.2).

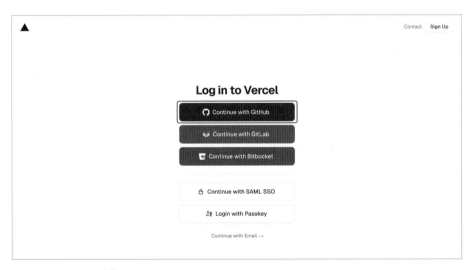

▲ 그림 5.2 GitHub 선택

GitHub를 사용해 Vercel에 로그인하는 팝업이 표시됩니다. GitHub 정보를 입력하고 진행합니다. 대시보드 페이지가 표시되면, 오른쪽 위의 'Add New…' 버튼을 클릭하고 'Project'를 선택합니다.

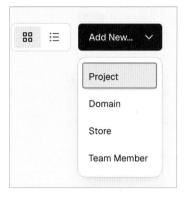

▲ 그림 5.3 'Project' 선택

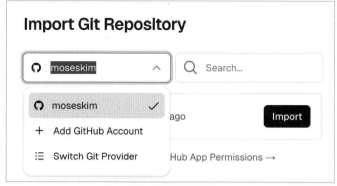

▲ 그림 5.4 'Add GitHub Account' 선택

GitHub 비밀번호 입력을 요구할 때가 있습니다(그림5.5).

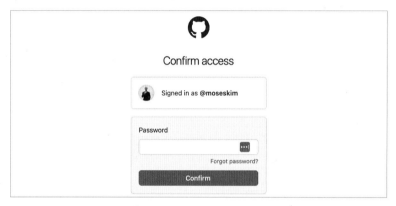

▲ 그림 5.5 GitHub 비밀번호 입력

다음으로 모든 저장소(All repositories)를 읽을 것인지, 특정 저장소(Only select repositories)만 읽을 것인지 설정하고 'Save' 버튼을 클릭합니다. 어느 쪽을 선택해도 괜찮지만 여기에서는 모든 저장소(All repositories)를 읽도록 선택합니다(그림5.6).

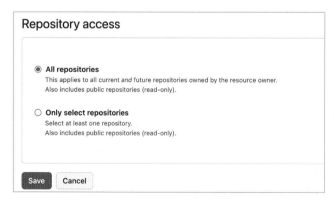

▲ 그림 5.6 'All repositories' 선택

대시보드 화면에 저장소들이 표시됩니다. 코드를 푸시한 저장소를 찾아 'Import' 버튼을 클릭합니다.

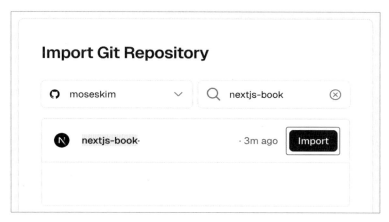

▲ 그림 5.7 'Import' 선택

배포 설정 화면이 표시됩니다. 특별한 설정은 필요하지 않으므로 아래쪽으로 스크롤한 뒤 'Deploy' 버튼을 클릭합니다(그림 5.8).

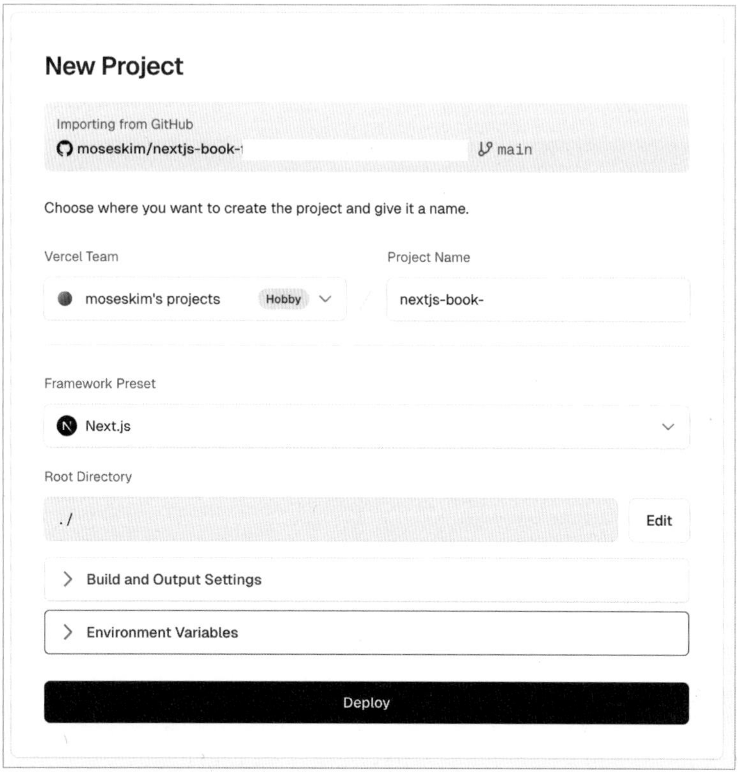

▲ 그림 5.8 'Deploy' 버튼을 클릭

배포가 완료되는 데 1분 정도 소요됩니다. 이것으로 Next.js 백엔드 개발과 배포를 완료했습니다.
다음 장부터는 프런트엔드를 개발합니다.

지금까지 작성한 코드는 다음 URL에서 확인할 수 있습니다.

URL https://github.com/nextjs-book-fullstack-app-folder-v2/tree/chapter5

 더 알아보기
API와 Server Actions, 무엇을 사용할 것인가?

Next.js 버전 14부터 안정 버전이 된 새로운 기능인 'Server Actions'를 사용하면 데이터베이스에 직접
CRUD 조작을 할 수 있습니다. 여기에서 한 가지 드는 의문은 API(Next.js에서는 Route Handlers라 부
르며, 이 책에서 지금까지 개발한 것입니다)와 Server Actions의 사용 구분입니다. Server Actions를
사용하면 백엔드 API를 개발할 필요가 없기 때문입니다.

실제 이 두 가지는 경쟁 관계에 있지 않습니다. 또한 어느 한쪽만 선택할 수 있는 것도 아니며 두 가지를
동시에 사용할 수도 있습니다. 애플리케이션에 따라 가장 적합한 것을 선택하는 것이 중요합니다. 두 가
지를 비교한 결과를 표 5.1에 표시했습니다.

▼ 표 5.1 API와 Server Actions 비교

	API(Route Handlers)	Server Actions
특징	범용적	한정적
용도	데이터베이스와의 복잡한 연동 조작을 하는 경우	단순한 CRUD 조작을 주로 하는 경우
장점	API를 다른 애플리케이션 및 모바일 애플리케이션에서도 사용 가능	코드 양을 줄이고 짧은 시간이 컴팩트하게 개발 가능
단점	코드 양과 개발 공정이 늘어남	Next.js에서만 사용할 수 있음

Chapter 6

프런트엔드 개발 준비,
React 작성 방법, 서버 컴포넌트

이 장에서는 먼저 프런트엔드에 필요한 항목 데이터를 데이터베이스에 저장합니다. 그런
다음 React를 작성하는 방법과 Next.js 서버 구성 요소를 소개하고 프런트엔드 개발 진행
을 준비합니다.

01

아이템 데이터 저장

프런트엔드 개발에 필요한 더미 데이터를 MongoDB에 준비합니다. 가장 먼저 사용자 등록과 로그인을 수행한 뒤 데이터를 저장합니다.

더미 아이템 데이터 6개를 MongoDB에 저장합니다. Next.js 실행 명령어를 터미널에 입력하고 Enter키를 눌러 실행합니다.

```
% npm run dev
```

다음으로 Thunder Client를 열고 HTTP 메서드와 URL을 그림 6.1과 같이 설정합니다.

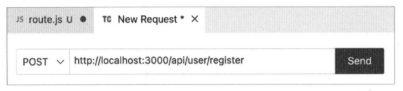

▲ 그림 6.1 Thunder Client 설정 화면

URL 필드 아래 'Body'에서 'JSON'을 열고 코드 6.1과 같이 사용자 데이터를 준비합니다. name, password는 임의로 설정해도 좋습니다. 단, email은 동일한 값을 갖는 사용자를 등록할 수 없도록 했으므로, 앞 장까지의 백엔드 개발에서 사용했던 이메일 주소는 사용할 수 없습니다.

▼ 코드 6.1 사용자 데이터

```
{
    "name": "monotein",
    "email": "dummy@gmail.com",
    "password": "mono-123"
}
```

그림 6.2와 같이 됩니다.

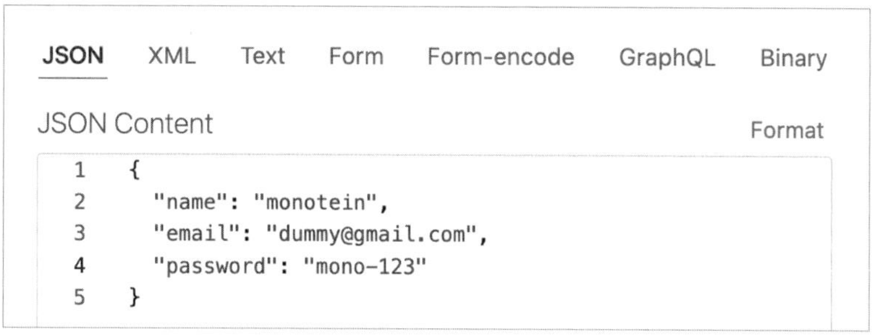

```
  JSON   XML   Text   Form   Form-encode   GraphQL   Binary

  JSON Content                                        Format
  1   {
  2     "name": "monotein",
  3     "email": "dummy@gmail.com",
  4     "password": "mono-123"
  5   }
```

▲ 그림 6.2 Thunder Client에 사용자 데이터를 입력

'Send' 버튼을 클릭해 사용자를 등록합니다. 다음으로 로그인을 할 것이므로 URL을 다음과 같이 변경합니다.

URL http://localhost:3000/api/user/login

그림 6.3과 같이 됩니다.

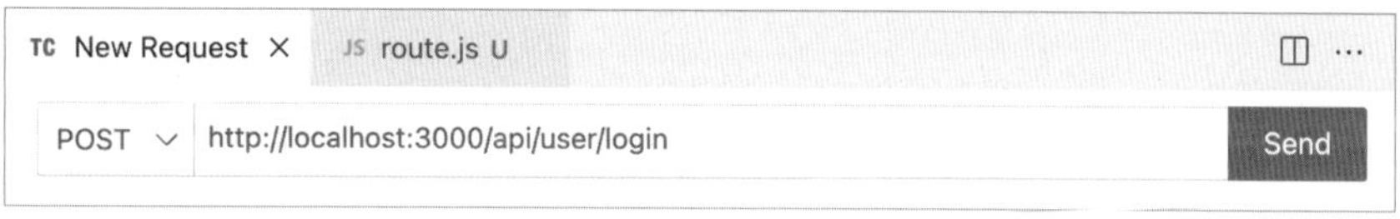

```
 TC  New Request  ✕   JS  route.js U                        ▯  ⋯

  POST  ⌄  http://localhost:3000/api/user/login              Send
```

▲ 그림 6.3 Thunder Client의 URL 입력 필드

'Body'에서 'JSON'을 열고 로그인 데이터를 입력합니다. 앞에서 사용자 등록 시 사용한 것과 같은 email과 password를 입력합니다(코드 6.2).

▼ 코드 6.2 로그인 데이터 `

```
{
    "email": "dummy@gmail.com",
    "password": "mono-123"
}
```

그림 6.4와 같이 됩니다.

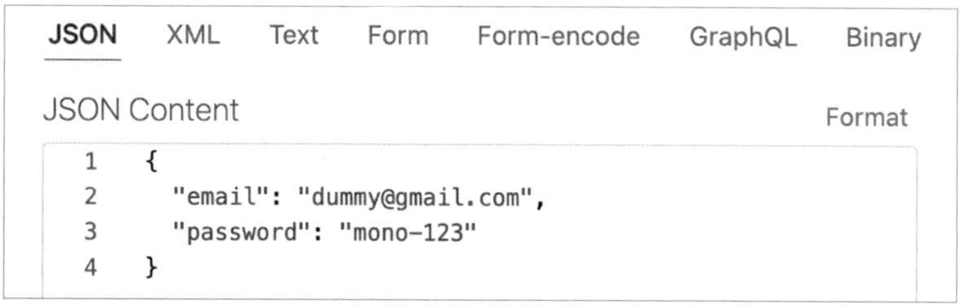

```
  JSON   XML   Text   Form   Form-encode   GraphQL   Binary

  JSON Content                                        Format
  1   {
  2     "email": "dummy@gmail.com",
  3     "password": "mono-123"
  4   }
```

▲ 그림 6.4 Thunder Client에 입력한 로그인 데이터

'Send' 버튼을 클릭합니다. 로그인이 성공하면 터미널에 토큰이 출력되므로, 해당 토큰을 복사합니다. 다음으로 middleware.js를 열고 token 값을 방금 복사한 최신 토큰으로 치환합니다(코드 6.3).

▼ 코드 6.3 middleware.js

```
import { NextResponse } from "next/server"
import { jwtVerify } from "jose"

export async function middleware(request) {
            // ↓ 치환
    const token = "eyJhbGciOiJIUzI1NiJ9.eyJlbWFpbCI6ImR1bW15QGdtYWlsLmNvbSIsImV4cCI6MT
czNjA0MTM2MH0.36r35Y5TAoNwXI3F_gHV-QVbkcZ0_2Ubup6UekhsYxM"

    // await request.headers.get("Authorization")?.split(" ")[1]

    if (!token) {
        ...
```

변경한 내용을 저장합니다. 다음은 아이템을 작성합니다. Thunder Client로 돌아가 URL을 다음과 같이 변경합니다.

URL http://localhost:3000/api/item/create

그리고 'Body'의 'JSON' 탭을 그림 6.5와 같이 변경합니다.

Query	Headers [2]	Auth	**Body** [1]	Tests	Pre Run

JSON	XML	Text	Form	Form-encode	GraphQL	Binary

JSON Content   Format

```
1  {
2      "title": "",
3      "image": "",
4      "price": "",
5      "description": "",
6      "email": ""
7  }
```

▲ 그림 6.5 Thunder Client의 'JSON' 탭

그리고 다음 링크 샘플 저장소의 README.md 파일에서 6장 → '1번째 아이템'의 링크 데이터를 클릭합니다.

그림 6.6과 같이 Body의 내용을 작성합니다. 여기에서는 email에 주의해야 합니다. 이 필드에는 앞에서 로그인에서 사용했던 이메일 주소를 입력합니다. 다른 이메일 주소를 사용하면 다음 장 이후의 개발 과정에서 문제가 발생합니다.

```
JSON   XML   Text   Form   Form-encode   GraphQL   Binary

JSON Content                                              Format
1  {
2    "title": "안경",
3    "image": "/img1.jpg",
4    "price": "55000",
5    "description": "사용하기 쉬운 안경입니다. Lorem ipsum dolor sit
       amet, consectetur adipiscing elit. Suspendisse maximus est
       tellus, eget porta leo tristique a. Donec hendrerit massa leo,
       id tempus dolor vulputate et. Pellentesque consectetur dolor
       placerat euismod pellentesque. Integer scelerisque, augue ac
       ullamcorper sodales, neque lectus tristique turpis, id luctus
       lectus lorem eu tortor. In imperdiet semper accumsan. Etiam
       pellentesque libero et scelerisque vehicula. Nam quis justo mi
       . Cras erat ex, rhoncus id blandit id, commodo ac leo. In hac
       habitasse platea dictumst.",
6    "email": "dummy@gmail.com"
7  }
```

▲ 그림 6.6 Thunder Client에 입력한 아이템 데이터

'Send' 버튼을 클릭하고 MongoDB로 이동합니다. 새로 고침하면 데이터가 저장되어 있습니다 (그림 6.7).

```
_id: ObjectId('677894182341e86e7af21fe1')
title : "안경"
image : "/img1.jpg"
price : "55000"
description : "사용하기 쉬운 안경입니다. Lorem ipsum dolor sit amet, consectetur adipiscing
              elit…"
email : "dummy@gmail.com"
__v : 0
```

▲ 그림 6.7 MongoDB에 저장된 데이터

이 작업을 샘플 저장소의 README.md 파일에서 6장 → '2~6번째 아이템'에 대해 반복해 총 6개의 아이템 데이터를 데이터베이스에 저장합니다.

MongoDB의 items 안에 있는 것은 지금 저장한 6개의 데이터만 남깁니다. 앞 장까지 저장한 데이터가 남아 있을 때는 모두 삭제합니다. 6개의 데이터가 저장되어 있으면 그림 6.8과 같이 'QUERY RESULTS: 1-6 OF 6'이라고 표시됩니다.

▲ 그림 6.8 MongoDB에 저장된 6개의 데이터

다음은 프런트엔드 개발에서 사용할 이미지를 다운로드합니다. 샘플 저장소의 README.md 파일의 6장 '이미지' 링크에서 이미지를 다운로드해서 public 폴더에 넣습니다(그림 6.9).

URL https://github.com/moseskim/nextjs-book-fullstack-app-folder-v2

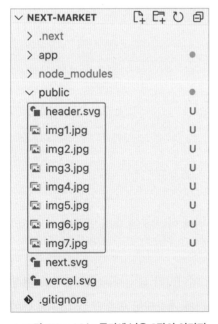

▲ 그림 6.9 public 폴더에 넣은 8장의 이미지

마찬가지로 아래 샘플 저장소의 README.md 파일의 6장 → 'Favicon' 링크에서 favicon.ico를 다
운로드한 뒤 app 폴더 안의 초기 파일을 치환합니다(그림 6.10).

URL https://github.com/moseskim/nextjs-book-fullstack-app-folder-v2

▲ 그림 6.10 app 폴더 안의 favicon.ico

Favicon은 브라우저 탭에 표시되는 작은 이미지를 의미합니다. Next.js에서는 app 폴더에 넣은
Favicon 이미지를 애플리케이션 전체에서 사용합니다.

02
코드 정리

불필요한 코드를 삭제합니다.

프런트엔드 개발을 시작하기 전에 불필요한 파일과 코드를 삭제합니다. 먼저 app 폴더 안에 있는 page.module.css를 파일마다 삭제합니다. 다음으로 globals.css 파일을 열고, 안의 내용을 모두 삭제합니다. globals.css 파일 자체는 뒤에서 사용하므로 그대로 남겨 둡니다.

app 폴더의 page.js 파일을 열고 안의 내용을 모두 삭제합니다. 이 파일도 뒤에서 사용하므로 그대로 남겨 둡니다. 불필요한 코드 정리를 마쳤으므로 이제 React 코드 작성 방법을 소개합니다.

03
React 작성 방법 및 스타일 적용 방법

React 사용 방법의 첫 걸음을 소개합니다. React는 의외로 간단하게 사용할 수 있음을 알 수 있습니다.

app 폴더의 page.js를 열고 코드 6.4를 기술합니다.

▼ 코드 6.4 app/page.js

```
const ReadAllItems = () => {
  return (
    <div>
      <h1>안녕하세요</h1>
    </div>
  )
}

export default ReadAllItems
```

이것이 React의 가장 기본적인 코드, 즉, 템플릿 코드입니다. 브라우저에서 어떻게 표시되는지 확인합시다. 변경한 내용을 저장합니다. Next.js를 정지시켰다면, 다음 명령을 터미널에서 입력하고 Enter 키를 눌러 실행합니다.

```
% npm run dev
```

브라우저에서 다음 URL을 열면 그림 6.11과 같이 표시됩니다.

URL http://localhost:3000

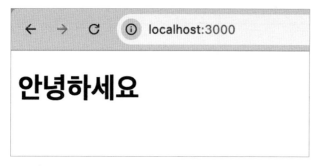

▲ 그림 6.11 브라우저의 http://localhost:3000 페이지 1

/app/page.js로 돌아가 코드 6.5의 코드를 추가합니다.

▼ 코드 6.5 app/page.js

```
const ReadAllItems = () => {
  return (
    <div>
      <h1>안녕하세요</h1>
      <h3>안녕히 가세요</h3>  // 추가
    </div>
  )
}


export default ReadAllItems
```

변경 내용을 저장하고 브라우저를 열면 그림 6.12와 같이 표시됩니다.

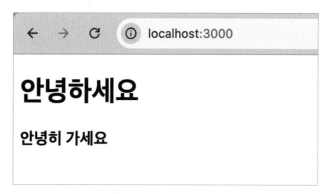

▲ 그림 6.12 브라우저의 http://localhost:3000 페이지 2

이렇게 React에서는 return 옆의 괄호 안에 HTML과 같은 방식으로 코드를 작성할 수 있습니다. 이것은 CSS의 스타일을 적용할 때도 마찬가지입니다. 실제로 확인해 봅시다. 코드 6.6의 코드를 추가합니다.

▼ 코드 6.6 app/page.js

```
const ReadAllItems = () => {
  return (
    <div>
      <h1 className="h1-style">안녕하세요</h1> // 추가
      <h3>안녕히 가세요</h3>
    </div>
  )
}

export default ReadAllItems
```

HTML에서는 class였지만 React에서는 className을 사용합니다. 다음으로 globals.css를 열고 코드 6.7의 코드를 작성합니다.

▼ 코드 6.7 app/globals.css

```
.h1-style {
  color: red;
  letter-spacing: 40px;
}
```

내용을 저장하고 브라우저를 열어 지금 추가한 코드를 확인해 봅시다(그림 6.13).

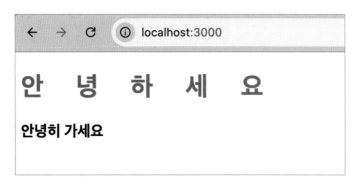

▲ 그림 6.13 브라우저의 http://localhost:3000 페이지 3

스타일이 적용되었습니다. 이렇게 React에서는 CSS 및 HTTML과 거의 같은 방식을 사용할 수 있음을 알았습니다.

이 `globals.css`가 어떻게 'app/page.js'에 임포트되는지 의문이 생길 것입니다. HTML에서는 `<head>` 부분에 코드 6.8과 같이 임포트했습니다.

▼ 코드 6.8 HTML의 CSS 임포트 코드

```
<link rel="stylesheet" href="./globals.css">
```

하지만 Next.js에는 이런 코드가 보이지 않습니다. app 폴더의 `layout.js`를 열어 봅시다. 파일 위쪽에 `globals.css`가 임포트되어 있습니다. 뒤에서도 확인하겠지만, 이 `layout.js`는 특별한 파일로, 애플리케이션 전체에 적용하고 싶은 CSS 스타일 등을 임포트하는 파일입니다.

이 책에서는 사용하지 않지만 React에서는 HTML과 마찬가지로 코드 6.9와 같이 인라인으로 CSS를 작성할 수도 있습니다.

▼ 코드 6.9 React의 인라인 CSS 코드

```
<h3 style={{marginTop: "50px"}}>안녕히 가세요</h3>
```

HTML의 인라인 CSS에서는 `margin-top`, `background-color` 같은 형태로 기술하지만, React의 인라인 CSS는 `marginTop`, `backgroundColor`와 같이 하이픈(-) 없이 다음 첫 번째 문자를 대문자로 씁니다. 인라인 CSS를 너무 많이 사용하면 코드 유지보수성을 떨어뜨리므로 권장하지 않지만 응급 조치 수단으로 사용하기도 합니다.

04
서버 컴포넌트

React의 새로운 기술 '서버 컴포넌트'의 동작과 장점에 대해 확인합니다.

Next.js 버전 13에서의 App 도입에 따라 Next.js에서의 React에도 큰 변경 사항이 추가되었습니다. 'React 서버 컴포넌트'라 불리는 것이 app 폴더 안에서의 React 컴포넌트의 기본값이 된 것입니다.

React는 일반적으로 브라우저, 즉, 클라이언트 측의 기술로 인식되어 있습니다. React가 서버 측에서 동작한다는 것이 다소 이상하게 들릴 수 있지만 React와 그 주변 기술들이 개발됨에 따라 서버 측에서의 동작이 가능하게 된 것입니다.

React 서버 컴포넌트의 장점은 높은 성능 특성입니다. 애플리케이션에서 사용되는 대량의 JavaScript를 브라우저(클라이언트)가 아니라 성능이 뛰어난 서버 측에서 처리함으로써 애플리케이션 크기를 작게 억제하면서, 읽기 속도가 낮아지는 것을 방지할 수 있습니다. 이 점은 이번 장 후반에서 확인해 봅시다. 데이터 조작 코드를 간결하게 작성할 수 있으며, 보안성이 향상된 것 또한 큰 장점으로 들 수 있습니다.

한편, 애플리케이션 전체 설계가 이전보다 복잡해지거나, 어떤 것이 서버 컴포넌트인지 의식해야 하는 등 개발자가 대응해야 할 새로운 문제가 나타납니다. 이 책을 집필하는 시점에서는 서버 컴포넌트를 완전 채용한 app 폴더의 안정 버전이 릴리스 된 뒤 1년도 지나지 안았고, 애플리케이션 전체 설계나 서버 컴포넌트의 적절한 사용 방법, 모범 사례에 관해 전 세계 개발자들이 시행 착오를 거치고 있는 단계입니다.

이 책이 대상으로 하고 있는 React 및 Next.js 초보자분들에게는 이 새로운 서버 컴포넌트, 기존 컴포넌트(React 클라이언트 컴포넌트라 부릅니다)에 관해 깊은 이해나 지식이 현 시점에서는 필요하지 않습니다. 다음 장부터 작성하는 React가 서버 컴포넌트라는 정도만 기억해 두는 것으로 충분합니다.

그리고 이 책에서 개발하는 애플리케이션에는 '프런트엔드에서 백엔드에 데이터를 보내는'(사용자 등록 또는 아이템 작성 등) 클라이언트 측 조작이 많기 때문에, 클라이언트 컴포넌트를 많이 사용합니다.

다음으로 React를 이미 사용한 경험이 있는 분들을 위해 기존 '클라이언트 컴포넌트'와 Next.js에서 기본값이 된 '서버 컴포넌트'의 차이와 사용 구분에 관해 간단히 소개합니다.

먼저 차이입니다. 서버 컴포넌트에서는 useState, useEffect를 사용할 수 없습니다. 사용자 조작 관련 기능(onClick, onChange 등)도 사용할 수 없습니다. useState, onClick 등을 사용하려면 파일의 첫 번째 행에 "use client"라고 기술해야 합니다. 이것으로 기본값이 서버 컴포넌트는 클라이언트 컴포넌트로 전환됩니다(코드 6.10).

▼ 코드 6.10 "use client" 사용 예

```
"use client"

import { useState } from "react"

const Contact = () => {
  const [data, setData] = useState("")
  return (
    <div>
    ...
```

다음으로 서버 컴포넌트와 클라이언트 컴포넌트의 사용 구분입니다. Next.js 공식 사이트에서는 '기본적으로는 서버 컴포넌트를 사용하고 useState 등의 클라이언트 컴포넌트만 동작하는 기능이 필요할 때 클라이언트 컴포넌트를 사용한다'는 방법을 권장하고 있습니다(표 6.1).

▼ 표 6.1 서버 컴포넌트와 클라이언트 컴포넌트 비교

조작	서버 컴포넌트	클라이언트 컴포넌트
useState, useEffect 사용	×	○
onClick 등 사용자 조작 기능	×	○
백엔드 리소스에 직접 접근	○	×

이에 관해 더 자세히 알고 싶다면 아래 Next.js 공식 사이트를 참조하기 바랍니다.

URL https://nextjs.org/docs/app/building-your-application/rendering/composition-patterns

이제 서버 컴포넌트의 '성능 향상 특성'이라는 장점을 실제로 확인해 봅시다.

다음 패키지를 설치합니다. 코드 하이라이트에 사용하는 패키지는 크기가 큰 것이 많습니다. 예로 highlight.js를 사용합니다.

```
% npm install highlight.js
```

/app/page.js에서 임포트합니다(코드 6.11).

▼ 코드 6.11 app/page.js

```
import hljs from "highlight.js"  // 추가

const ReadAllItems = () => {
  return (
    <div>
      ...
```

Next.js를 npm run dev로 실행한 뒤 브라우저를 엽니다. 그리고 개발자 도구에서 'Network' 탭을 선택합니다(그림 6.14).

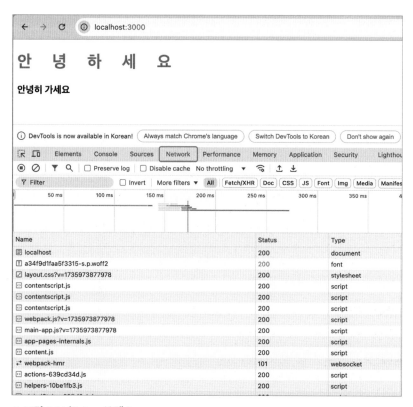

▲ 그림 6.14 'Network' 탭 1

화면을 새로 고침하고 이 페이지에서 읽은 리소스의 크기를 확인해 봅시다. 이것은 'Network' 탭의 가장 아래 표시됩니다. 여기에서는 '7.9 MB resources'로 되어 있습니다(그림 6.15).

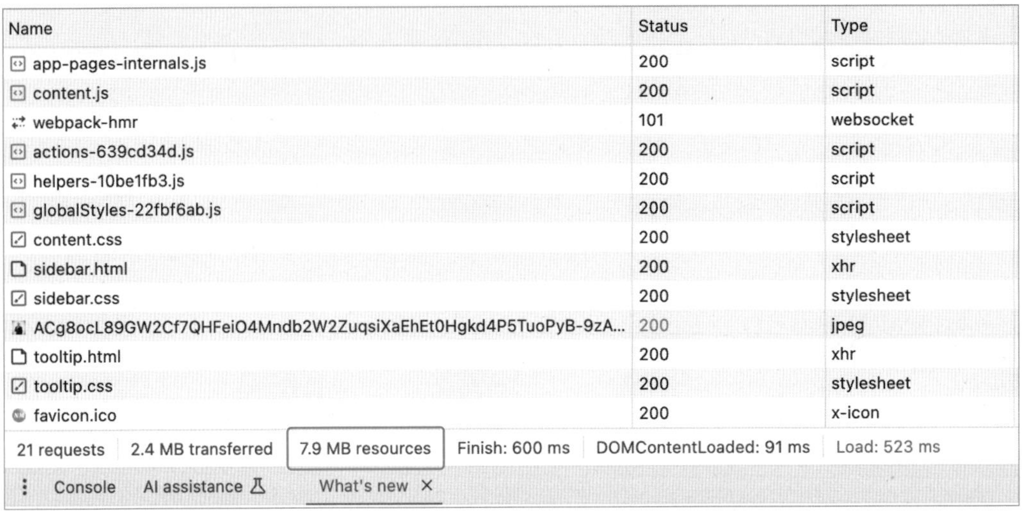

Name	Status	Type
app-pages-internals.js	200	script
content.js	200	script
webpack-hmr	101	websocket
actions-639cd34d.js	200	script
helpers-10be1fb3.js	200	script
globalStyles-22fbf6ab.js	200	script
content.css	200	stylesheet
sidebar.html	200	xhr
sidebar.css	200	stylesheet
ACg8ocL89GW2Cf7QHFeiO4Mndb2W2ZuqsiXaEhEt0Hgkd4P5TuoPyB-9zA...	200	jpeg
tooltip.html	200	xhr
tooltip.css	200	stylesheet
favicon.ico	200	x-icon

| 21 requests | 2.4 MB transferred | 7.9 MB resources | Finish: 600 ms | DOMContentLoaded: 91 ms | Load: 523 ms |

⋮ Console   AI assistance ⚗   What's new ✕

▲ 그림 6.15 'Network' 탭 2

다음은 /app/page.js에 코드 6.12의 코드를 추가합니다.

▼ 코드 6.12 app/page.js

```
"use client" // 추가
import hljs from "highlight.js"

const ReadAllItems = () => {
  return (
    <div>
      ...
```

이 코드에 의해 이 컴포넌트는 기본값인 서버 컴포넌트에서 클라이언트 컴포넌트로 대체됩니다. 변경한 내용을 저장한 뒤 브라우저로 돌아가 'Network' 탭을 연 상태에서 새로 고침합니다. 그리고 탭의 가장 아래 리소스 크기를 확인해 봅시다(그림 6.16).

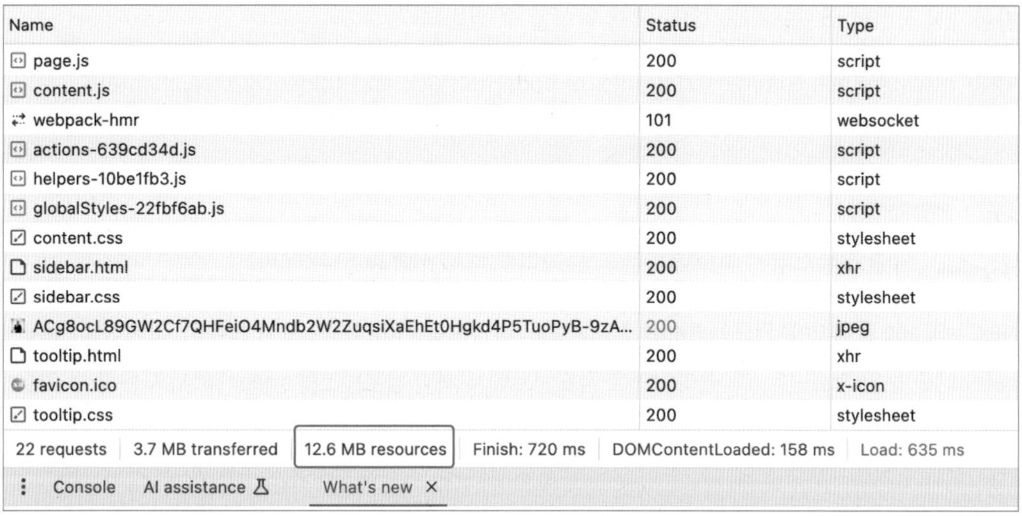

Name	Status	Type
page.js	200	script
content.js	200	script
webpack-hmr	101	websocket
actions-639cd34d.js	200	script
helpers-10be1fb3.js	200	script
globalStyles-22fbf6ab.js	200	script
content.css	200	stylesheet
sidebar.html	200	xhr
sidebar.css	200	stylesheet
ACg8ocL89GW2Cf7QHFeiO4Mndb2W2ZuqsiXaEhEt0Hgkd4P5TuoPyB-9zA...	200	jpeg
tooltip.html	200	xhr
favicon.ico	200	x-icon
tooltip.css	200	stylesheet

22 requests | 3.7 MB transferred | 12.6 MB resources | Finish: 720 ms | DOMContentLoaded: 158 ms | Load: 635 ms

⋮ Console | AI assistance 🔺 | What's new ✕

▲ 그림 6.16 'Network' 탭 3

이번에는 '12.6 MB resources'라고 표시되며, 이전 대비 4 MB 가까이 늘어났음을 알 수 있습니다. 서버 컴포넌트에서는 패키지의 JavaScript 코드를 성능이 뛰어난 서버 측에서 처리하는 것에 비해, 클라이언트 컴포넌트에서는 브라우저 측에서 처리하기 때문입니다.

서버 컴포넌트의 장점을 실제로 확인했습니다. 다음 장부터 애플리케이션의 프런트엔드를 개발합니다.

다음 단계를 진행하기 전에 앞서 설치한 `highlight.js`는 제거합니다. Next.js를 정지시키고 다음 명령어를 실행합니다.

```
% npm uninstall highlight.js
```

/app/page.js에 추가했던 코드도 삭제합니다(코드 6.13).

▼ 코드 6.13 app/page.js

```
"use client" // 삭제
import hljs from "highlight.js" // 삭제

const ReadAllItems = () => {
  return (
    <div>
      ...
```

지금까지 작성한 코드는 다음 URL에서 확인할 수 있습니다.

URL https://github.com/moseskim/nextjs-book-fullstack-app-folder-v2/tree/chapter6

더 알아보기

서버 컴포넌트와 클라이언트 컴포넌트는 함께 사용할 수 있을까?

Next.js의 app 폴더 안에 만드는 React 컴포넌트는 자동으로 서버 컴포넌트가 됩니다. 그렇다면 "use client"를 붙인 컴포넌트, 즉, 클라이언트 컴포넌트에서 서버 컴포넌트를 import해서 사용할 수 있을까요?

대답은 '가능하다고 하면 가능'할 수 있다는 다소 보수적인 형태입니다. 그 이유는 클라이언트 컴포넌트 안에 임포트한 자식 컴포넌트는 모두 자동으로 클라이언트 컴포넌트가 되기 때문입니다. 그 결과 서버 컴포넌트의 강점인 데이터베이스 연결 등의 조작을 수행할 수 없게 됩니다. Next.js 공식 사이트에서도 서버 컴포넌트를 클라이언트 컴포넌트에 임포트하는 것은 '지원하지 않는 사용 방법(Unsupported Pattern)'이라 설명하고 있습니다.

그 대신 권장되는 방법은 props, children 형태로 클라이언트 컴포넌트를 전달하는 방법입니다. 이 방법을 사용하면 클라이언트 컴포넌트화하지 않고, 서버 컴포넌트 기능을 유지할 수 있습니다.

더 알아보기

React 서버 컴포넌트를 사용해 데이터 얻기

초보자를 대상으로 하는 이 책에서는 데이터 조작에 관한 기능들(읽기/생성하기/수정하기/삭제하기)를 백엔드와 프런트엔드 양쪽에서 확실하게 개발하는 방법으로 진행합니다.

하지만 6장에서 조금 다루는 React의 새로운 기능인 서버 컴포넌트를 사용하면 데이터 읽기를 수행할 때 API 서버를 경유하지 않고 데이터베이스에 직접 접근해서 실행할 수 있습니다. 해당 방법을 간단히 소개합니다.

'모든 아이템 데이터를 얻는 페이지(page.js)'의 코드는 9장 완료 시점에서 다음과 같이 되어 있습니다.

```
// page.js
import Link from "next/link"
import Image from "next/image"

const getAllItems = async() => {
```

```
    const response = await fetch(`${process.env.NEXT_PUBLIC_URL}/api/item/readall`,
  {cache: "no-store"})
    const jsonData = await response.json()
    const allItems = jsonData.allItems
    return allItems
  }


const ReadAllItems = async() => {
    const allItems = await getAllItems()
    return (
      ...
```

getAllItems로 API 서버에 접근해 모든 아이템 데이터를 얻는 것을 알 수 있습니다. 하지만 React 서버 컴포넌트에서는 데이터를 얻을 때 데이터베이스에 직접 접근할 수 있으므로 getAllItems 안을 다음과 같이 치환할 수 있습니다.

```
// page.js
import Link from "next/link"
import Image from "next/image"
import connectDB from "../app/utils/database"           // 추가
import { ItemModel } from "../app/utils/schemaModels"     // 추가


const getAllItems = async() => {
    // ↓ 변경
    await connectDB()
    const allItems = await ItemModel.find()
    // ↑ 변경
    return allItems
}


const ReadAllItems = async() => {
    const allItems = await getAllItems()
    return (
      ...
```

getAllItems 안의 코드는 백엔드 쪽의 /app/api/item/readall/route.js에 기술되어 있는 '모든 아이템 데이터를 얻는 코드'와 기본적으로 같다는 것을 알 수 있습니다.

변경한 내용을 저장한 뒤 브라우저에서 http://localhost:3000을 열면, 모든 아이템 데이터가 확실하게 반환되는 것을 알 수 있습니다.

같은 방법으로 '하나의 아이템을 읽는 페이지' 코드도 변경할 수 있습니다. /app/item/readsingle/[id]/page.js를 열고 다음과 같이 코드를 변경해 봅니다.

```js
// /app/item/readsingle/[id]/page.js

import Image from "next/image"
import Link from "next/link"
import connectDB from "../../../utils/database"              // 추가
import { ItemModel } from "../../../utils/schemaModels"  // 추가

const getSingleItem = async(id) => {
  // ↓ 변경
  await connectDB()
  const singleItem = await ItemModel.findById(id)
  // ↑ 변경
  return singleItem
}

const ReadSingleItem = async(context) => {
  const singleItem = await getSingleItem(context.params.id)
  return (
    ...
```

Chapter 7

사용자 등록 페이지 및
로그인 페이지

프런트엔드는 백엔드의 각 기능에 대응하는 페이지를 가져야 합니다. 사용자 관련 '등록 페이지', '로그인 페이지' 및 아이템 관련 '작성하기 페이지', '읽기 페이지', '수정하기 페이지', '삭제하기 페이지'입니다. 이번 장에서는 사용자 관련 페이지, 다음 장에서는 아이템 관련 페이지를 만듭니다.

01

필수 폴더 및 파일

> 프런트엔드 개발을 시작하기 위한 기본 작업을 합니다.

백엔드를 개발할 때 본 것처럼 app 폴더 안에서는 폴더명이 URL로 사용되며 코드는 그 안에 만든 route.js 파일에 작성했습니다. 이것은 프런트엔드에서도 기본적으로 같습니다. 한 가지 차이는 파일명으로 route.js가 아니라 page.js를 사용하는 것입니다. 확인해 봅시다. app 폴더 안에 register 폴더를 만들고, 그 안에 page.js를 만듭니다(그림 7.1).

▲ 그림 7.1 register 폴더 안에 page.js를 작성

만든 파일에 코드 7.1과 같이 React 템플릿 코드를 기술합니다.

▼ 코드 7.1 app/register/page.js

```
const Register = () => {
  return (
    <div>
      <h1>사용자 등록</h1>
    </div>
  )
}


export default Register
```

변경한 내용을 저장합니다. 브라우저에서 다음 URL을 열면 그림7.2와 같이 표시됩니다.

URL http://localhost:3000/register

▲ 그림 7.2 등록 페이지 표시

이것으로 app 안의 폴더명이 URL로 사용되고, 코드는 그 안에 만든 page.js에 기술할 수 있는 것을 확인했습니다. 다음은 사용자 등록 관련 폴더/파일을 포함하는 user 폴더와 아이템 관련 폴더/파일을 포함하는 item 폴더를 app 폴더 안에 만듭니다(그림7.3).

▲ 그림 7.3 item 폴더와 user 폴더 작성

item 폴더는 다음 장에서 만듭니다. 앞에서 만든 register 폴더는 사용자 관련 페이지이므로 user 폴더로 이동합니다(그림7.4).

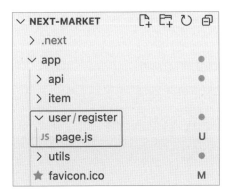

▲ 그림 7.4 register 폴더를 user 폴더 안으로 이동

브라우저에 http://localhost:3000/register를 열면 이번에는 에러가 발생합니다. 이 URL이 존재하지 않기 때문입니다. 따라서 http://localhost:3000/user/register와 폴더 구성에 반영한 URL로 수정합니다. 그림7.5와 같이 표시됩니다.

▲ 그림 7.5 등록 페이지의 새로운 URL 표시

이것으로 app 안의 폴더의 위치 관계가 URL에 반영되는 것을 알 수 있습니다.

프런트엔드에 필요한 각 페이지의 파일을 먼저 만듭니다. 사용자 등록 페이지에 사용하는 /register/page.js는 이미 존재하므로 로그인 페이지에 사용하는 login 폴더와 page.js 파일을 user 폴더 안에 작성합니다(그림7.6).

▲ 그림 7.6 login 폴더와 page.js 파일을 작성

다음은 아이템 관련 페이지입니다. 프런트엔드에는 아이템의 '작성하기', '읽기', '수정하기', '삭제하기'를 수행하는 페이지가 필요합니다. 따라서 item 폴더 안에 이에 각각 대응하는 폴더인 create, read, update, delete를 만들고 그 안에 page.js 파일을 작성합니다(그림7.7).

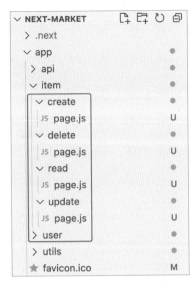

▲ 그림 7.7 아이템 폴더와 파일을 작성

백엔드를 개발했을 때는 기억하는 분들은 눈치챘을 것입이다. 아이템 관련 페이지를 이런 형태의 폴더로 구성하면 한 가지 문제가 있습니다. 이것은 아이템 관련 페이지 개발을 수행하는 다음 장에서 수정합니다. 사용자 관련 2개 페이지, 사용자 등록 페이지와 로그인 페이지를 준비했으므로 가장 먼저 사용자 등록 페이지부터 개발합니다.

02

사용자 등록 페이지

브라우저의 표시를 담당하는 코드를 작성한 뒤, 백엔드에 데이터를 게시하는 기능을 추가합니다.

먼저 완성된 형태를 확인합시다. 다음 URL을 열어 봅니다(그림 7.8).

URL https://nextjs-book-fullstack-app-folder-v2-example.vercel.app/user/register

▲ 그림 7.8 등록 페이지의 완성된 형태

이 페이지는 크게 다음 세 가지 부분으로 구성되어 있습니다(그림 7.9).

▲ 그림 7.9 등록 페이지를 구성하는 부분

개별 페이지로 이동해 보면 알 수 있듯 '헤더'와 '푸터'는 모든 페이지에서 사용되는 공통 부분입니다. 이 공통 부분은 가장 마지막에 개발하므로, 여기에서는 등록 페이지이 고유의 '메인' 부분에 집중합니다.

'메인' 부분은 3개의 입력과 1개의 버튼으로 구성됩니다. 코드 7.2의 코드를 /register/page.js에 작성합니다. 각 항목에는 required를 붙여 한 필드라도 비어 있으면 폼을 전송하지 않게 합니다.

▼ 코드 7.2 app/user/register/page.js

```
const Register = () => {
  return (
    <div>
      <h1>사용자 등록</h1>
      // ↓ 추가
      <form>
        <input type="text" name="name" placeholder="이름" required/>
        <input type="text" name="email" placeholder="메일 주소" required/>
        <input type="text" name="password" placeholder="비밀번호" required/>
        <button>등록</button>
      </form>
      // ↑ 추가
    </div>
  )
}
```

```
export default Register
```

여기까지는 HTML과 같습니다. 다음은 데이터 송신 코드를 준비합니다. HTML에서 데이터를 송신할 때는 송신지를 `<form>`의 action에 기술하고 method 종류를 지정해 코드 7.3과 같이 작성합니다.

▼ 코드 7.3 HTML의 데이터 송신 코드

```
<form action="http://locahost:3000/api/user/register" method="POST">
```

React에서는 다른 형태로 데이터 송신을 구현합니다. 코드 7.4의 코드를 추가합니다.

▼ 코드 7.4 app/user/register/page.js

```
const Register = () => {
  const hadleSubmit = () => {} // 추가

  return (
    <div>
      <h1>사용자 등록</h1>
      <form>
        <input type="text" name="name" placeholder="이름" required/>
        <input type="text" name="email" placeholder="메일 주소" required/>
        <input type="text" name="password" placeholder="비밀번호" required/>
        <button>등록</button>
      </form>
    </div>
  )
}

export default Register
```

이것을 `<form>` 안에 작성해 연결합니다(코드 7.5).

▼ 코드 7.5 app/user/register/page.js

```
const Register = () => {

  const handleSubmit = () => {}
```

```
    return (
      <div>
        <h1>사용자 등록</h1>
        <form onSubmit={handleSubmit}> // 추가
          ...
```

변경한 내용을 저장하면 터미널에 다음 에러가 표시됩니다(그림7.10).

```
PROBLEMS   OUTPUT   TERMINAL   PORTS   ···        node  + ∨  ⊓  🗑  ···  ∧

o  o Compiling /user/register ...
   ✓ Compiled /user/register in 1677ms (468 modules)
   ✗ Error: Event handlers cannot be passed to Client Component props.
     <form onSubmit={function} children=...>
              ^^^^^^^^^^^^
   If you need interactivity, consider converting part of this to a Client Component.
```

▲ 그림 7.10 터미널 표시

이런 에러가 발생하는 이유는 무엇일까요? 앞 장에서 설명한 것처럼 Next.js의 app 폴더에는 서버 컴포넌트가 기본값이며, 이 /register/page.js도 서버 컴포넌트입니다. 하지만 서버 컴포넌트 안에서는 <form> 처리와 같은 사용자의 데이터 게시 조작 등을 수행할 수 없습니다.

이를 해결하기 위해서는 '서버 컴포넌트'를 '클라이언트 컴포넌트'로 변경해야 합니다. 파일 첫 번째 줄에 코드7.6의 코드를 추가합니다.

▼ 코드 7.6 app/user/register/page.js

```
"use client" // 추가

const Register = () => {
  ...
```

이제 이 컴포넌트는 클라이언트 컴포넌트가 됩니다.

데이터 송신 처리 코드는 handleSubmit의 {} 안에 기술되어 있습니다. 데이터 송신 처리는 성공할 때와 실패할 때가 있으므로, 백엔드 개발에서 사용했던 try catch 구문을 가장 먼저 추가합니다(코드7.7).

▼ 코드 7.7 app/user/register/page.js

```
"use client"
```

```
const Register = () => {
  const handleSubmit = () => {
    // ↓ 추가
    try {

    } catch {

    }
    // ↑ 추가
  }

  return (
    ...
```

데이터 송신에는 fetch()를 사용합니다. 'fetch'는 '가져온다', '읽는다'는 의미입니다. 데이터 취득(HTTP 메서드의 GET)뿐만 아니라 데이터 송신(HTTP의 POST) 등에도 사용할 수 있습니다. 코드 7.8과 같이 코드를 추가합니다.

▼ 코드 7.8 app/user/register/page.js

```
...

  const handleSubmit = () => {
    try {
      fetch(" ") // 추가
    } catch {

    }
  }

...
```

" "에는 데이터 송신지를 기술합니다. 여기에 어디로 사용자 등록 데이터를 보내는가, 즉, 백엔드의 어디에서 '사용자 데이터 작성'이라는 처리를 실행했는지 생각해 봅시다. 이것은 /api/user/register/route.js였습니다. 그렇기 때문에 데이터 송신지는 다음 URL과 같이 됩니다.

URL http://localhost:3000/api/user/register

이 URL을 추가합니다(코드 7.9).

▼ **코드 7.9** app/user/register/page.js

```
...

  const handleSubmit = () => {
    try {  // ↓ 추가
      fetch("http://localhost:3000/api/user/register")
    } catch {

    }
  }

  ...
```

다음은 데이터 송신에 관한 설정을 몇 가지 추가합니다. 현재 입력한 URL 옆에 콤마와 괄호를 추
가한 뒤, 그 안에 코드 7.10의 코드를 작성합니다.

▼ **코드 7.10** app/user/register/page.js

```
...

  const handleSubmit = () => {
    try {
      // ↓ 추가
      fetch("http://localhost:3000/api/user/register", {
        method:
        headers:
        body:
      })
      // ↑ 추가
    } catch {

    }
  }

  ...
```

이 페이지에서는 '이 신규 사용자를 등록한다'는 요청을 백엔드에 보냅니다. 즉, '새로운 데이터를 작성한다'는 것이므로 method는 POST가 됩니다.

다음 headers는 이 POST 요청으로 보내는 데이터 종류나 보충 정보를 작성합니다. JSON 형식의 데이터를 송신할 것이므로 코드 7.11과 같이 기술합니다.

▼ 코드 7.11 app/user/register/page.js

```
    ...

    const handleSubmit = () => {
      try {
        fetch("http://localhost:3000/api/user/register", {
          // ↓ 추가
          method: "POST",
          headers: {
            "Accept": "application/json",
            "Content-Type": "application/json"
          },
          // ↑ 추가
          body:
        })
      } catch {

      }
    }

    ...
```

마지막은 body입니다. 백엔드 개발 시 request를 해석한 reqBody 안에 데이터를 조사했던 것에서 상상할 수 있도록, 이 body에는 백엔드에 송신하는 데이터를 기술합니다. 사용자 등록 페이지에서 백엔드에 보낼 데이터는 '이름', '이메일 주소', '비밀번호' 세 가지입니다. 이것은 어떻게 작성해야 할까요? 이에 관해서는 뒤에서 설명합니다. 우선 여기에서는 임시 데이터로 body에는 코드 7.12와 같이 기술합니다.

▼ 코드 7.12 app/user/register/page.js

```
    ...
```

```
        headers: {
          "Accept": "application/json",
          "Content-Type": "application/json"
        },
        body: "더미 데이터"  // 추가
      })
    } catch {
      ...
```

이것으로 우선 데이터 송신 처리 설정을 마쳤습니다.

React에서 무언가의 데이터를 다룰 때는 거의 반드시 state라는 것을 사용합니다. state는 데이터를 일시적으로 보관해 두는 장소라고 생각하면 좋습니다. 우선 사용자의 성과 이름인 '이름' 데이터를 보관하는 장소를 만들어 봅시다.

state를 사용하려면 useState를 react에서 임포트해야 합니다. 앞 장에서도 조금 다루었지만, 이 useState 및 그 뒤에 오는 useEffect는 클라이언트 컴포넌트에서만 사용할 수 있는 코드입니다 (코드 7.13).

▼ 코드 7.13 app/user/register/page.js

```
"use client"
import { useState } from "react"  // 추가

const Register = () => {

  const handleSubmit = () => {
    ...
```

다음으로 코드 7.14의 코드를 추가합니다.

▼ 코드 7.14 app/user/register/page.js

```
"use client"
import { useState } from "react"

const Register = () => {
  const [name, setName] = useState("")  // 추가
  const handleSubmit = () => {
```

```
    ...
```

여기에서 추가한 코드를 오른쪽부터 설명합니다. 오른쪽 끝의 useState("")는 이 코드가 state 코드임을 나타냅니다. () 안에는 이 state의 기본 데이터(초기값)을 넣습니다. 이 등록 페이지가 브라우저에 표시되었을 때, '이름' 데이터는 아직 존재하지 않으므로 빈 필드("")가 됩니다.

처음부터 임의의 데이터를 넣어 두고 싶다면 useState("홍길동")과 같이 기술하면, '홍길동'이 기본 데이터가 됩니다.

그럼 이 기본 데이터에는 어떻게 접근해야 할까요? 사실 이 데이터는 왼쪽 name 안에 들어 있습니다. 확인해 봅시다. 코드 7.15의 코드를 추가합니다.

▼ 코드 7.15 app/user/register/page.js

```
"use client"
import { useState } from "react"


const Register = () => {
  const [name, setName] = useState("홍길동") // 추가
  console.log(name) // 추가
  const handleSubmit = () => {
    ...
```

변경한 내용을 저장했다면 브라우저에 http://localhost:3000/user/register를 열고, 개발자 도구의 'Console'을 확인해 봅시다. 새로 고침하면 그림 7.11과 같이 표시됩니다.

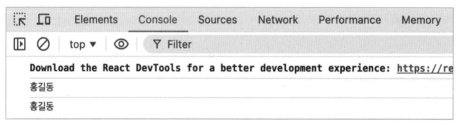

▲ 그림 7.11 'Console' 표시

이번에는 코드 7.16과 같이 문구를 바꿔 봅시다.

▼ 코드 7.16 app/user/register/page.js

```
"use client"
import { useState } from "react"
```

```
const Register = () => {
  const [name. setName] = useState("안녕하세요")  // 변경
  console.log(name)
  ...
}
```

변경한 내용을 저장했다면 브라우저로 되돌아가, 'Console'을 확인합니다(그림 7.12).

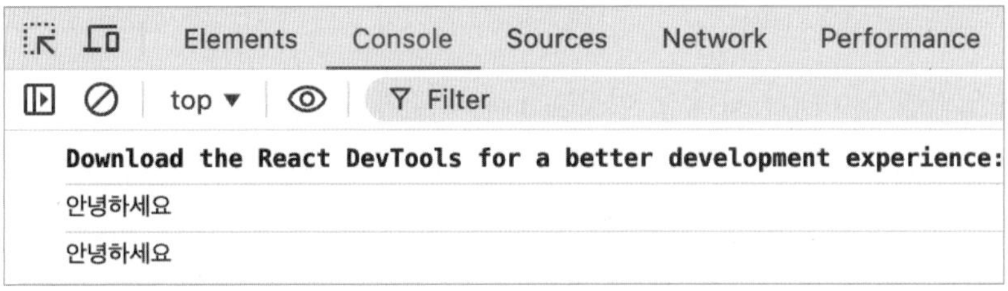

▲ 그림 7.12 'Console' 표시

이제 name 안에는 useState("")의 괄호 안의 데이터가 들어 있음을 알았습니다. 그럼 이 안의 데이터를 변경하거나 업데이트하려면 어떻게 해야 할까요? 이때는 setName을 사용합니다. setName에 괄호를 붙여 setName(업데이트할 데이터) 형태로 사용하면 name에 새로운 데이터를 써 넣을 수 있습니다. 확인해 봅시다.

먼저 state의 초기값은 빈 필드로 합니다(코드 7.17).

▼ 코드 7.17 app/user/register/page.js

```
"use client":
import { useState } from "react"

const Register = () => {
  const [name, setName] = useState("")  // 초기값을 빈 필드로 한다
  console.log(name)
  ...
```

<input>에 입력된 이름 데이터를 name이라는 state에 보관할 것이므로 setName을 사용해 코드 7.18과 같이 기술합니다.

▼ 코드 7.18 app/user/register.page.js

```
...
```

```
  return (
    <div>
      <h1>사용자 등록</h1>
      <form onSubmit={handleSubmit}>
        <input value={name} onChange={(e) => setName(e.target.value)} type="text"
name="name" placeholder="이름" required/> // 추가
        <input type="text" name="email" placeholder="메일 주소" required/>
      ...
```

value는 이 <input>에 입력된 데이터가 됩니다. 이것은 name과 같게 되므로 value={name}이라고 기술합니다. 계속해서 onChange에는 입력된 데이터를 보충합니다. <input>에 입력된 데이터는 e 안에 들어 있으므로, 그것으로 name에 데이터를 써 넣는 setName에 전달합니다. 뒤에서 확인하겠지만 사실 e 안에는 다양한 데이터가 들어 있으며, 그중 필요한 데이터에 접근하기 위해 e.target.value를 사용합니다.

먼저 이 코드가 올바르게 동작하는지 확인해 봅시다. 코드를 저장했다면 브라우저에서 http:// localhost:3000/user/register를 열고, 개발자 도구의 'Console'도 열어 둡니다. 그리고 '이름'의 <input>에 적당한 문자를 입력해 봅시다. 그러면 개발자 도구에도 같은 문자가 표시됩니다(그림 7.13).

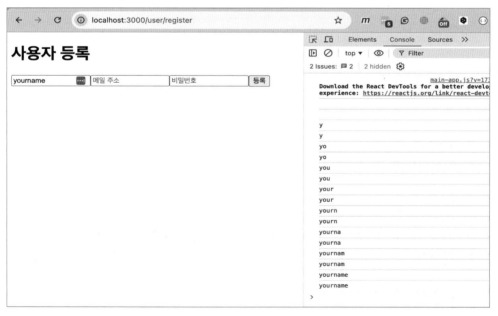

▲ 그림 7.13 'Console' 표시

이것은 `<input>`에 입력된 데이터가 setName을 사용해 name에 써 넣었기 때문입니다. setName을 사용하면 name에 데이터를 써 넣을 수 있음을 알았으므로, 다음은 e의 내용을 확인해 봅시다. 코드 7.19와 같이 onChange의 괄호 안에 줄 바꿈과 새로운 코드를 추가합니다.

▼ 코드 7.19 app/user/register/page.js

```
...

  return (
    <div>
      <h1>사용자 등록</h1>
      <form onSubmit={handleSubmit}>
        <input value={name}
          // ↓ 변경
          onChange={(e) => {
            setName(e.target.value)
            console.log(e)
          }}
          // ↑ 변경
          type="text" name="name" placeholder="이름" required/>
        <input type="text" name="email" placeholder="메일 주소" required/>
        ...
    )
```

변경한 내용을 저장하고 브라우저로 돌아가 '이름' 폼에 임의의 문자를 입력하면, 개발자 도구에 그림 7.14와 같이 표시됩니다.

```
▶ SyntheticBaseEvent {_reactName: 'onChange', _targetInst: null, type: 'change', nativeEvent: InputEvent,
  target: input, …}
yourname                                                                              page.js:7
yourname                                                                              page.js:7
```

▲ 그림 7.14 'Console' 표시

SyntheticBaseEvent가 e 안에 저장되어 있는 데이터입니다. 데이터를 열어 보면 상당히 많은 내용이 포함되어 있음을 알 수 있습니다. SyntheticBaseEvent를 열고 target → value를 찾으면(그림 7.15), `<input>`에 입력되어 있는 문자열이 있습니다. 입력된 데이터에는 e.target.value로 접근할 수 있음을 알 수 있습니다.

```
                                                                                        page.js:31
  ▼ SyntheticBaseEvent {_reactName: 'onChange', _targetInst: null, type: 'change', nativeEvent: InputEven
    t, target: input, …} ℹ
      bubbles: true
      cancelable: false
      currentTarget: null
      defaultPrevented: false
      eventPhase: 3
    ▶ isDefaultPrevented: ƒ functionThatReturnsFalse()
    ▶ isPropagationStopped: ƒ functionThatReturnsFalse()
      isTrusted: true
    ▶ nativeEvent: InputEvent {isTrusted: true, data: 'e', isComposing: false, inputType: 'insertText', da
    ▼ target: input
        value: "yourname"
    ▶ __reactEvents$79ahyfruld5: Set(1) {'invalid__bubble'}
    ▶ __reactFiber$79ahyfruld5: FiberNode {tag: 5, key: null, elementType: 'input', type: 'input', state
    ▶ __reactProps$79ahyfruld5: {value: 'yourname', type: 'text', name: 'name', placeholder: '이름', onCh
```

▲ 그림 7.15 e.target.value 데이터

그리고 e는 'Event Parameter(또는 Event Object)'의 줄임말로 '폼에 입력한다', '송신한다', '마우스를 움직인다' 같은 '사용자의 조작에 따라 브라우저에서 발생하는 일(이벤트)'과 관련된 데이터를 포함합니다. e 대신 evt, event로 기술하는 사람들도 있으나 동작은 동일합니다.

이제 setName과 e를 사용하면 입력된 이름 데이터를 name에 써 넣을 수 있음을 알았습니다. '이름' 대신 '이메일 주소', '비밀번호'의 state도 필요하므로 추가합니다. console.log(name)은 삭제해 둡시다(코드 7.20).

▼ 코드 7.20 app/user/register/page.js

```javascript
"use client"
import { useState } from "react"


const Register = () => {
  const [name, setName] = useState("")
  // ↓ 추가
  const [email, setEmail] = useState("")
  const [password, setPassword] = useState("")
  // ↑ 추가


  console.log(name)  // 삭제


  const handleSubmit = () => {
    ...
```

state의 이름은 임의로 정합니다. 예를 들면 비밀번호를 저장하는 state는 코드 7.21과 같이 작성해도 정상 동작합니다.

▼ **코드 7.21** useState 표기 예

```
const [abc, xyz] = useState("")
```

하지만 일반적으로 저장할 데이터와 같은 이름(password 등)과 각 데이터를 설정한다는 의미인 set + 데이터명(setPassword 등)으로 설정합니다.

다른 <input>에도 '이름'의 <input>과 같이 기술합니다. 코드 7.22를 참고합니다. 앞에서 추가한 줄바꿈과 console.log(e) 등은 삭제합니다.

▼ **코드 7.22** app/user/register/page.js

```
...

  return (
    <div>
      <h1>사용자 등록</h1>
      <form onSubmit={handleSubmit}>
        <input value={name} onChange={(e) => setName(e.target.value)} type="text"
name="name" placeholder="이름" required/>
        <input value={email} onChange={(e) => setEmail(e.target.value)} type="text"
name="email" placeholder="매일 주소" required/>
        <input value={password} onChange={(e) => setPassword(e.target.value)}
type="text" name="password" placeholder="비밀번호" required/>
        <button>등록</button>
      </form>
    </div>
  )
}

export default Register
```

이제 3개의 <input>에 입력된 데이터가 각각 name, email, password에 저장됩니다. 이 데이터를 각각 백엔드에 보낼 것이므로 3개 데이터를 모아 body 옆에 추가합니다.

```
...

  const handleSubmit = () => {
    try {
      fetch("http://localhost:3000/api/user/register", {
        method: "POST",
        headers: {
          "Accept": "application/json",
          "Content-Type": "application/json"
        },
        // ↓ 추가
        body: {
          name: name,
          email: email,
          password: password
        }
        // ↑ 추가
      })
    } catch {
      ...
```

보내는 데이터는 JSON 형식으로 할 것이므로, JSON 형식으로 변환하는 JSON.stringify()를
추가합니다(코드 7.24).

▼ 코드 7.24 app/user/register/page.js

```
...

      headers: {
        "Accept": "application/json",
        "Content-Type": "application/json"
      },
      body: JSON.stringify({ // 추가
        name: name,
        email: email,
        password: password
```

```
    }) // 추가
    ...
```

데이터 송신이 실패했을 때는 브라우저에 알림을 보낼 것이므로 코드 7.25의 코드도 추가합니다.

▼ 코드 7.25 app/user/register/page.js

```
...
      body: JSON.stringify({
        name: name,
        email: email,
        password: password
      })
    })
  } catch {
    alert("사용자 등록 실패") // 추가
  }
}

...
```

alert()를 사용하면 그림 7.16과 같이 브라우저에 알림을 표시할 수 있습니다.

▲ 그림 7.16 alert() 표시

이제 코드는 완성된 것으로 보입니다. 의도대로 동작하는지 확인해 봅시다. 변경한 내용을 저장했다면 브라우저에서 http://localhost:3000/user/register를 열고, 그림 7.17과 같이 원하는 사용자 데이터를 입력합니다.

▲ 그림 7.17 사용자 데이터 입력

'등록' 버튼을 클릭해 봅시다. 그러면 화면이 새로 고침됩니다. 사실은 <form>에서 <button>을 눌러 송신 처리를 했을 때 화면을 새로 고침하도록 설계되어 있습니다. 이것을 중지하려면 preventDefault()를 handleSubmit 안에 기술합니다. preventDefault()는 e 안에 들어 있으므로 e도 추가합니다(코드 7.26).

▼ 코드 7.26 app/user/register/page.js

```
...

const handleSubmit = (e) => { // 추가
  e.preventDefault() // 추가
  try {
    fetch("http://localhost:3000/api/user/register", {
      method: "POST",
      headers: {
        "Accept": "application/json",
        "Content-Type": "application/json"
      },
      ...
```

이제 데이터 송신 처리를 할 수 있을 것으로 보입니다. 하지만 현재 시점에서는 송신 처리를 성공해도 알림이 표시되지 않습니다. 에러가 발생했을 때는 alert()를 통해 브라우저에 알림이 표시되도록 했습니다. 성공했을 때도 같은 방식으로 표시되도록 합니다. 여기에서 이 데이터의 송신지인 api 폴더의 user 폴더인 /register/route.js를 한 번 더 확인해 봅시다. 코드 7.27의 코드가 있습니다.

▼ 코드 7.27 app/api/user/register/route.js

```
return NextResponse.json({message: "사용자 등록 성공"})
```

이것은 사용자 데이터 쓰기가 성공했을 때 프런트엔드에 대해 보내는 응답입니다. 이것을 브라우저에서 표시할 수 있게 하면, 사용자 데이터가 데이터베이스에 쓰여지고, 사용자 등록이 성공한 것을 알릴 수 있을 것입니다.

프런트엔드의 /app/user/register/page.js로 돌아와 fetch() 왼쪽에 코드 7.28의 코드를 추가합니다.

▼ 코드 7.28 app/user/register/page.js

```
...

const handleSubmit = (e) => {
  e.preventDefault()
  try { // ↓ 추가
    const response = fetch("http://localhost:3000/api/user/register", {
      method: "POST",
      headers: {
        ...
```

이 코드에 의해 백엔드에서 돌아온 응답(NextResponse) 데이터가 response 안에 저장됩니다. 이 응답 데이터는 스트림이라는 특수한 형식입니다. 이를 JSON 형식으로 변환하는 코드도 추가합니다(코드 7.29)

▼ 코드 7.29 app/user/register/page.js

```
...

  const handleSubmit = (e) => {
    e.preventDefault()
    try {
      const response = fetch("http://localhost:3000/api/user/register", {
        method: "POST",
        headers: {
          "Accept": "application/json",
          "Content-Type": "application/json"
        },
        body: JSON.stringify({
          name: name,
          email: email,
```

```
              password: password
          })
      })
      const jsonData = response.json() // 추가
  } catch {
      alert("사용자 등록 실패")
  }
}

...
```

백엔드 개발 과정을 기억하는 분들은 이 코드의 문제점을 알 수 있을 것입니다. 여기에서 추가한 response.json()은 응답이 돌아오기 전에 실행될 수 있다는 문제입니다. JavaScript에서는 (순서상) 먼저 작성된 코드 처리의 실행이 완료되기 전에 그 다음에 작성되어 있는 코드를 실행할 가능성이 있습니다. 이것을 방지하기 위해 await를 사용해 먼저 작성된 코드의 처리가 완료된 후 다음 코드로 진행하도록 순서를 정할 수 있습니다. await는 async와 함께 사용해야 하므로 async도 함께 추가합니다(코드 7.30).

▼ 코드 7.30 app/user/register/page.js

```
...

    const handleSubmit = async(e) => {  // 추가
        e.preventDefault()

        try {
            // 추가
            const response = await fetch("http://localhost:3000/api/user/register", {
                method: "POST",
                headers: {
                    "Accept": "application/json",
                    "Content-Type": "application/json"
                },
                body: JSON.stringify({
                    name: name,
                    email: email,
                    password: password
```

```
        })
      })
      const jsonData = response.json()  // 추가
    } catch {
      alert("사용자 등록 실패")
    }
  }

  ...
```

백엔드에서 보내진 응답은 jsonData 안의 message에 들어 있습니다. 이것을 alert()에서 표시되므로 코드 7.31의 코드를 추가합니다.

▼ 코드 7.31 app/user/register/page.js

```
  ...
          name: name,
          email: email,
          password: password
        })
      })
      const jsonData = await response.json()
      alert(jsonData.message)  // 추가
    } catch {
      alert("사용자 등록 실패")
    }
  }

  ...
```

이것으로 사용자 등록 페이지 코드를 완성했습니다. 올바르게 동작하는지 확인해 봅시다. 변경한 내용을 저장했다면 브라우저를 열고 그림 7.18과 같이 임의의 사용자 데이터를 입력하고, '등록' 버튼을 클릭합니다.

▲ 그림 7.18 사용자 데이터 입력

그러면 '사용자 등록 성공'이 표시됩니다(그림 7.19).

▲ 그림 7.19 등록 성공 표시

데이터베이스에 기록되었는지 확인해 봅시다. MongoDB를 열고, 새로 고침해서 변경 내용을 반영합니다(그림 7.20).

```
_id: ObjectId('677a0af0402a3440f6112aec')
name : "testuser"
email : "test@gmail.com"
password : "test123"
__v : 0
```

▲ 그림 7.20 MongoDB에 저장된 사용자 데이터

사용자 등록 페이지가 의도대로 동작하는지 확인했습니다. 계속해서 로그인 페이지를 만듭니다.

03

로그인 페이지

로그인 페이지에서 수행하는 조작은 지금까지 만든 등록 페이지와 거의 같습니다.

가장 먼저 로그인 페이지에 필요한 것을 확인합니다. 다음 URL을 엽니다(그림 7.21).

URL https://nextjs-book-fullstack-app-folder-v2-example.vercel.app/user/login

▲ 그림 7.21 로그인 페이지 완성 샘플

로그인 페이지도 그림 7.22와 같이 세 부분으로 구성됩니다.

▲ 그림 7.22 로그인 페이지 구성

등록 페이지와 마찬가지로 여기에서도 '메인' 부분을 개발합니다. 먼저 로그인 페이지가 어떤 기능을 갖고 있는지 생각해 봅시다. 로그인 페이지의 기능은 '사용자가 입력한 "이메일 주소"와 "비밀번호"를 백엔드에 전달하고, 그 로그인 여부를 알리는 응답을 받는다', 즉, '데이터를 보내 응답을 받는다'라는 것입니다. 이것은 앞에서 만든 등록 페이지와 거의 같음을 알 수 있습니다.

/login/page.js에 React 템플릿 코드를 작성합니다(코드7.32).

▼ 코드 7.32 app/user/login/page.js

```
const Login = () => {
  return (
    <div>
      <h1>로그인</h1>
    </div>
  )
}


export default Login
```

로그인 페이지도 클라이언트 컴포넌트로 사용할 것이므로 첫 번재 줄에 코드7.33의 코드를 추가합니다.

▼ 코드 7.33 app/user/login/page.js

```
"use client" // 추가
const Login = () => {
  return (
    ...
```

데이터를 입력하는 입력 필드와 버튼을 추가합니다(코드7.34).

▼ 코드 7.34 app/user/login/page.js

```
"use client"
constLogin = () => {
  return (
    <div>
      <h1>로그인</h1>
      // ↓ 추가
      <form>
```

```
            <input type="text" name="email" placeholder="메일 주소" required/>
            <input type="text" name="password" placeholder="비밀번호" required/>
            <button>로그인</button>
        </form>
        // ↑ 추가
    </div>
  )
}


export default Login
```

다음은 입력된 데이터를 저장하는 state를 준비합니다(코드 7.35).

▼ 코드 7.35 app/user/login/page.js

```
"use client"
import { useState } from "react"  // 추가


const Login = () => {
  const [email, setEmail] = useState("")  // 추가
  const [password, setPassword] = useState("")  // 추가


  return (
  ...
```

각각을 `<input>`에 추가하고 입력된 데이터를 email과 password에 써 넣습니다(코드 7.36).

▼ 코드 7.36 app/user.login/page.js

```
  ...

  return (
    <div>
      <h1>로그인</h1>
      <form>
        // ↓ 추가
          <input value={email} onChange={(e) => setEmail(e.target.value)} type="text"
name="email" placeholder="메일 주소" required/>
          <input value={ password} onChange={(e) => setPassword(e.target.value)}
```

```
        type="text" name="password" placeholder="비밀번호" required/>
            // ↑ 추가
            <button>로그인</button>
        </form>
    </div>
    ...
```

데이터를 백엔드에 보내는 기능을 만들고 이 기능을 <form>에 연결합니다. 코드 7.37의 코드를 기
술합니다.

▼ 코드 7.37 app/user/login/page.js

```
  ...

  const Login = () => {
    const [email, setEmail] = useState("")
    const [password, setPassword] = useState("")


    // ↓ 추가
    const handleSubmit = () => {
      try {

      } catch {

      }
    }
    // ↑ 추가


    return (
      <div>
        <h1>로그인</h1>
        <form onSubmit={handleSubmit}> // 추가
      ...
```

데이터 송신에는 다시 fetch()를 사용합니다. 로그인 데이터 송신지는 http://localhost:3000/api/user/login이므로, 괄호 안에 해당 내용을 기술합니다. 데이터 송신 관련 설정을 작성하는 headers, 핵심인 데이터는 body에 설정합니다. 여기에서도 송신 데이터는 JSON 형식이어야 하므로 JSON.stringify()를 사용해 변환합니다(코드 7.38).

▼ 코드 7.38 app/user/login/page.js

```
...

const handleSubmit = () => {
  try {
    // ↓ 추가
    fetch("http://localhost:3000/api/user/login", {
      method: "POST",
      headers: {
        "Accept": "application/json",
        "Content-Type": "application/json"
      },
      body: JSON.stringify({
        email: email,
        password: password
      })
    })
    // ↑ 추가
  } catch {
    ...
```

백엔드에서 보낸 응답을 확인해 봅시다. 응답 데이터 저장을 위한 response를 준비합니다. 이 응답은 JSON 형식으로 변환해야 하므로 json()을 추가합니다(코드 7.30).

▼ 코드 7.39 app/user/login/page.js

```
...

  const handleSubmit = () => {
    try {
      fetch("http://localhost:3000/api/user/login", {
        method: "POST",
```

```
        headers: {
          "Accept": "applicstion/json",
          "Content-Type": "application/json"
        },
        body: JSON.stringify({
          email: email,
          password: password
        })
      })
      const jsonData = response.json()  // 추가
    } catch {

    }
  }
  ...
```

JSON 데이터로의 변환은 응답 처리가 완료된 후 실행할 것이므로 await를 기술합니다. await를
사용하기 위한 async도 함께 추가합니다(코드 7.40).

▼ 코드 7.40 app/user/login/page.js

```
  ...

  const handleSubmit = async() => {
    try {
      // ↓ 추가
      const response = await fetch("http://localhost:3000/api/user/login", {
        method: "POST",
        headers: {
          "Accept": "applicstion/json",
          "Content-Type": "application/json"
        },
        body: JSON.stringify({
          email: email,
          password: password
        })
      })
      const jsonData = await response.json()  // 추가
```

```
        } catch {


        }
    }
```

이제 백엔드의 응답 데이터를 jsonData에 저장하게 합니다. alert()를 사용해 브라우저에 응답 데이터를 표시하게 하고, 에러 발생 시 사용할 alert()를 추가합니다(코드7.41).

▼ 코드 7.41 app/user.login/page.js

```
    ...

        const jsonData = await response.json()
        alert(jsonData.message) // 추가
    } catch {
        alert("로그인 실패") // 추가
    }
    }
    ...
```

현재 상태에서 <button>을 클릭하면 새로 고침됩니다. 해당 동작을 방지하기 위해 코드7.42의 코드를 추가합니다.

▼ 코드 7.42 app/user/login/page.js

```
    ...

    const handleSubmit = async(e) => { // 추가
        e.preventDefault() // 추가
        try {
            ...
```

변경한 내용을 저장하고 브라우저에서 http://localhost:3000/user/login을 열고, 데이터베이스에 저장되어 있는 올바른 이메일 주소와 비밀번호를 입력합니다. 이후 '로그인' 버튼을 클릭합니다(그림7.23).

▲ 그림 7.23 이메일 주소와 비밀번호를 입력

'로그인 성공'이라는 알림이 표시됩니다(7.24).

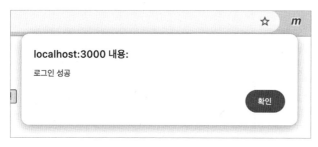

▲ 그림 7.24 로그인 성공 표시

로그인 페이지는 완성된 것으로 보입니다. 확실히 동작 측면에서는 이대로 좋을 것이지만, 터미널을 보면 그림7.25와 같은 문자열이 쓰여 있는 것을 볼 수 있습니다.

```
✓ Compiled /api/user/login in 204ms (434 modules)
Success: Connected to MongoDB
eyJhbGciOiJIUzI1NiJ9.eyJlbWFpbCI6InRlc3RAZ21haWwuY29tIiwiZXhwIjoxNzM2MTM5MTY4fQ.ro00buTlr3fxw
qDzoGK1CjXW5mKm81KEdDZGF0LNAUc
```

▲ 그림 7.25 터미널에 표시된 토큰

이것은 api 폴더의 /user/login/route.js에 있는 console.log()에 의해 출력된 token입니다(코드7.43 참조).

▼ 코드 7.43 app/api/user/login/route.js

```
const token = await new SignJWT(payload)
                    .setProtectedHeader({alg: "HS256"})
                    .setExpirationTime("1d")
                    .sign(secretKey)
console.log(token)
return NextResponse.json({message: "로그인 성공", token: token})
```

터미널에 표시된 것은 JSON Web Token의 토큰입니다. 4장에서 설명한 겂처럼 로그인 성공 시 그림 7.26과 같이 백엔드에서 토큰이 발생되고, 이후 프런트엔드와의 통신에서는 이 토큰을 보냄으로써 로그인 상태를 유지했습니다.

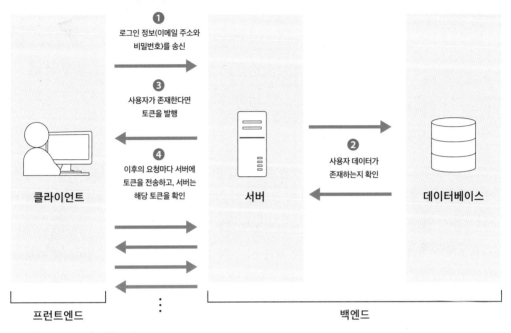

▲ 그림 7.26 로그인 상태 유지 구조

지금부터 이런 로그인 상태 유지 구조를 만듭니다. 가장 먼저 프런트엔드 측에서 토큰을 받을 수 있는지 확인합니다. 프런트엔드의 /user/login/page.js에 코드 7.44의 코드를 추가합니다.

▼ 코드 7.44 app/user/login/page.js

```
...

        const jsonData = await response.json()
        console.log(jsonData) // 추가
        alert(jsonData.message)
    } catch {
        alert("로그인 실패")
    }
}
...
```

변경한 내용을 저장하고 브라우저에서 `http://localhost:3000/user/login`을 연 뒤, 개발자 도구의 'Console'을 엽니다. 그리고 올바른 로그인 정보를 입력하고 '로그인' 버튼을 클릭하면, 그림 7.27과 같이 `jsonData`의 내용이 표시됩니다.

▲ 그림 7.27 'Console'에 표시된 토큰

프런트엔드 측에서 토큰을 받을 수 있는 것을 확인했습니다. 다음으로 브라우저 안에 있는 데이터를 저장하는 경우에는 Local Storage에 이 토큰을 저장하지만, 여기에서 `state`를 사용해 토큰에 저장하지 않는 이유에 관해 궁금해 하는 분들도 있을 것입니다.

`state`는 어디까지나 데이터를 일시적으로 저장하는 곳이며, 이 데이터는 해당 페이지를 새로 고침하면 사라집니다. 한편 Local Storage에 저장한 데이터는 화면을 새로 고침해도 삭제되지 않으므로, 토큰 저장 위치로 가장 적절합니다.

Local Storage에 쓰기는 'Local Storage에 데이터를 설정하는' 동작을 하는 `localStorage.setItem()`을 사용합니다. `console.log()`는 필요하지 않으므로 삭제해 둡시다(코드 7.45).

▼ 코드 7.45 app/user/login/page.js

```
...

    const jsonData = await response.json()
    console.log(jsonData) // 삭제
    localStorage.setItem("token", jsonData.token) // 추가
    alert(jsonData.message)
  } catch {
    alert("로그인 실패")
  }
}

...
```

localStorage.setItem() 코드는 코드 7.46과 같이 되어 있습니다.

▼ 코드 7.46 localStorage.setItem() 코드

```
localStorage.setItem("보관할 데이터 이름", 보관할 데이터)
```

여기에서는 '보관할 데이터'는 토큰에 들어 있는 jsonData.token, 그리고 '보관할 데이터의 이름'은 임의의 이름을 붙입니다. 여기에서는 token을 사용합니다.

지금까지 추가한 변경 내용을 저장합니다. Local Storage에 토큰이 보관되어 있는지 확인합니다. 브라우저에서 http://localhost:3000/user/login을 열고 올바르게 로그인 정보를 입력하고 '로그인' 버튼을 클릭합니다. 로그인이 성공했다면 개발자 도구의 'Application'을 엽니다. 왼쪽의 'Local Storage'을 선택하면 토큰이 보관되어 있는 것을 확인할 수 있습니다(그림 7.28).

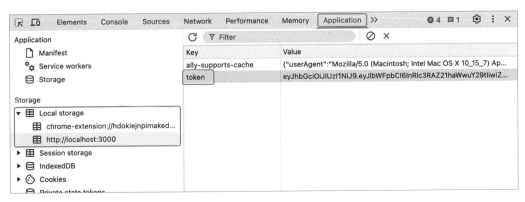

▲ 그림 7.28 'Local Storage' 표시

Local Storage에 보관되어 있는 토큰을 프런트엔드에서의 요청과 함께 백엔드에 보내면 로그인 상태를 유지할 수 있을 것입니다.

다음을 진행하기 전에 백엔드 측 /api/user/login/route.js의 console.log(token)은 이후 필요하지 않으므로 삭제합니다(코드 7.47).

▼ 코드 7.47 app/api/user/login/route.js

```
const token = await new SignJWT(payload)
                    .setProtectedHeader({alg: "HS256"})
                    .setExpirationTime("1d")
                    .sign(secretKey)
console.log(token) // 삭제
return NextResponse.json({message: "로그인 성공", token: token})
```

이것으로 사용자 등록 페이지와 로그인 페이지를 완성했습니다.

지금까지 작성한 코드는 다음 URL에서 확인할 수 있습니다.

URL https://github.com/moseskim/nextjs-book-fullstack-app-folder-v2/tree/chapter7

 더 알아보기

여러 항목을 포함하는 state 작성 방법

지금까지 /register/page.js와 /login/page.js에서는 데이터마다 state를 준비했습니다. 하지만 여러 데이터를 하나의 state 안에 모아서 작성할 수도 있습니다. 코드 7.48은 /register/page.js의 state를 하나로 모은 작성 방법입니다.

▼ 코드 7.48 app/user/register/page.js

```
const [newUser, setNewUser] = useState({
  name: "",
  email: "",
  password: ""
})
```

이때 예를 들면 email에 접근할 때는 newUser.email로 기술합니다. 이제까지는 state에 데이터를 써넣는 setName()이나 setPassword() 등은 <input> 안에 인라인 형식으로 기술했습니다. 이를 하나로 모으고 싶을 때는 handleChange를 만듭니다(코드 7.49).

▼ 코드 7.49 app/user/register/page.js

```
import { useState } from "react"

const Register = () => {
  const [newUser, setNewUser] = useState({
    name: "",
    email: "",
    password: ""
  })

  const handleChange = () => {}  // 추가
```

```
const handleSubmit = async(e) => {
  ...
```

그리고 각 <input>을 코드 7.50과 같이 수정합니다.

▼ **코드 7.50** app/user/register/page.js

```
<input value={ newUser.name } onChange={ handleChange } type="text" name="name"
placeholder="이름" required/>
  <input value={ newUser.email } onChange={ handleChange } type="text" name="email"
placeholder="메일 주소" required/>
    <input value={ newUser.password } onChange={ handleChange } type="text"
name="password" placeholder="비밀번호" required/>
```

handleChange 안에서 state로 데이터를 써 넣습니다. 각각의 데이터 쓰기는 setNewUser()가 수행하며 코드 7.51과 같이 됩니다.

▼ **코드 7.51** app/user/register/page.js

```
const handleChange = (e) => {
  setNewUser({
    ...newUser,
    [e.target.name]: e.target.value,
  })
}
```

여기에서 newUser 앞에 사용한 ...는 스프레드 구문이라 부릅니다. newUser와 같이 여러 데이터를 가진 데이터의 덩어리를 분할하고, 각 항목에 새로운 데이터를 쓸 때 사용합니다.

백엔드로 보내는 데이터는 모두 newUser라는 state에 들어 있으므로 fetch() 안의 body는 코드 7.52와 같이 됩니다.

▼ **코드 7.52** app/user/register/page.js

```
body: JSON.stringify(newUser)
```

이 책은 쉽게 이해하는 것을 우선하고 있으며, 다음 장 이후에도 이 방법은 사용하지 않습니다. 그러나 이런 표기법도 있다는 것을 알아 둬도 나쁘지는 않을 것입니다.

MEMO

Chapter 8

아이템 페이지

이번 장에서는 아이템 관련, '읽기', '작성', '수정하기', '삭제하기' 조작을 수행하는 페이지를
만듭니다. 마지막 부분에서는 CSS, 이미지 설정, 레이아웃 컴포넌트 작성 등을 하면서 애
플리케이션을 완성시킵니다.

이번 장이 이 책에서 페이지 수가 가장 많고, 작업 밀도도 높습니다. 하지만 이번 장 마지막
에는 드디어 Next.js 애플리케이션을 완성합니다. 즐겁게 진행해 봅시다.

01

전체 아이템 데이터를 읽는 페이지

> 모든 데이터를 읽어서 표시하는 것은 애플리케이션의 홈페이지입니다.

다음 URL을 엽니다. 여러 아이템이 표시됩니다(그림 8.1).

URL https://nextjs-book-fullstack-app-folder-v2-example.vercel.app

₩55000
안경
사용하기 쉬운 안경입니다. Lorem ipsum dolor sit amet, consectetur adipiscing elit. Suspendi...

₩15000
색연필
사용하기 쉬운 색연필입니다. Lorem ipsum dolor sit amet, consectetur adipiscing elit. Suspend...

₩22000
반지
사용하기 쉬운 반지입니다. Lorem ipsum dolor sit amet, consectetur adipiscing elit. Suspendi...

▲ 그림 8.1 모든 아이템 페이지

다음으로 아래 URL을 엽니다.

URL https://nextjs-book-fullstack-app-folder-v2-example.vercel.app/item/readsingle/67789
47b2341e86e7af21fe3

하나의 아이템이 표시됩니다(그림8.2).

▲ 그림 8.2 아이템 페이지

이렇게 아이템 데이터를 읽으려면 백엔드와 마찬가지로 '모든 아이템 데이터 읽기 페이지'와 '하나의 아이템 데이터 읽기 페이지'라는 두 종류의 페이지가 필요합니다.

먼저 '모든 아이템 데이터 읽기'부터 만듭니다. 앞의 URL을 확인해 봅시다.

URL https://nextjs-book-fullstack-app-folder-v2-example.vercel.app

이것은 홈페이지의 URL, 즉, /app/page.js입니다. 파일을 열면 6장에서 작성한 코드가 있습니다. 먼저 이 페이지로 만드는 방법을 생각해 봅시다. 이미 백엔드 측에 '모든 아이템 데이터 읽기' 기능이 만들어져, 거기에는 다음 URL을 사용해 접근할 수 있습니다.

URL http://localhost:3000/api/item/readall

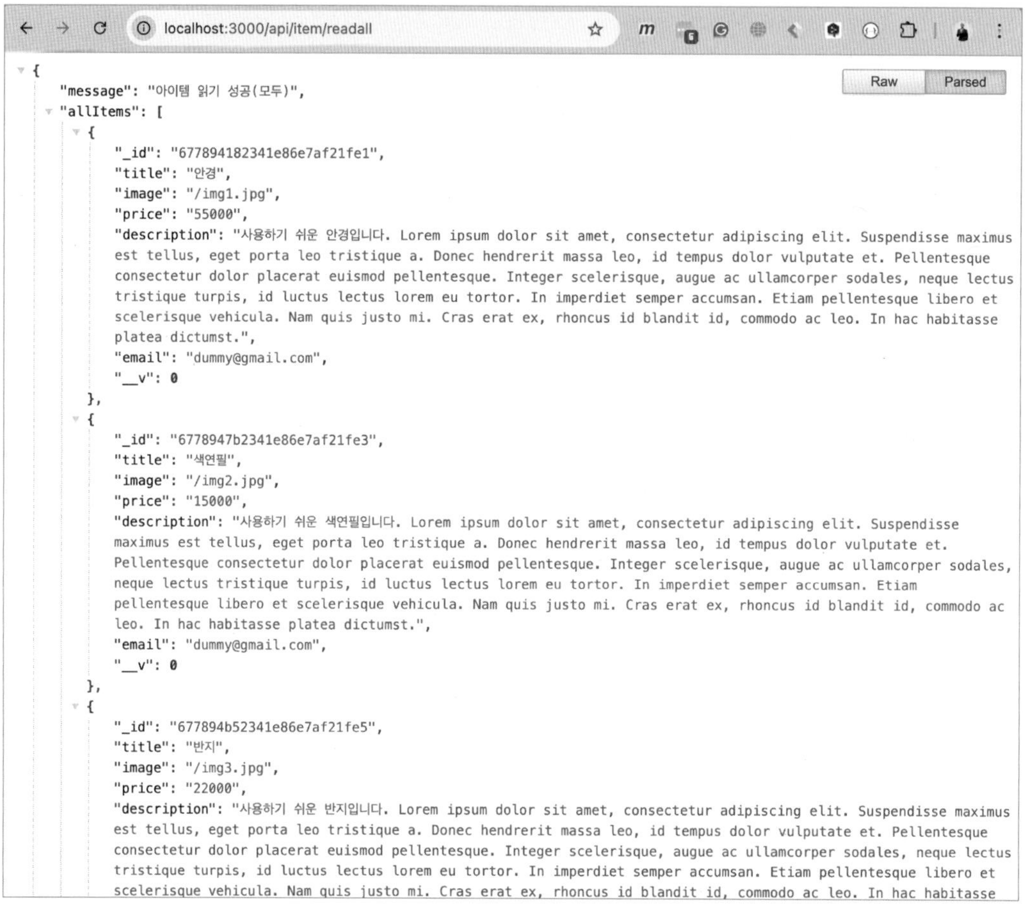

▲ 그림 8.3 모든 아이템 데이터 페이지

그림 8.3의 데이터를 /app/page.js에서 읽으면 모든 아이템 데이터를 홈페이지에서 표시할 수 있을 것입니다. 코드 8.1의 코드를 /app/page.js에 추가합니다.

▼ 코드 8.1 app/page.js

```
const getAllItems = () => {} // 추가


const ReadAllItems = () => {
  return (
    <div>
      <h1 className="h1-style">안녕하세요</h1>
      <h3>안녕히 가세요</h3>
    </div>
  )
}
```

```
export default ReadAllItems
```

getAllItems에 데이터 취득 코드를 기술했습니다. 코드 8.2의 코드를 추가합니다.

▼ 코드 8.2 app/page.js

```
const getAllItems = async() => {  // 추가
  // ↓ 추가
  const response = await fetch("http://localhost:3000/api/item/readall")
  const jsonData = await response.json()
  console.log(jsonData)
  // ↑ 추가
}


const ReadAllItems = () => {
  ...
```

코드를 보면 알 수 있듯 이것은 앞에서 작성한 /app/user/register/page.js의 fetch() 코드와 기본적으로 같습니다. 이 코드에서는 데이터를 게시하는 것이 아니라 얻어야 하므로, 게시할 데이터를 넣는 body나 headers는 설정할 필요가 없습니다. 그리고 method 또한 fetch()가 아니라 데이터를 얻는 GET 요청이 기본이기 때문에 method: "GET"과 같이 명시할 필요가 없습니다. 얻은 데이터를 포함하고 있는 response의 내용을 확인할 것이므로 console.log를 기술했습니다.

getAllItems를 실행하기 위해 코드 8.3의 코드를 기술합니다.

▼ 코드 8.3 app/page.js

```
const getAllItems = async() => {
  const response = await fetch("http://localhost:3000/api/item/readall")
  const jsonData = await response.json()
  console.log(jsonData)
}


const ReadAllItems = () => {
  getAllItems()  // 추가
  return (
    <div>
      <h1 className="h1-style">안녕하세요</h1>
```

```
...
```

변경한 내용을 저장한 뒤 `http://localhost:3000`을 열고, 개발자 도구의 'Console'을 확인합니다. 여기에서 지금까지 React 개발 경험이 있는 사람은 다소 이상함을 느낄 수 있습니다. `console.log`의 내용이 'Console'에 표시되지 않기 때문입니다. 하지만 터미널에는 그림 8.4와 같이 데이터가 표시됩니다.

```
PROBLEMS    OUTPUT    TERMINAL    PORTS    ···              node  + ∨  ▯  🗑  ···  ∧  ✕
      price: '350000',
      description: '사용하기 쉬운 맥북입니다. Lorem ipsum dolor sit amet, consectetur adipisc
ing elit. Suspendisse maximus est tellus, eget porta leo tristique a. Donec hendrerit massa l
eo, id tempus dolor vulputate et. Pellentesque consectetur dolor placerat euismod pellentesqu
e. Integer scelerisque, augue ac ullamcorper sodales, neque lectus tristique turpis, id luctu
s lectus lorem eu tortor. In imperdiet semper accumsan. Etiam pellentesque libero et sceleris
que vehicula. Nam quis justo mi. Cras erat ex, rhoncus id blandit id, commodo ac leo. In hac
habitasse platea dictumst.',
      email: 'dummy@gmail.com',
      __v: 0
    },
    {
      _id: '677894f42341e86e7af21feb',
      title: '노트',
      image: '/img6.jpg',
      price: '12000',
      description: '사용하기 쉬운 노트입니다. Lorem ipsum dolor sit amet, consectetur adipisc
ing elit. Suspendisse maximus est tellus, eget porta leo tristique a. Donec hendrerit massa l
eo, id tempus dolor vulputate et. Pellentesque consectetur dolor placerat euismod pellentesqu
e. Integer scelerisque, augue ac ullamcorper sodales, neque lectus tristique turpis, id luctu
s lectus lorem eu tortor. In imperdiet semper accumsan. Etiam pellentesque libero et sceleris
que vehicula. Nam quis justo mi. Cras erat ex, rhoncus id blandit id, commodo ac leo. In hac
habitasse platea dictumst.',
      email: 'dummy@gmail.com',
      __v: 0
    }
```

▲ 그림 8.4 터미널 표시

여기에서 두 가지를 알 수 있습니다. 첫째, 위 코드로 모든 아이템 데이터를 얻을 수 있고, 얻은 데이터는 `jsonData`에 들어 있다는 점입니다. 둘째, 이 컴포넌트는 '클라이언트 컴포넌트'가 아니라 '서버 컴포넌트'이기 때문에 `console.log()` 실행 결과는 브라우저의 'Console'에는 표시되지 않고 터미널에만 표시된다는 점입니다.

터미널에 표시된 데이터에서 위로 스크롤하면 그림 8.5와 같이 되어 있는 부분을 확인할 수 있습니다.

```
PROBLEMS    OUTPUT    TERMINAL    PORTS    ···                 🗐 node  + ∨

✓ Compiled /api/item/readall in 38ms (345 modules)
Success: Connected to MongoDB
✓ Compiled in 56ms (345 modules)
{
  message: '아이템 읽기 성공(모두)',
  allItems: [
    {
      _id: '677894182341e86e7af21fe1',
      title: '안경',
      image: '/img1.jpg',
      price: '55000',
      description: '사용하기 쉬운 안경입니다. Lorem ipsum dolor sit amet,
ing elit. Suspendisse maximus est tellus, eget porta leo tristique a. Done
eo, id tempus dolor vulputate et. Pellentesque consectetur dolor placerat
e. Integer scelerisque, augue ac ullamcorper sodales, neque lectus tristiq
```

▲ 그림 8.5 터미널 표시

여기에서 { 안에 message와 allItems의 두 가지 데이터가 들어 있는 것을 알 수 있습니다.

▼ 코드 8.4 데이터 구조

```
{
  message: '아이템 읽기 성공(모두)',

  allItems: [

    {

      _id: 'xxxx',

      title: '안경',

      image: '/img1.jpg'

      ...
```

필요한 데이터는 allItems이므로 코드를 코드 8.5와 같이 변경합니다.

▼ 코드 8.5 app/page.js

```
const getAllItems = async() => {

  const response = await fetch("http://localhost:3000/api/item/readall")

  const jsonData = await response.json()

  console.log(jsonData) // 삭제

  const allItems = jsonData.allItems // 추가

  return allItems // 추가

}


const ReadAllItems = () => {

  ...
```

이제 getAllItems를 사용해 얻은 데이터 중 아이템 데이터만 allItems에 저장됩니다. 코드 8.6의 코드에서 확인해 봅시다. 여기에서는 처리를 기다리는 await와 async를 추가했습니다.

▼ 코드 8.6 app/page.js

```
const getAllItems = async() => {
  const response = await fetch("http://localhost:3000/api/item/readall")
  const jsonData = await response.json()
  const allItems = jsonData.allItems
  return allItems
}


const ReadAllItems = async() => {  // 추가
  const allItems = await getAllItems()  // 추가
  console.log(allItems)  // 추가
  return {
    ...
```

변경한 내용을 저장한 뒤 http://localhost:3000을 열어 봅시다. 터미널을 확인하면 필요한 아이템 데이터인 allItems만 표시되는 것을 알 수 있습니다.

그리고 Next.js에서는 기본적으로 캐시를 사용하도록 설정되어 있습니다. 데이터 취득 요청 횟수를 억제해 성능을 향상하기 위해서입니다. 하지만 그 결과, 데이터를 업데이트해도 값이 반영되지 않을 때가 있기 때문에 캐시를 사용하지 않도록 설정하는 코드를 fetch()의 URL 뒤에 추가해 둡시다(코드 8.7).

▼ 코드 8.7 app/page.js

```
const response = await fetch("http://localhost:3000/api/item/readall", {cache: "no-store})  // 추가
```

Next.js에서는 백엔드 배포 시 추가한 코드였던 revalidate를 포함해 다양한 캐시 설정 방법을 제공하고 있습니다. 해당 설정에 관한 내용은 초보자용인 이 책의 범위를 넘기 때문에 깊게 다루지 않습니다. 자세히 알고 싶은 분은 아래 공식 사이트를 참조합니다.

URL https://nextjs.org/docs/app/building-your-application/caching

다음은 얻은 데이터를 app/page.js의 return 아래, <div> 등의 코드가 작성되어 있는 부분에 표시합시다. 먼저 데이터 형태를 확인합니다. 터미널에 표시되어 있는 데이터의 처음과 마지막을 확인해 봅니다. 처음과 마지막에 [과]가 보입니다(그림 8.6, 그림 8.7).

```
PROBLEMS   OUTPUT   TERMINAL   PORTS   · · ·

[
  {
    _id: '677894182341e86e7af21fe1',
    title: '안경',
    image: '/img1.jpg',
    price: '55000',
    description: '사용하기 쉬운 안경입니다. Lorem ipsum dolor
```

▲ 그림 8.6 터미널 표시 데이터의 처음

```
  lectus lorem eu tortor. In imperdiet semper accumsan. Etiam pe
  e vehicula. Nam quis justo mi. Cras erat ex, rhoncus id blandi
  bitasse platea dictumst.',
    email: 'dummy@gmail.com',
    __v: 0
  }
]
```

▲ 그림 8.7 터미널 표시 데이터의 마지막

그리고 각 아이템 데이터는 {과 }로 싸여 있습니다. 즉, 데이터 구조는 코드 8.8과 같이 되어 있음을 알 수 있습니다.

▼ 코드 8.8 아이템 데이터 구조

```
[
  { 첫 번째 아이템 데이터 },
  { 두 번째 아이템 데이터 },
  { 세 번째 아이템 데이터 },
  { 네 번째 아이템 데이터 },
  { 다섯 번째 아이템 데이터 },
  { 여섯 번째 아이템 데이터 }
]
```

여기에서 하고자 하는 작업은 allItems의 []로 싸여진 6개의 아이템 데이터를 각각의 데이터로 나누는 것입니다. 이것은 JavaScript의 map()으로 수행합니다. 코드 8.9의 코드를 추가합니다. 불필요한 코드는 삭제합니다.

▼ 코드 8.9 app/page.js

```
...

const ReadAllItems = async() => {
  const allItems = await getAllItems()
  console.log(allItems) // 삭제
  return (
    <div>
      <h1 className="h1-style">안녕하세요</h1>
      <h3>안녕히 가세요</h3> // 삭제
      { allItems.map(item => )} // 추가
    </div>
  )
}

export default ReadAllItems
```

이렇게 하면 allItems의 [] 안의 데이터가 분할되어 item에는 분할된 개별 데이터가 들어갑니다.
확인해 봅시다. console.log()를 추가합니다(코드 8.10).

▼ 코드 8.10 app/page.js

```
...

const ReadAllItems = async() => {
  const allItems = await getAllItems()
  return (
    <div>
      <h1 className="h1-style">안녕하세요</h1>
      { allItems.map(item => console.log(item)) } // 추가
    </div>
  )
}

export default ReadAllItems
```

변경한 내용을 저장한 뒤 그림 8.8, 그림 8.9와 같이, 데이터 처음과 마지막에 있던 [과]가 사라진 것을 알 수 있습니다.

```
PROBLEMS    OUTPUT    TERMINAL    PORTS    ...

✓ Compiled in 42ms (315 modules)
Success: Connected to MongoDB
{
  _id: '677894182341e86e7af21fe1',
  title: '안경',
  image: '/img1.jpg',
  price: '55000',
  description: '사용하기 쉬운 안경입니다. Lorem ipsum dolor
elit. Suspendisse maximus est tellus, eget porta leo tristiq
```

▲ 그림 8.8 터미널 표시의 처음

```
elit. Suspendisse maximus est tellus, eget porta leo tristiq
id tempus dolor vulputate et. Pellentesque consectetur dolor
nteger scelerisque, augue ac ullamcorper sodales, neque lect
ctus lorem eu tortor. In imperdiet semper accumsan. Etiam pe
vehicula. Nam quis justo mi. Cras erat ex, rhoncus id blandi
tasse platea dictumst.',
  email: 'dummy@gmail.com',
  __v: 0
}
✓ Compiled /favicon.ico in 89ms (342 modules)
```

▲ 그림 8.9 터미널 표시의 마지막

이제 item에는 분할된 각 아이템 데이터가 들어 있다는 것을 알았습니다. console.log(item)은 삭제하고 =>와)} 사이에 코드 8.11의 코드를 기술해 각 데이터를 표시합시다.

▼ 코드 8.11 app/page.js

```javascript
...

const ReadAllItems = async() => {
  const allItems = await getAllItems()
  return (
    <div>
      <h1 className="h1-style">안녕하세요</h1>
      {allItems.map(item =>
        // ↓ 추가
        <div>
          <img src={item.image} />
          <h2>{item.price}</h2>
```

```
                <h3>{item.title}</h3>
                <p>{item.description}</p>
            </div>
            // ↑ 추가
        )}
    </div>
    )
}

export default ReadAllItems
```

여기까지 작성하면 터미널에 에러 메시지가 표시될 수 있습니다. 이 에러는 곧 수정하므로 무시합니다.

지금까지 return의 괄호 안에는 <div>와 같은 HTML을 사용할 수 있으며, 그 동작도 HTML과 완전히 같다고 설명했지만 실제로는 그렇지 않습니다. 이 코드는 JSX라 불리며 HTML 보다 많은 기능을 가진 코드입니다. {}로 감싸서 JavaScript의 코드를 삽입할 수 있습니다.

위에서 작성한 코드를 저장하고 브라우저에서 `http://localhost:3000`을 확인해 봅시다. 그림 8.10과 같이 얻은 아이템 데이터가 각 아이템으로 분할되어 표시됩니다.

55000

안경

사용하기 쉬운 안경입니다. Lorem ipsum dolor sit amet, consectetur adipiscing elit. Suspendisse maximus est tellus, eget porta leo tristique a. Donec hendrerit massa leo, id tempus dolor vulputate et. Pellentesque consectetur dolor placerat euismod pellentesque. Integer scelerisque, augue ac ullamcorper sodales, neque lectus tristique turpis, id luctus lectus lorem eu tortor. In imperdiet semper accumsan. Etiam pellentesque libero et scelerisque vehicula. Nam quis justo mi. Cras erat ex, rhoncus id blandit id, commodo ac leo. In hac habitasse platea dictumst.

▲ 그림 8.10 브라우저에 표시된 아이템

여기에서 터미널을 보면 Warning: Each child in a list should have a unique "key" prop.이라는 경고 메시지가 표시되어 있습니다(그림8.11).

```
PROBLEMS     OUTPUT     TERMINAL     PORTS     ···                    🔷 node

○  ✓ Compiled in 46ms (315 modules)
   Success: Connected to MongoDB
   Warning: Each child in a list should have a unique "key" prop.
```

▲ 그림 8.11 경고 메시지

이 메시지는 map()으로 분할한 각 데이터에 각각 key라 부르는 개별 ID를 할당해야 한다는 의미입니다. key는 map() 안에서 전체를 포함하는 태그에 붙이는 것입니다. 여기에서는 <div>가 됩니다(코드 8.12).

▼ 코드 8.12 app/page.js

```
...
        <h1 className="h1-style">안녕하세요</h1>
        {allItems.map(item =>
          <div key={item._id}> // 추가
            <img src={ item.image } />
              ...
```

이제 '모든 아이템 데이터를 얻어 표시하기' 기능은 거의 완성했습니다. 다음으로 진행하기 전에 표시에 관련된 태그를 몇 가지 추가해 둡시다.

먼저 Next.js에서 사용할 수 있는 전용 태그인 <Image>와 <Link>입니다. 이 태그들은 각각 HTML의 <img>와 <a>의 기능을 확장한 버전입니다. 특히 <Image>는 수고가 드는 이미지 최적화를 자동으로 수행합니다. 기본적인 사용 방법은 <img>, <a> 태그와 같지만 약간 차이가 있습니다.

<Image>에는 height와 width를 설정해야 합니다. public 폴더를 확인해 보면 알 수 있지만, 여기에서 사용하는 아이템의 이미지는 모두 세로 500px, 가로 750px이므로 height와 width는 각각 500, 750으로 기술합니다. 코드는 코드 8.13과 같습니다.

▼ 코드 8.13 <Image> 작성 예

```
<Image src="/img1.jpg" width={750} height={500} alt="item-image" priority/>
```

<Image>에는 그 밖의 설정 항목들이 있습니다. 자세한 내용은 다음 공식 문서를 참조합니다.

URL https://nextjs.org/docs/app/api-reference/components/image#props

<Link> 사용 방법은 <a>와 같습니다(코드 8.14).

▼ 코드 8.14 <Link> 작성 예

```
<Link href="/contact">연락 페이지</Link>
```

<Image>와 <link> 및 스타일링에 필요한 태그를 추가하고 동시에 '안녕하세요'의 <h1> 태그를 삭제한 전체 코드는 코드 8.15와 같습니다. 코드와 관련해 다음 세 가지를 보충해서 설명합니다.

- map() 안에서 전체를 포함하는 태그가 <Link>가 되었으므로, key는 해당 위치로 이동했습니다.
- 아이템 목록 페이지에서 이동하는 개별 아이템 페이지는 이후에 만들 것이므로 href의 값은 현재 비어 있습니다.
- description은 전체가 아니라 처음 몇 줄만 표시할 것이므로 문자열을 잘라내기 위해 JavaScript의 substring()을 사용했습니다. 0번째부터 80번째 문자까지 표시합니다.

▼ 코드 8.15 app/page.js

```
import Link from "next/link"
import Image from "next/image"

const getAllItems = async() => {
    const response = await fetch("http://localhost:3000/api/item/readall", {cache: "no-store"})
    const jsonData = await response.json()
    const allItems = jsonData.allItems
    return allItems
}

const ReadAllItems = async() => {
    const allItems = await getAllItems()
    return (
        <div>
            {allItems.map(item =>
                <Link href="" key={item._id}>
                    <Image src={item.image} width={750} height={500} alt="item-image" priority/>
                    <div>
```

```
                <h2>₩{item.price}</h2>
                <h3>{item.title}</h3>
                <p>{item.description.substring(0, 80)}...</p>
            </div>
          </Link>
        )}
      </div>
    )
  }

export default ReadAllItems
```

02

1개 아이템 데이터를 읽는 페이지

백엔드를 개발할 때와 마찬가지로 특수한 폴더명인 [id]를 사용합니다.

먼저 완성된 형태를 확인합시다. 다음 URL을 엽니다.

URL https://nextjs-book-fullstack-app-folder-v2-example.vercel.app/item/readsingle/67789
4182341e86e7af21fe1

여기에서 주목해야 할 점은 URL 끝의 숫자와 문자가 무작위로 나열된 문자열입니다.

다음으로 이 페이지에 데이터를 제공하는 백엔드의 URL을 엽니다. 이 URL 끝의 문자열은 앞에
서 본 프런트엔드 URL의 끝과 같음을 알 수 있습니다.

URL https://nextjs-book-fullstack-app-folder-v2-example.vercel.app/api/item/readsingle/677
894182341e86e7af21fe1

또한 이 문자열들은 _id의 문자열과 같음을 알 수 있습니다(그림 8.12). 즉, 프런트엔드와 백엔드
URL의 끝, 그리고 _id는 같습니다.

```
PROBLEMS    OUTPUT    TERMINAL    PORTS  ···                    node  + ∨  ⬚  🗑  ···  ∧  ✕
{
  message: '아이템 읽기 성공(모두)',
  allItems: [
    {
      _id: '677894182341e86e7af21fe1',
      title: '안경',
      image: '/img1.jpg',
      price: '55000',
      description: '사용하기 쉬운 안경입니다. Lorem ipsum dolor sit amet, consectetur adipisc
ing elit. Suspendisse maximus est tellus, eget porta leo tristique a. Donec hendrerit massa l
eo, id tempus dolor vulputate et. Pellentesque consectetur dolor placerat euismod pellentesqu
e. Integer scelerisque, augue ac ullamcorper sodales, neque lectus tristique turpis, id luctu
s lectus lorem eu tortor. In imperdiet semper accumsan. Etiam pellentesque libero et sceleris
que vehicula. Nam quis justo mi. Cras erat ex, rhoncus id blandit id, commodo ac leo. In hac
habitasse platea dictumst.',
      email: 'dummy@gmail.com',
      __v: 0
```

▲ 그림 8.12 데이터의 _id

다음으로 확인해야 할 점은 페이지의 URL과 파일명의 관계입니다. 이제까지의 작업 과정에서 app 안에 만든 폴더와 파일이 자동으로 페이지에 할당된다는 점을 알고 있습니다(/app/hello/ page/js → /hello 등). 하지만 아이템 페이지는 각각 다른 URL을 갖고 있습니다. 여기에서는 6255xxxxx나, b8a1xxxx과 같이 아이템마다 각각 다른 폴더를 하나씩 가져야 할까요?

이런 방법을 사용하면 아이템 수만큼 폴더가 늘어나 효율이 떨어지므로, 여기에서는 백엔드 개발을 했을 때와 마찬가지로 '하나의 아이템을 표시하는 페이지'로서 동작하는 범용적인 템플릿 폴더를 만들고, 거기에 개별 아이템 데이터를 전달해 표시하도록 합니다.

Next.js에서는 이런 템플릿 폴더에 특별한 파일명을 사용합니다. 백엔드를 개발할 때와 같은 방법입니다. 먼저 쉽게 이해할 수 있도록 item 폴더의 read 폴더명을 readsingle로 변경합니다. 그리고 그 안에 [id] 폴더를 만든 뒤 폴더 안으로 page.js를 이동합니다(그림 8.13).

▲ 그림 8.13 [id] 폴더 작성

여기에 React의 템플릿 코드를 기술합니다(코드 8.16).

▼ 코드 8.16 app/item/readsingle/[id]/page.js

```
const ReadSingleItem = () => {
  return (
    <h1>개별 아이템 페이지</h1>
  )
}


export default ReadSingleItem
```

이 페이지를 브라우저에서 표시할 것입니다. /item/readsingle/[id]/page.js는 어떤 URL이 될까요? 백엔드를 개발할 때와 마찬가지로 이것도 /item/readsingle/ 뒤에 원하는 문자열을 입력해 표시해 봅시다(그림 8.14, 그림 8.15).

▲ 그림 8.14 브라우저에서 표시 1

▲ 그림 8.15 브라우저에서 표시 2

이제 /readsingle/[id]/page.js를 표시하는 방법을 알았습니다. 다음은 이 페이지에서 아이템 데이터를 얻어서 표시하게 합니다. 데이터를 얻는 흐름은 /app/page.js와 기본적으로 같습니다. 코드 8.17의 코드를 추가합니다.

▼ 코드 8.17 app/item/readsingle/[id]/page.js

```
const getSingleItem = () => {}  // 추가


const ReadSignleItem = () => {
  return (
    <h1>개별 아이템 페이지</h1>
  )
}


export default ReadSingleItem
```

데이터를 얻는 fetch()를 기술합니다(코드 8.18).

▼ 코드 8.18 app/item/readsingle/[id]/page.js

```
const getSingleItem = () => {
  const response = fetch("")  // 추가
}
```

```
const ReadSingleItem = () => {
  ...
```

여기에서 고려해야 할 점이 있습니다. 백엔드의 어떤 URL에서 데이터를 얻는가 하는 점입니다. 각 아이템 데이터에 접근하는 URL은 다음과 같이 각각 다릅니다.

URL http://localhost:3000/api/item/readsingle/1234....

URL http://localhost:3000/api/item/readsingle/5678....

위 URL에서 다른 부분은 /api/item/readsingle/ 뒤의 문자열뿐입니다.

앞에서 확인한 것처럼 프런트엔드의 URL과 백엔드의 URL 끝의 문자열은 같았습니다. 따라서 접속한 프런트엔드 URL에서 끝의 문자열을 얻어 fetch()를 사용해 백엔드의 URL에 붙이면 필요한 아이템 데이터를 얻을 수 있을 것입니다. URL 끝의 데이터는 Next.js에서 사용하는 특별한 코드인 context의 내부, parmas의 id입니다. 확인해 봅시다(코드 8.19).

▼ 코드 8.19 app/item/readsingle/[id]/page.js

```
const getSingleItem = () => {
  const response = fetch("")
}

const ReadSingleItem = (context) => {  // 추가
  console.log(context)  // 추가
  return {
    <h1>개별 아이템 페이지</h1>
  }
}

export default ReadSignleItem
```

변경한 내용을 저장한 뒤 http://localhost:3000/item/readsingle/ 뒤에 무작위 문자열을 추가하고 브라우저에서 엽니다(그림 8.16).

← → C (i) localhost:3000/item/readsingle/abc123

개별 아이템 페이지

▲ 그림 8.16 브라우저에서 표시 3

그리고 터미널을 확인하면 그림 8.17과 같이 표시됩니다.

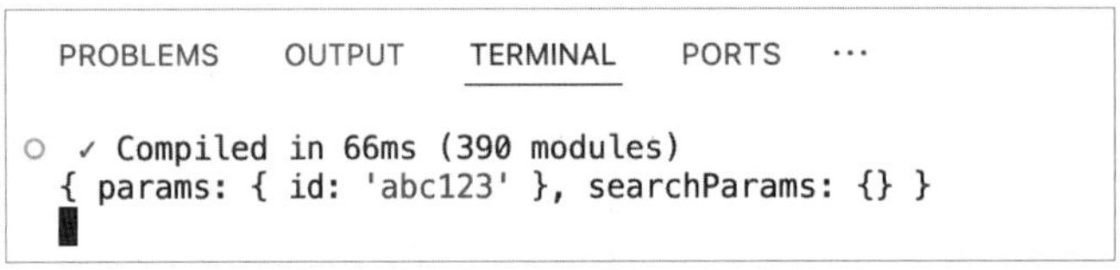

```
PROBLEMS    OUTPUT    TERMINAL    PORTS    ⋯

○  ✓ Compiled in 66ms (390 modules)
   { params: { id: 'abc123' }, searchParams: {} }
```

▲ 그림 8.17 터미널 표시

이제 URL의 끝은 context.params.id로 얻을 수 있음을 알았습니다. 코드 8.20의 코드를 기술해 getSingleItem에 전달합니다. console.log()는 삭제합니다.

▼ 코드 8.20 app/item/readsingle/[id]/page.js

```
const getSingleItem = () => {
    const response = fetch("")
}


const ReadSingleItem = (context) => {
    console.log(context) // 삭제
    getSingleItem(context.params.id) // 추가
    return (
        ...
```

전달된 context.params.id를 받을 것이므로 id를 괄호 안에 추가합니다(코드 8.21).

▼ 코드 8.21 app/item/readsingle/[id]/page.js

```
const getSingleItem = (id) => { // 추가
    const response = fetch("")
}


const ReadSingleItem = (context) => {
    ...
```

이 id에 URL 끝의 문자열이 들어 있는지 확인해 봅시다. console.log()를 기술합니다. 현재 시점에서 URL에 들어 있지 않은 fetch()는 에러를 발생시키므로, 슬래시 2개(//)를 입력해 주석 처리해 둡니다(코드 8.22).

▼ 코드 8.22 app/item/readsingle/[id]/page.js

```javascript
const getSingleItem = (id) => {
  console.log(id) // 추가
  // const response = fetch("") // 주석 처리
}


const ReadSingleItem = (context) => {
  ...
```

그림 8.16에서 사용한 URL을 열면 터미널에는 그림 8.18과 같이 표시됩니다.

```
PROBLEMS    OUTPUT    TERMINAL    PORTS    ...

○  ✓ Compiled in 62ms (390 modules)
   abc123
   █
```

▲ 그림 8.18 터미널 표시

id에 URL 끝의 문자열이 들어 있음을 알 수 있습니다. 다음은 fetch()를 통해 이것을 사용합니다. 코드 8.23과 같이 코드를 수정합니다.

▼ 코드 8.23 app/item/readsingle[/id]/page.js

```javascript
const getSingleItem = (id) => {
  console.log(id) // 삭제
  const response = fetch("http://localhost:3000/api/item/readsingle/id")
  // ↑ 추가
}


const ReadSingleItem = (context) => {
  ...
```

하지만 이 방법에는 문제가 있습니다. 문자열을 작성하는 큰따옴표(" ") 또는 작은따옴표(' ') 안에 JavaScript의 코드는 기술할 수 없기 때문입니다. 여기에서 사용하는 것은 백틱(backtick)과 ${ }입니다. URL 전체를 백틱으로 싸고 코드 8.24와 같이 기술합니다.

▼ 코드 8.24 app/item/readsingle/[id]/page.js

```
fetch(`http://localhost:3000/api/item/readsingle/${id}`)
```

백엔드에서 받은 response에 들어 있는 데이터는 JSON으로 변환해야 합니다. 그리고 그 변환 작업은 데이터를 모두 얻은 뒤 수행해야 하므로 await와 async를 코드 8.25와 같이 추가합니다. 얻은 데이터를 확인할 것이므로 console.log()도 추가합니다.

▼ 코드 8.25 app/item/readsingle/[id]/page.js

```
const getSingleItem = async(id) => {
  const response = await fetch(`http://localhost:3000/api/item/readsingle/${id}`)
  const jsonData = await response.json()
  console.log(jsonData)
}


const ReadSingleItem = (context) => {
  ...
```

변경한 내용을 저장합니다. 각 아이템 데이터를 얻을 수 있는지 확인해 봅시다. 먼저 모든 아이템 데이터를 표시하는 백엔드의 다음 URL을 브라우저에서 엽니다.

URL http://localhost:3000/api/item/readall

그중에서 임의의 아이템의 _id를 복사합니다(그림 8.19).

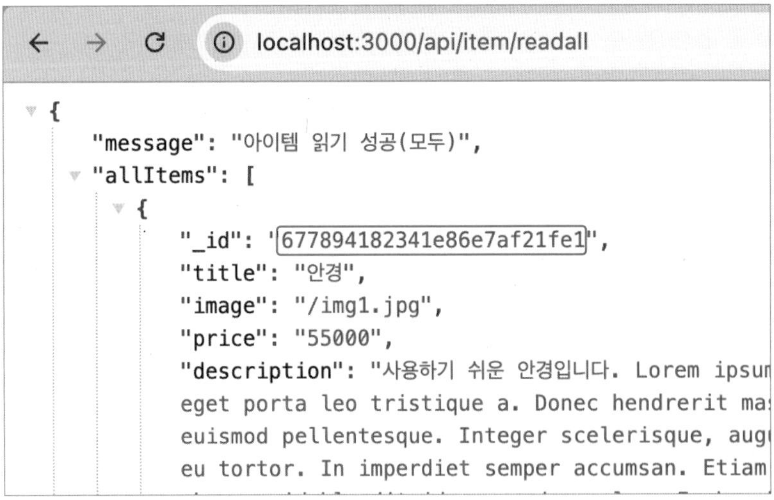

▲ 그림 8.19 _id를 복사

그리고 http://localhost:3000/item/readsingle/ 뒤에 붙여 넣고, URL을 엽니다(그림 8.20).

▲ 그림 8.20 브라우저의 URL 입력 필드

터미널을 확인하면 console.log()로 데이터가 표시됩니다(그림 8.21).

▲ 그림 8.21 터미널 표시 1

이제 하나의 아이템 데이터를 얻을 수 있게 되었습니다. 잘 보면 message라는 항목도 있습니다(그림 8.22).

▲ 그림 8.22 터미널 표시 2

이 부분은 필요하지 않으므로 console.log()를 코드 8.26과 같이 수정합니다.

▼ 코드 8.26 app/item/readsingle/[id]/page.js

```
console.log(jsonData.singleItem)
```

이렇게 하면 각 아이템 데이터만 표시됩니다. 다음으로 코드 8.27의 코드를 추가해, 각 아이템 데이터를 브라우저에서 표시할 준비를 합시다. async, await, 캐시를 저장하지 않도록 하는 코드도 fetch() 안에 추가합니다.

▼ 코드 8.27 app/item/readsingle/[id]/page.js

```
const getSingleItem = async(id) => {
  const response = await fetch(`http://localhost:3000/api/item/readsingle/${id}`,
{cache: "no-store"}) // 추가
  const jsonData = await response.json()
  console.log(jsonData.singleItem) // 삭제
  const singleItem = jsonData.singleItem // 추가
  return singleItem // 추가
}

const ReadSingleItem = async(context) => { // 추가
  const singleItem = await getSingleItem(context.params.id) // 추가
  console.log(singleItem) // 추가
  return (
    ...
```

변경한 내용을 저장한 뒤 확인을 위해 앞에서와 같은 URL을 엽니다. 터미널에는 마찬가지로 아이템 데이터가 표시됩니다(그림 8.23).

```
PROBLEMS    OUTPUT    TERMINAL    PORTS   ···

○ Success: Connected to MongoDB
  {
    _id: '677894182341e86e7af21fe1',
    title: '안경',
    image: '/img1.jpg',
    price: '55000',
    description: '사용하기 쉬운 안경입니다. Lorem ipsum dolor si
  elit. Suspendisse maximus est tellus, eget porta leo tristique
```

▲ 그림 8.23 터미널에 표시된 아이템 데이터

다음은 브라우저에서 이 데이터를 표시합니다. 작업은 각 아이템으로 분할하는 map()이 없는 것을 제외하고 /app/page.js와 거의 같습니다. 여기에서도 Next.js의 <Image>를 임포트해서 사용합니다. return 안을 코드 8.28과 같이 변경합니다.

▼ 코드 8.28 app/ietm/readsingle/[id]/page.js

```
import Image from "next/image"  // 추가

const getSingleItem = async(item) => {
  ...
}

const ReadSingleItem = async(context) => {
  const singleItem = await getSingleItem(context.params.id)
  console.log(singleItem)  // 삭제
  return (
    // ↓ 변경
    <div>
      <div>
        <Image src={singleItem.image} width={750} height={500} alt="item-image" priority/>
      </div>
      <div>
        <h1>{singleItem.title}</h1>
        <h2>₩{singleItem.price}</h2>
        <hr/>
        <p>{singleItem.description}</p>
      </div>
    </div>
    // ↑ 변경
  )
}
```

수정한 코드를 저장한 뒤 브라우저를 확인합니다. 하나의 아이템이 표시되었을 것입니다. 이제 하나의 아이템 데이터를 얻는 코드를 완성했습니다.

다음 단계를 진행하기 전에 /app/page.js와 이 페이지를 링크로 연결합니다. 각 아이템 페이지 URL 끝은 아이템 데이터의 _id와 같습니다. 그리고 문자열 안에 JavaScript 코드를 기술하기 위해서는 백틱과 ${ }를 사용해야 하므로 코드는 코드 8.29와 같이 됩니다.

▼ **코드 8.29** app/page.js

```
...
  return (
    <div>
      {allItems.map(item => // ↓ 변경
        <Link href={`/item/readsingle/${item._id}`} key={item._id}>
          <Image src={item.image} width={750} height={500} alt="item-image" priority/>
          ...
```

이제 홈페이지에서 각 아이템을 클릭하면 해당 아이템 페이지로 이동할 수 있게 되었습니다. 다음은 아이템을 작성하는 페이지를 개발합니다.

03

아이템 데이터 작성 페이지

데이터 게시 기능을 개발한 뒤 Local Storage와 연동하는 기능도 추가합니다.

아이템 데이터 작성은 사용자가 입력한 데이터를 백엔드에 전달하는 것으로, 그 흐름은 앞 장의 사용자 등록 페이지와 거의 같다고 생각할 수 있습니다. 코드 8.30의 React 템플릿 코드를 /app/item/create/page.js에 기술합니다. 이 컴포넌트는 클라이언트 컴포넌트로 사용할 것이므로 첫 번째 줄에 "use client"를 기술합니다.

▼ 코드 8.30 app/item/create/page.js

```
"use client"

const CreateItem = () => {
  return (
    <div>
      <h1>아이템 작성</h1>
    </div>
  )
}

export default CreateItem
```

아이템 데이터를 입력받는 각 항목을 만듭니다(코드 8.31).

▼ 코드 8.31 app/item/create/page.js

```
"use client"

const CreateItem = () => {
  return (
    <div>
```

```
      <h1>아이템 작성</h1>
      // ↓ 추가
      <form>
        <input type="text" name="title" placeholder="아이템명" required/>
        <input type="text" name="price" placeholder="가격" required/>
        <input type="text" name="image" placeholder="이미지" required/>
        <textarea name="description" rows={15} placeholder="상품 설명" required></textarea>
        <button>작성</button>
      </form>
      // ↑ 추가
    </div>
  )
}


export default CreateItem
```

입력된 각 항목의 데이터를 보관하는 state를 만듭니다(코드 8.32).

▼ **코드 8.32** app/item/create/page.js

```
"use client"
import { useState } from "react"  // 추가


const CreateItem = () => {
  // ↓ 추가
  const [title, setTitle] = useState("")
  const [price, setPrice] = useState("")
  const [image, setImage] = useState("")
  const [description, setDescription] = useState("")
  // ↑ 추가


  return (
    ...
```

<input>과 <textarea>에 입력된 데이터를 각 state에 보관할 것이므로, 코드 8.33의 코드를 추가합니다.

▼ 코드 8.33 app/item/create/page.js

```
...

    <div>
        <h1>아이템 작성</h1>
        <form>
            // ↓ 추가
            <input value={title} onChange={(e) => setTitle(e.target.value)} type="text"
name="title" placeholder="아이템명" required/>
            <input value={price} onChange={(e) => setPrice(e.target.value)} type="text"
name="price" placeholder="가격" required/>
            <input value={image} onChange={(e) => setImage(e.target.value)} type="text"
name="image" placeholder="이미지" required/>
                <textarea value={description} onChange={(e) => setDescription(e.target.
value)} name="description" rows={15} placeholder="상품 설명" required></textarea>
            // ↑ 추가
            <button>작성</button>
        </form>
    </div>
    )
}

...
```

다음은 데이터 송신 처리를 수행하는 handleSubmit을 만들고 <form>과 연결합니다(코드 8.34).

▼ 코드 8.34 app/item/create/page.js

```
...

    const [image, setImage] = useState("")
    const [description, setDescription] = useState("")

    const handleSubmit = () => {} // 추가
```

```
    return (
      <div>
        <h1>아이템 작성</h1>
        <form onSubmit={handleSubmit}>  // 추가
          <input value={title} onChange={(e) => setTitle(e.target.value)} type="text"
name="title" placeholder="아이템명" required/>
          ...
```

실패했을 때의 처리를 기술하기 위한 try catch, 데이터 게시를 위한 fetch()도 추가합니다(코드
8.36).

▼ 코드 8.35 app/item/create/page.js

```
...

  const [description, setDescription] = useState("")

  const handleSubmit = () => {
    // ↓ 추가
    try {
      fetch("")
    } catch {

    }
    // ↑ 추가
  }

  return (
    ...
```

아이템 데이터 게시 대상은 백엔드의 http://localhost:3000/api/item/create이므로 fetch()
에 기술합니다. 데이터 송신 관련 설정은 headers에 기술하고, 보낼 데이터는 body에 넣습니다. 데
이터는 JSON 형식으로 보낼 것이므로 JSON.stringify()를 잊지 않도록 합니다(코드 8.36).

▼ **코드 8.38** app/item/create/page.js

```
...

const handleSubmit = () => {
  try {
    // ↓ 추가
    fetch("http://localhost:3000/api/item/create", {
      method: "POST",
      headers: {
        "Accept": "application/json",
        "Content-Type": "application/json"
      },
      body: JSON.stringify({
        title: title,
        price: price,
        image: image,
        description: description
      })
    })
    // ↑ 추가
  } catch {
    ...
```

여기에서 한 가지 떠올려야 할 점이 있습니다. 백엔드 데이터에는 title, price 같은 항목뿐만 아니라 email도 있다는 점입니다(그림 8.24).

```json
{
    "message": "아이템 읽기 성공(모두)",
    "allItems": [
        {
            "_id": "677894182341e86e7af21fe1",
            "title": "안경",
            "image": "/img1.jpg",
            "price": "55000",
            "description": "사용하기 쉬운 안경입니다. Lorem ipsum dolor sit amet, consectetur adipiscing elit.
eget porta leo tristique a. Donec hendrerit massa leo, id tempus dolor vulputate et. Pellente
euismod pellentesque. Integer scelerisque, augue ac ullamcorper sodales, neque lectus tristiq
eu tortor. In imperdiet semper accumsan. Etiam pellentesque libero et scelerisque vehicula. N
rhoncus id blandit id, commodo ac leo. In hac habitasse platea dictumst.",
            "email": "dummy@gmail.com",
            "__v": 0
        },
        {
            "_id": "6778947b2341e86e7af21fe3",
            "title": "색연필",
            "image": "/img2.jpg",
            "price": "15000",
            "description": "사용하기 쉬운 색연필입니다. Lorem ipsum dolor sit amet, consectetur adipiscing elit.
eget porta leo tristique a. Donec hendrerit massa leo, id tempus dolor vulputate et. Pellente
euismod pellentesque. Integer scelerisque, augue ac ullamcorper sodales, neque lectus tristiq
eu tortor. In imperdiet semper accumsan. Etiam pellentesque libero et scelerisque vehicula. N
rhoncus id blandit id, commodo ac leo. In hac habitasse platea dictumst.",
            "email": "dummy@gmail.com",
            "__v": 0
        },
        {
            "_id": "677894b52341e86e7af21fe5",
```

▲ 그림 8.24 email 항목

이 email 데이터는 이번 장 후반에 만들 '사용자 로그인 기능을 프런트엔드 측에서 판정하는 파일 (useAuth.hs)'에서 얻습니다. 현재 시점에서는 email 항목을 만들고 코드 8.37과 같이 기술해 둡시다.

▼ 코드 8.37 app/item/create/page.js

```js
...
        headers: {
          "Accept": "application/json",
          "Content-Type": "application/json"
        },
        body: JSON.stringify({
          title: title,
          price: price,
          image: image,
          description: description, // 마지막에 콤마를 추가
          email: "더미 데이터" // 추가
        })
```

```
    })
  } catch {
    ...
```

데이터 송신을 완료했을 때 백엔드에서 반환되는 응답을 확인할 것이므로 응답 데이터를 저장하는 response, 그 response를 JSON 형식으로 변환하는 json(), 그리고 브라우저에 표시하기 위한 alert()를 기술합니다(코드 8.38).

▼ **코드 8.38** app/item/create/page.js

```
  ...

    const handleSubmit = () => {
      try { // ↓ 추가
        const response = fetch("http://localhost:3000/api/item/create", {
          method: "POST",
          headers: {
            "Accept": "application/json",
            "Content-Type": "application/json"
          },
          body: JSON.stringify({
            title: title,
            price: price,
            image: image,
            description: description,
            email: "더미 데이터"
          })
        })
        const jsonData = response.json() // 추가
        alert(jsonData.message) // 추가
      } catch {
        alert("아이템 작성 실패") // 추가
      }
      ...
```

이 페이지에서는 아이템 작성이 성공하면 alert()를 표시한 뒤, 홈페이지로 이동시킵니다. Next. js에서 제공하는 nxet/navigation을 사용합니다. 코드 8.39의 코드를 추가합니다.

▼ 코드 8.39 app/item/create/page.js

```
"use client"
import { useState } from "react"
import { useRouter } from "next/navigation" // 추가

const CreateItem = () => {
  const [title, setTitle] = useState("")
  const [price, setPrice] = useState("")
  const [image, setImage] = useState("")
  const [description, setDescription] = useState("")

  const router = useRouter()  // 추가

  const handleSubmit = () => {
    ...

      const jsonData = response.json()
      alert(jsonData.message)
      router.push("/")  // 추가
      router.refresh()  // 추가
    } catch {
      alert("아이템 작성 실패")  // 추가
    }
      ...
```

마지막으로 처리 완료를 기다리는 await와 async, 브라우저의 새로 고침을 방지하는 preventDefault()를 기술합니다(코드 8.40).

▼ 코드 8.40 app/item/create/page.js

```
  ...

  const handleSubmit = async(e) => { // 추가
    e.preventDefault() // 추가
    try {  // ↓ 추가
```

```
const response = await fetch("http://localhost:3000/api/item/create", {

...

const jsonData = await response.json() // 추가
alert(jsonData.message)
router.push("/")
router.refresh()
...
```

지금까지는 앞 장의 사용자 등록 페이지 코드와 거의 비슷했습니다. 이 코드들은 모두 '데이터 입력을 받아 백엔드에 전달하고, 성공/실패 응답을 받는' 페이지이기 때문입니다. 하지만 이 아이템 작성 페이지가 특수한 점은, 로그인한 사용자 아이템을 작성할 수 있다는 점 때문입니다. 4장에서도 봤던 그림 8.25와 같이, 아이템 작성, 편집 및 삭제 요청은 middleware.js를 통과하여 유효한 토큰이 있는지 확인합니다.

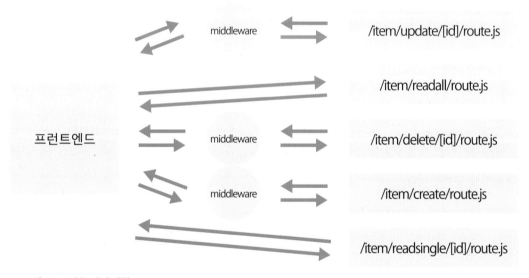

▲ 그림 8.25 적용 범위 제한

그렇기 때문에 이 아이템 게시 페이지에서 백엔드로 데이터를 보낼 때는 토큰도 함께 보내야 합니다. 여기에서 백엔드 개발에 사용했던 middleware.js의 const token= 이후의 코드를 확인해 봅시다. 코드 8.41과 같은 코드를 볼 수 있습니다.

▼ 코드 8.41 middleware.js

```
...
```

```
export async function middleware(request) {

    const token = " eyJhbGciOiJIUzI1NiJ9.eyJlbWFpbCI6ImR1bW15QGdtYWlsLmNvbSIsImV4cCI6M

TczNjA0MTM2MH0.36r35Y5TAoNwXI3F_gHV-QVbkcZ0_2Ubup6UekhsYxM"

    // await request.headers.get("Authorization")?.split(" ")[1]


    if (!token) {

        ...
```

백엔드 개발에서는 얻은 토큰을 여기에 직접 값을 쓰는 형태의 코드를 사용했지만, 이 이후에는
토큰과 주석을 삭제하고 코드 8.42와 같이 기술합니다.

▼ 코드 8.42 middleware.js

```
...

export async function middleware(request) {

    const token = await request.headers.get("Authorization")?.split(" ")[1]


    if (!token) {

        ...
```

request.headers.get... 코드를 사용해 프런트엔드에서 보낸 요청의 headers로부터 토큰을 얻
는 것을 알 수 있습니다. 토큰을 붙이는 위치가 fetch()의 headers라는 것을 알았으므로 코드 8.43
의 코드를 추가합니다.

▼ 코드 8.43 app/item/create/page.js

```
...

        const response = await fetch("http://localhost:3000/api/item/create", {
            method: "POST",
            headers: {
                "Accept": "application/json",
                "Content-Type": "application/json",
                "Authorization": `Bearer ${localStorage.getItem("token")}`  // 추가
            },
            body: JSON.stringify({
                ...
```

위 코드를 설명합니다. 토큰을 넣는 Authorization을 준비하고, middleware.js의 request.headers.get("Authorization")에서 이 부분을 읽게 됩니다. 그 옆의 백틱은 문자열 안에 JavaScript 코드를 기술하기 위한 것입니다. Bearer는 문자는 관습적으로 사용되는 것으로 사실 필수는 아닙니다. 로그인에는 이 애플리케이션에서 사용하는 JSON Web Token(JWT) 외에도 다른 토큰 사용 방법이 있습니다. JWT에서는 일반적으로 Bearer를 사용하지만 Basic 인증에서는 Basic이라는 문자를 관습적으로 사용합니다.

스페이스와 ${에 이어서 기술된 localStorage.getItem()이 Local Storage에서 토큰을 얻는 코드입니다. token과 이름에 관한 데이터를 얻기 위해 ("token")으로 기술되어 있습니다. 이렇게 얻어 백엔드로 보내진 토큰의 형태는 코드 8.44와 같습니다.

▼ 코드 8.44 백엔드로 보내진 토큰

```
Bearer eyJhbGciOiJIUzI1NiJ9.eyJlbWFpbCI6ImR1bW...
```

토큰 앞에 Bearer라는 문자와 그 뒤에 스페이스가 있으므로 middleware.js에서는 이것을 제외하고 토큰만 사용하기 위해 split(" ")[1]을 붙여서 형태를 정리합니다. .split 앞에 ?가 붙어 있습니다. 이것은 JavaScript의 '옵셔널 체인optional chain'이라 불리는 것입니다. Authorization이라는 항목 자체가 존재하지 않을 때(즉, headers에서 get()으로 Authorization이라는 항목을 얻지 못했을 때)는 에러가 발생하므로, 그것을 방지하기 위해 붙인 것입니다. 이것이 올바르게 동작하는지 확인해 봅시다. 지금까지 변경한 내용을 저장합니다.

먼저 토큰 생성을 위해 로그인을 해야 합니다. http://localhost:3000/user/login을 열고, 데이터베이스에 등록되어 있는 이메일 주소와 비밀번호를 사용해 로그인합니다. 로그인 후에는 개발자 도구의 'Application'에서 Local Storage를 열고 토큰이 저장되어 있는지 확인합니다.

다음으로 아이템 작성을 수행하는 http://localhost:3000/item/create를 엽니다. 이번에 게시하는 아이템 데이터는 더미 데이터이므로 임의의 내용을 적어도 좋지만, '이미지' 항목은 반드시 /img7.jpg라고 입력합니다(그림 8.26).

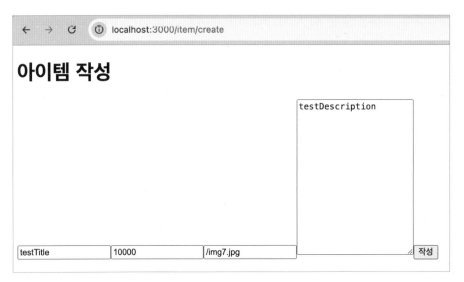

▲ 그림 8.26 더미 데이터 입력

'작성' 버튼을 클릭합니다. '아이템 작성 성공'이라는 알림이 표시된 뒤 홈페이지로 이동했다면, MongoDB를 열어 봅시다. 변경 사항을 반영하기 위해 새로 고칩니다. 그림 8.27과 같은 데이터가 들어 있다면 작성 페이지가 올바르게 동작하고 있는 것이 됩니다.

```
_id: ObjectId('677a7f5a89f7f9f016e4891e')
title : "testTitle"
image : "/img7.jpg"
price : "10000"
description : "testDescription"
email : "더미 데이터"
__v : 0
```

▲ 그림 8.27 MongoDB에 저장된 데이터

04

아이템 데이터 수정 페이지

이번 절은 내용이 가장 많은 동시에 이번 장의 반환점이 됩니다. 조금만 더 힘내서 진행해 봅시다.

가장 먼저 완성된 형태를 확인해 봅시다. 완성된 형태의 샘플 애플리케이션에서는 로그인을 해야 만 표시할 수 있으므로, 여기에서는 스크린샷을 표시합니다.

> ## Next Market
>
> 등록 로그인 아이템 작성
>
> ### 아이템 수정
>
> 안경
>
> 55000
>
> /img1.jpg
>
> 사용하기 쉬운 안경입니다. Lorem ipsum dolor sit amet, consectetur adipiscing elit. Suspendisse maximus est tellus, eget porta leo tristique a. Donec hendrerit massa leo, id tempus dolor vulputate et. Pellentesque consectetur dolor placerat euismod pellentesque. Integer scelerisque, augue ac ullamcorper sodales, neque lectus tristique turpis, id luctus lectus lorem eu tortor. In imperdiet semper accumsan. Etiam pellentesque libero et scelerisque vehicula. Nam quis justo mi. Cras erat ex, rhoncus id blandit id, commodo ac leo. In hac habitasse platea dictumst.
>
> 수정
>
> @2025 Next Market

▲ 그림 8.28 수정 페이지의 완성 샘플 1

아이템 수정 페이지는 그림 8.28과 같이 표시됩니다. 이 화면에서 오탈자를 수정하거나 문장을 변경할 수 있습니다. 여기에서 주목해야 할 점은 사용자가 입력할 수 있도록 <input>과 <textarea>가 사용되고 있는 점, 그리고 그 안에 이미 데이터가 들어 있다는 점입니다. 아래로 스크롤하면 '수정' 버튼이 있습니다(그림 8.29).

▲ 그림 8.29 수정 페이지의 완성 샘플 2

이 버튼을 클릭하면 백엔드의 /api/item/update/[id]/route.js에 수정 데이터를 보내고, 데이터베이스의 정보를 덮어씀으로써 수정이 완료됩니다.

수정 페이지에서 가장 먼저 수행하는 것은 '하나의 아이템 데이터를 읽는' 것이며, 그 데이터가 <input>과 <textarea>에 표시됩니다. 그리고 수정 후 '수정' 버튼을 클릭하면 '데이터를 전송하는' 조작이 수행됩니다. 즉, 지금까지 만들어 온 '하나의 아이템 데이터를 읽는 페이지'와 '아이템 데이터를 작성하는 페이지'를 합친 것입니다.

하지만 여기에서 떠올려야 할 점이 있습니다. '하나의 아이템 데이터를 읽는 페이지'는 서버 컴포넌트, '아이템 데이터를 작성하는 페이지'는 클라이언트 컴포넌트였다는 점입니다. '데이터 읽기'와 '<form>에서 데이터를 게시'하는 조작을 app 폴더 안에서 구현하는 방법은 몇 가지가 있습니다. 서버 컴포넌트로 전체 구조를 프레임을 만들고, 데이터 게시 부분만 잘라서 클라이언트 코드로 만드는 방법도 가능합니다. 하지만 이 책에서는 초보자들이 쉽게 이해할 수 있도록 전체를 클라이언트 컴포넌트로 만드는 방법을 사용합니다.

가장 먼저 확인해야 할 것은 폴더와 파일입니다. '하나의 데이터 아이템을 읽는 페이지'와 마찬가지로 아이템별로 URL이 다른 수정 페이지가 필요하므로 [id] 폴더를 사용합시다. update 폴더 안에 [id] 폴더를 만들고, 그 안으로 page.js를 이동합니다(그림 8.30).

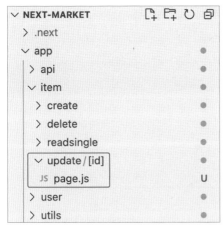

▲ 그림 8.30 [id] 폴더를 작성

이 파일에서 구현할 것은 '하나의 아이템 데이터를 읽기'와 '(수정 완료한) 데이터를 보내기'입니다. 후자의 '데이터를 보내는' 프로세스는 /create/page.js와 완전히 같으므로 전체를 복사해 /update/[id]/]page.js에 붙여 넣습니다. 다음으로 여기에 '하나의 아이템 데이터 읽기' 코드를 추가합니다(코드 8.45).

▼ 코드 8.45 app/item/update/[id]/page.js

```js
// ↓ 붙여 넣기
"use client"
import { useState } from "react"
import { useRouter } from "next/navigation"

const CreateItem = () => {
  const [title, setTitle] = useState("")
  const [price, setPrice] = useState("")

  ...

        </form>
    </div>
  )
}

export default CreateItem
// ↑ 붙여 넣기
```

몇 군데 수정할 부분이 있습니다. 먼저 CreateItem의 문자를 UpdateItem으로 변경합니다(코드 8.46).

▼ 코드 8.46 app/item/update/[id]/page.js

```
"use client"
import { useState } from "react"
import { useRouter } from "next/navigation"

const UpdateItem = () => {  // 변경
  const [title, setTitle] = useState("")
  const [price, setPrice] = useState("")

  ...

      </form>
    </div>
  )
}

export default UpdateItem  // 변경
```

다음으로 '작성'이라는 문자열을 '수정'으로 변경합니다(코드 8.47).

▼ 코드 8.47 app/item/update/[id]/page.js

```
  ...

    } catch {
      alert("아이템 수정 실패")  // 변경
    }
  }

  return (
    <div>
      <h1>아이템 수정</h1>  // 변경
      <form onSubmit={handleSubmit}>
        ...
```

```
        <button>수정</button> // 변경
    </form>
  </div>
  ...
```

이제 '데이터를 보내는' 기능을 완료했습니다. 다음은 '하나의 아이템 데이터를 읽기' 기능입니다. 하지만 이 파일은 클라이언트 컴포넌트이므로 /readsingle/[id]/page.js와 다른 방법으로 데이터를 얻어야 합니다. 여기에서는 React의 useEffect를 사용합니다. 코드 8.48의 코드를 추가합니다.

▼ 코드 8.48 app/item/update/[id]/page.js

```
"use client"
import { useState, useEffect } from "react"  // 추가
import { useRouter } from "next/navigation"

const UpdateItem = () => {
    const [title, setTitle] = useState("")
    const [price, setPrice] = useState("")
    const [image, setImage] = useState("")
    const [description, setDescription] = useState("")

    const router = useRouter()

    useEffect(() => {})  // 추가

    const handleSubmit = async(e) => {
        ...
```

useEffect는 특정 시점에 실행할 조작이 있을 때 사용합니다. 이 수정 페이지의 경우 '페이지 수정 전에 아이템 데이터를 읽는' 조작입니다. 데이터 취득은 item/readsingle/[id]/page.js에 있는 getSingleItem과 같은 코드로 가능하므로, 복사해서 useEffect 안에 붙여 넣습니다(코드 8.49).

▼ 코드 8.49 app/item/update/[id]/page.js

```
    ...

    const [image, setImage] = useState("")
```

```
const [description, setDescription] = useState("")

const router = useRouter()

useEffect(() => {
  // ↓ 붙여 넣기
  const getSingleItem = async(id) => {
    const response = await fetch(`http://localhost:3000/api/item/
readsingle/${id}`, {cache: "no-store"})
    const jsonData = await response.json()
    const singleItem = jsonData.singleItem
    return singleItem
  }
  // ↑ 붙여 넣기
})

const handleSubmit = async(e) => {
  ...
```

다음으로 얻은 데이터를 어떻게 처리할 것인가에 관해 고려합니다. 여기에서 다시 완성 샘플을 확인해 봅시다(그림 8.31).

▲ 그림 8.31 수정 페이지의 완성 샘플

수정 페이지를 연 시점에 이미 <input>과 <textarea>에 데이터가 들어 있는 것을 알 수 있습니다. <input>과 <textarea>의 데이터는 value와 같으며, 현재 state의 데이터(title, price 등)가 들어 있습니다(코드 8.50).

▼ **코드 8.50** app/item/update/[id]/page.js

```
<input value={title} onChange=...
<input value={price} onChange=...
<input value={image} onChange=...
<input value={description} onChange=...
```

즉, 얻은 데이터를 각 state에 써 넣으면 <input>과 <textarea>에 표시될 것입니다. return 부분을 삭제하고 코드 8.51의 코드를 기술합니다.

▼ **코드 8.51** app/item/update/[id]/page.js

```
...

  const [image, setImage] = useState("")
  const [description, setDescription] = useState("")

  const router = useRouter()

  useEffect(() => {
    const getSingleItem = async(id) => {
    const response = await fetch(`http://localhost:3000/api/item/readsingle/${id}`,
{cache: "no-store"})
      const jsonData = await response.json()
      const singleItem = jsonData.singleItem
      return singleItem // 삭제
      // ↓ 추가
      setTitle(singleItem.title)
      setPrice(singleItem.price)
      setImage(singleItem.image)
      setDescription(singleItem.description)
      // ↑ 추가
    }
  })
```

```
const handleSubmit = async(e) => {
    ...
```

여기에서 추가할 데이터가 하나 있습니다. 아이템 데이터에 있는 이메일 주소를 보관할 state입니다. 이것은 이번 장 후반에 필요하므로 코드 8.52의 코드도 추가해 둡니다.

▼ 코드 8.52 app/item/update/[id]/page.js

```
...

    const [image, setImage] = useState("")
    const [description, setDescription] = useState("")
    const [email, setEmail] = useState("")  // 추가


    const router = useRouter()


    useEffect(() => {
      const getSingleItem = async(id) => {
        const response = await fetch(`http://localhost:3000/api/item/readsingle/${id}`,
{cache: "no-store"})
        const jsonData = await response.json()
        const singleItem = jsonData.singleItem
        setTitle(singleItem.title)
        setPrice(singleItem.price)
        setImage(singleItem.image)
        setDescription(singleItem.description)
        setEmail(singleItem.email) // 추가
      }
    })


    const handleSubmit = async(e) => {
        ...
```

getSingleItem을 호출해 실행하는 코드를 작성합니다. 괄호 안에는 URL 끝의 문자열을 포함하고 있는 context.params.id를 넣어야하므로 context를 잊지 않도록 합시다. 그리고 useEffect의 동작을 1회로 제한하는 [context]도 추가합니다(코드 8.53).

▼ 코드 8.53 app/item/update/[id]/page.js

```
"use client"
import { useState, useEffect} from "react"
import { useRouter } from "next/navigation"

const UpdateItem = (context) => {  // 추가
  ...

        setDescription(singleItem.description)
        setEmail(singleItem.email)
    }
    getSingleItem(context.params.id)  // 추가
  }, [context])  // 추가

  const handleSubmit = async(e) => {
    ...
```

이제 표시를 확인해 봅시다. 변경한 내용을 저장한 뒤 아래 URL을 열고, 임의의 아이템 _id를 복사합니다.

URL http://localhost:3000/api/item/readall

복사한 것을 http://localhost:3000/item/update/의 끝에 붙여 넣고 브라우저를 엽니다. 지금까지 작성한 코드가 올바르게 동작하면 그림8.32와 같이 표시될 것입니다.

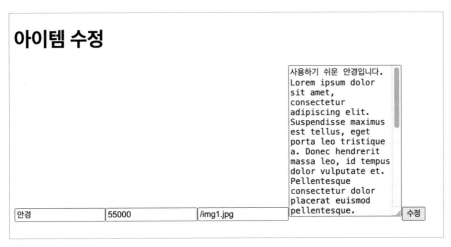

▲ 그림 8.32 수정 페이지 표시

하지만 데이터를 게시하면 '수정'이 아닌 '작성'을 수행합니다. fetch()에 기술된 데이터 전송시의 URL이 아이템 데이터 작성용 URL이기 때문입니다. URL을 확인해 봅시다. 수정 데이터 전송지의 백엔드 URL은 다음과 같습니다. 끝의 XXX에는 수정할 아이템의 _id가 들어갑니다.

URL http://localhost:3000/api/item/update/XXX

이것은 context에 들어 있으므로 코드 8.54와 같이 변경합니다. 여기에서는 백틱을 사용해야 하는 점에 주의합니다. 그리고 method도 PUT으로 변경합니다.

▼ 코드 8.54 app/item/update/[id]/page.js

```
...
const handleSubmit = async(e) => {
    e.preventDefault()
    try {
        const response = await fetch(`http://localhost:3000/api/item/update/${context.
params.id}`, { // 변경
        method: "PUT", // 변경
        headers: {
            ...
```

이제 수정 페이지를 완성했습니다. 수정 가능한지 테스트할 때는 코드 8.55의 email: "더미 데이터" 부분을 수정할 아이템 데이터에 있는 email로 치환해야 합니다.

▼ 코드 8.55 app/item/update/[id]/page.js

```
...
    description: description,
    email: "더미 데이터"
    })
    ...
```

4장 마지막에 추가한 코드에 의해 프런트엔드에서 보내진 이메일 주소와 각 아이템 데이터의 이메일 주소가 같을 때만 수정과 삭제 조작을 할 수 있기 때문입니다.

현재 수정 페이지 코드 전체는 코드 8.56과 같습니다.

▼ 코드 8.56 app/item/update/[id]/page.js

```
"use client"
import { useState, useEffect } from "react"
```

```
import { useRouter } from "next/navigation"

const UpdateItem = (context) => {

    const [title, setTitle] = useState("")
    const [price, setPrice] = useState("")
    const [image, setImage] = useState("")
    const [description, setDescription] = useState("")
    const [email, setEmail] = useState("")

    const router = useRouter()

    useEffect(() => {
        const getSingleItem = async(id) => {
                    const response = await fetch(`http://localhost:3000/api/item/
readsingle/${id}`, {cache: "no-store"})
            const jsonData = await response.json()
            const singleItem = jsonData.singleItem
            setTitle(singleItem.title)
            setPrice(singleItem.price)
            setImage(singleItem.image)
            setDescription(singleItem.description)
            setEmail(singleItem.email)
        }
        getSingleItem(context.params.id)
    }, [context])

    const handleSubmit = async(e) => {
        e.preventDefault()
        try {
            const response = await fetch(`http://localhost:3000/api/item/update/${context.
params.id}`, {
                method: "PUT",
                headers: {
                    "Accept": "application/json",
                    "Content-Type": "application/json",
                    "Authorization": `Bearer ${localStorage.getItem("token")}`
```

```jsx
          },
          body: JSON.stringify({
            title: title,
            price: price,
            image: image,
            description: description,
            email: "더미 데이터"
          })
        })
      const jsonData = await response.json()
      alert(jsonData.message)
      router.push("/")
      router.refresh()
    } catch {
      alert("아이템 수정 실패")
    }
  }


  return (
    <div>
      <h1>아이템 수정</h1>
      <form onSubmit={handleSubmit}>
          <input value={title} onChange={(e) => setTitle(e.target.value)} type="text"
name="title" placeholder="아이템명" required/>
          <input value={price} onChange={(e) => setPrice(e.target.value)} type="text"
name="price" placeholder="가격" required/>
          <input value={image} onChange={(e) => setImage(e.target.value)} type="text"
name="image" placeholder="이미지" required/>
            <textarea value={description} onChange={(e) => setDescription(e.target.
value)} name="description" rows={15} placeholder="상품 설명" required></textarea>
          <button>수정</button>
      </form>

    </div>
  )
}


export default UpdateItem
```

05
아이템 데이터 삭제 페이지

삭제 페이지의 흐름은 수정 페이지의 흐름과 거의 같습니다.

먼저 삭제 페이지의 완성 샘플을 확인해 봅시다. 삭제 페이지도 로그인해야만 확인할 수 있습니다. 스크린샷은 그림 8.33과 같습니다.

▲ 그림 8.33 삭제 페이지 완성 샘플 1

화면을 아래로 스크롤하면 '삭제' 버튼이 있고, 이 버튼을 클릭하면 아이템이 삭제됩니다(그림 8.34).

W55000

사용하기 쉬운 안경입니다. Lorem ipsum dolor sit amet, consectetur adipiscing elit. Suspendisse maximus est tellus, eget porta leo tristique a. Donec hendrerit massa leo, id tempus dolor vulputate et. Pellentesque consectetur dolor placerat euismod pellentesque. Integer scelerisque, augue ac ullamcorper sodales, neque lectus tristique turpis, id luctus lectus lorem eu tortor. In imperdiet semper accumsan. Etiam pellentesque libero et scelerisque vehicula. Nam quis justo mi. Cras erat ex, rhoncus id blandit id, commodo ac leo. In hac habitasse platea dictumst.

삭제

@2025 Next Market

▲ 그림 8.34 삭제 페이지 완성 샘플 2

삭제 페이지가 수행할 처리에 관해 생각해 봅시다. 페이지에 접근했을 때 페이지에는 삭제할 아이템 데이터가 표시되므로, 하나의 아이템 데이터를 읽는 처리가 수행되는 것을 알 수 있습니다. 그리고 '삭제' 버튼을 클릭하면 백엔드에서 삭제를 수행하는 /app/api/item/delete/[id]/route.js에서 처리가 시작되며, 이것은 데이터를 게시하지 않는 요청이라 할 수 있습니다. 즉, 삭제 페이지에서 수행되는 것은 '하나의 아이템 데이터 읽기'와 '게시하기' 처리이므로 이것은 앞에서 만든 수정 페이지와 거의 같습니다.

수정 페이지와 마찬가지로 먼저 [id] 폴더를 만듭니다. delete 폴더 안에 [id] 폴더를 만들고, 그 안으로 page.js를 이동합니다(그림 8.35).

▲ 그림 8.35 [id] 폴더 작성

여기에 /app/item/update/[id]/page.js의 코드를 그대로 복사해서 붙여 놓습니다. 다음의 수정 코드를 반영합니다.

삭제 페이지에서는 얻은 데이터를 표시하기 위한 <input>과 <textarea>를 사용할 필요는 없으므로 코드 8.57과 같이 변경합니다. 그리고 <image> 임포트해서 사용하고 있습니다. '수정'이라는 문자는 '삭제'로 변경합니다. UpdateItem은 DeleteItem으로 수정합니다.

▼ **코드 8.57** app/ietm/delete/[id]/page.js

```
"use client"
import { useState, useEffect } from "react"
import { useRouter } from "next/navigation"
import Image from "next/image"  // 추가

const DeleteItem = (context) => {  // 변경
  const [title, setTitle] = useState("")
  ...

      } catch {
        alert("아이템 삭제 실패")  // 변경
      }
    }

  return (
    <div>
        <h1>아이템 삭제</h1>  // 변경
        <form onSubmit={handleSubmit}>
          // ↓ 변경
          <h2>{title}</h2>
          <Image src={image} width={750} height={500} alt="item-image" priority/>
          <h3>{price}</h3>
          <p>{description}</p>
          // ↑ 변경
          <button>삭제</button>  // 변경
        </form>
    </div>
  )
}
```

```
export default DeleteItem  // 변경
```

마지막에 수정해야 할 부분은 handleSubmit 내부입니다. fetch()의 URL은 백엔드에서 삭제를 수행하는 /api/item/delete/XXX가 되므로 /update를 /delete로 수정합니다.

백엔드에 보내는 데이터에 관해 살펴봅시다. 여기에서 수행하고자 하는 것은 아이템 삭제이므로 title과 price 등을 보낼 필요는 없습니다. 하지만 백엔드에서는 프런트엔드에서 보내진 요청 안의 email과, 삭제할 아이템 데이터의 email을 초대하는 프로세스가 있으므로 email은 남긴 채로 백엔드에 보내야 합니다. method 부분과 합쳐 코드 8.58과 같이 변경합니다.

▼ 코드 8.58 app/item/delete/[id]/page.js

```
...

const handleSubmit = async(e) => {
  e.preventDefault()
  try {
      const response = await fetch(`http://localhost:3000/api/item/delete/${context.
params.id}`, {  // 변경
        method: "DELETE",  // 변경
        headers: {
          "Accept": "application/json",
          "Content-Type": "application/json",
          "Authorization": `Bearer ${localStorage.getItem("token")}`
        },
        body: JSON.stringify({
          email: "더미 데이터"  // 이 코드는 남겨 준다
        })
      })
      const jsonData = await response.json()
      ...
```

이것으로 삭제 페이지를 완성했습니다. 이번 코드의 전체는 코드 8.59와 같습니다. 또한 여기에서도 삭제를 테스트할 때는 email의 "더미 데이터"를, 아이템의 email로 치환해서 실행합니다. 그리고 이미지 관련 에러가 터미널이나 브라우저의 'Console'에 표시될 수도 있지만, 이 에러는 마지막 장에서 대응하므로 그대로 두어도 괜찮습니다.

```
"use client"
import { useState, useEffect } from "react"
import { useRouter } from "next/navigation"
import Image from "next/image"

const DeleteItem = (context) => {
  const [title, setTitle] = useState("")
  const [price, setPrice] = useState("")
  const [image, setImage] = useState("")
  const [description, setDescription] = useState("")
  const [email, setEmail] = useState("")

  const router = useRouter()

  useEffect(() => {
    const getSingleItem = async(id) => {
      const response = await fetch(`http://localhost:3000/api/item/readsingle/${id}`,
{cache: "no-store"})
      const jsonData = await response.json()
      const singleItem = jsonData.singleItem
      setTitle(singleItem.title)
      setPrice(singleItem.price)
      setImage(singleItem.image)
      setDescription(singleItem.description)
      setEmail(singleItem.email)
    }
    getSingleItem(context.params.id)
  }, [context])

  const handleSubmit = async(e) => {
    e.preventDefault()
    try {
      const response = await fetch(`http://localhost:3000/api/item/delete/${context.
params.id}`, {
        method: "DELETE",
```

```
          headers: {
              "Accept": "application/json",
              "Content-Type": "application/json",
              "Authorization": `Bearer ${localStorage.getItem("token")}`
          },
          body: JSON.stringify({
              email: "더미 데이터"
          })
      })
      const jsonData = await response.json()
      alert(jsonData.message)
      router.push("/")
      router.refresh()
    } catch {
      alert("아이템 삭제 실패")
    }
  }


  return (
    <div>
      <h1>아이템 삭제</h1>
      <form onSubmit={handleSubmit}>
        <H1>{title}</h2>
        <Image src={image} width={750} height={500} alt="item-image" priority/>
        <h3>₩{price}</h3>
        <p>{description}</p>
        <button>삭제</button>
      </form>
    </div>
  )
}


export default DeleteItem
```

마지막으로 수정 페이지와 삭제 페이지에 대한 링크를 '하나의 아이템 데이터를 읽는 페이지'에 추가합니다. 코드 8.60의 코드를 /readsingle/[id]/page.js에 추가합니다.

▼ 코드 8.60 app/item/readsingle/[id]/page.js

```
import Image from "next/image"
import Link from "next/link"  // 추가

const getSingleItem = async(id) => {
  ...
        <p>{singleItem.description}</p>
        // ↓ 추가
        <div>
          <Link href={`/item/update/${singleItem._id}`}>아이템 수정</Link>
          <Link href={`/item/delete/${singleItem._id}`}>아이템 삭제</Link>
        </div>
        // ↑ 추가
      </div>
    </div>
  )
}

export default ReadSingleItem
```

06

페이지 표시를 제어하기

사용자 로그인 상태에 따라 표시할 페이지를 제한하는 기능을 개발합니다.

지금까지의 작업으로 프런트엔드에 필요한 페이지를 모두 완성했습니다. 하지만 현재 시점에서는 아이템 작성 페이지, 수정 페이지, 삭제 페이지에 누구자 접근할 수 있습니다.

임의로 접근을 하더라도 4장 마지막 부분에서 작성한 백엔드 측 코드에 의해 로그인하지 않은 사용자는 아이템을 읽을 수 없고, 로그인을 하더라도 프런트엔드에서 전송된 이메일 주소와 각 아이템 데이터의 이메일 주소가 다르면 수정과 삭제 조작을 할 수 없으므로 큰 문제는 없다고 생각할 수도 있습니다.

하지만 애플리케이션 개발에서는 일반적으로 백엔드 측의 제한뿐만 아니라 프런트엔드 측의 제한도 설정합니다. 로그인을 하지 않은 사람에게 아이템 작성 페이지를 표시하지 않도록 하는 제한을 추가해 봅시다. 또한 로그인을 했더라도 해당 아이템의 작성자가 아닌 사람에게는 수정 페이지와 삭제 페이지를 표지하지 않는 제한도 추가합니다.

지금부터 만들 것은 여러 페이지에서 함께 사용하는 기능이므로 utils 폴더 안에 useAuth.js 파일을 만들고, 여기에 로그인 상태 판정 기능 및 토큰을 해석하는 코드를 작성합니다(그림 8.36).

```
∨ app
  > api                          ●
  > item                         ●
  > user                         ●
  ∨ utils                        ●
    JS database.js               U
    JS schemaModels.js           U
    JS useAuth.js                U
  ★ favicon.ico                  M
  # globals.css                  M
```

▲ 그림 8.36 useAuth.js 파일 작성

이제부터 작성하는 코드는 React 코드입니다. 지금까지 작성한 코드는 페이지를 표시하는 데 사용하는 코드였지만, 이 코드는 '로그인 상태를 확인하는' 특정한 기능만 수행하는 React 코드입니다. 이것은 커스텀 훅^{custom hook}이라 부릅니다. 먼저 코드 8.61의 코드를 작성합니다.

▼ 코드 8.61 utils/useAuth.js

```
const useAuth = () => {}


export default useAuth
```

이 파일에서는 가장 먼저 사용자가 로그인했는지 확인합니다. 이것은 Local Storage를 보면 알 수 있습니다. 토큰(token)이 있으면 로그인한 상태, 없으면 로그인하지 않은 상태이기 때문입니다. 코드 8.62의 코드를 추가합니다.

▼ 코드 8.62 utils/useAuth.js

```
const useAuth = () => {
  // ↓ 추가
  const token = localStorage.getItem("token")


  if (!token) {


  }
  // ↑ 추가
}


export default useAuth
```

!token은 'Not token', 즉, 토큰이 없다는 것을 의미합니다. 토큰이 없을 때는 로그인을 하도록 할 것이므로 로그인 페이지로 이동시킵니다. 코드 8.63의 코드를 추가합니다.

▼ 코드 8.63 utils/useAuth.js

```
import { useRouter } from "next/navigation"  // 추가


const useAuth = () => {
  const router = useRouter()  // 추가


  const token = localStorage.getItem("token")
```

```
    if (!token) {
      router.push("/user/login")  // 추가
    }
  }

  export default useAuth
```

다음으로 Local Storage에 토큰이 있는 사용자를 처리합니다. 이 경우, 해당 토큰이 유효한지 확인해야 합니다. 먼저 토큰이 유효할 때와 유효하지 않을 때의 대응을 위해, `try catch`를 추가합니다. 토큰이 유효하지 않을 때는 로그인 페이지로 이동시킵니다(코드 8.64).

▼ 코드 8.64 utils/useAuth.js

```
  ...

  if (!token) {
    router.push("/user/login")
  }

  // ↓ 추가
  try {

  } catch {
    router.push("/user/login")
  }
  // ↑ 추가
  }

  export default useAuth
```

백엔드 개발 때와 마찬가지로 토큰의 유효성을 확인할 때는 `jwtVerify()`와 시크릿 키가 필요합니다. 여기에서는 `middleware.js`에서 사용하는 것과 같은 시크릿 키가 필요하므로, `middleware.js`에서 코드 8.65의 코드를 복사해서 붙여 넣습니다.

▼ 코드 8.65 utils/useAuth.js

```
  import { useRouter } from "next/navigation"
```

```
import { jwtVerify } from "jose"  // 추가


const useAuth = () => {
  ...

  try {
    const secretKey = new TextEncoder().encode("next-market-app-book")
    // ↑ 추가
  } catch {
    router.push("/user/login")
  }
}


export default useAuth
```

그리고 토큰 해석 코드를 기술합니다(코드 8.66).

▼ **코드 8.66** utils/useAuth.js

```
  ...
  If (!token) {
    router.push("/user/login")
  }

  try {
    const secretKey = new TextEncoder().encode("next-market-app-book")
    const decodedJwt = jwtVerify(token, secretKey)  // 추가
  } catch {
    router.push("/user/login")
  }
}


export default useAuth
```

토큰이 유효하다면 verify()에서 해석되고, 유효하지 않다면 에러가 발생해 catch 이후의 코드에서 처리됩니다. 유효한 토큰을 해석한 데이터는 decodedJwt에 들어 있습니다. 이 안에는 payload로서 사용자의 이메일 주소가 있으므로 이후 확인해 봅시다.

해석 후의 데이터인 decodedJwt에 들어 있는 이메일 주소는 '아이템을 작성한 사람에게만 수정 페이지와 삭제 페이지를 표시하는' 제한에 사용합니다. 여기에서 사용하는 파일은 수정을 수행 하는 /app/item/update/[id]/page.js와 /app/item/delete/[id]/page.js입니다. 이 파일들 에 데이터를 전달하려면 먼저 useAuth.js에 데이터를 보관해야 하므로 state를 사용합니다. 코드 8.67의 코드를 추가합니다.

▼ 코드 8.67 utils/useAuth.js

```
import { useState } from "react"  // 추가
import { useRouter } from "next/navigation"
import { jwtVerify } from "jose"


const useAuth = () => {
    const [loginUserEmail, setLoginUserEmail] = useState("")  // 추가

    const router = useRouter()
    ...
}
```

해석한 토큰 안에 있는 로그인 사용자의 이메일 주소를 코드 8.68의 코드에서 loginUserEmail 안 에 써 넣습니다.

▼ 코드 8.68 utils/useAuth.js

```
...

    try {
        const secretKey = new TextEncoder().encode("next-market-app-book")
        const decodedJwt = jwtVerify(token, secretKey)
        setLoginUserEmail(decodedJwt.payload.email)  // 추가
    } catch {
        router.push("/user/login")
    }
}

export default useAuth
```

지금까지의 작업으로 useAuth.js에는 '로그인 여부를 확인하는 기능', 그리고 로그인했을 때는 '로그인한 사람의 이메일 주소를 보관하는 기능'이 구현되었습니다. 그렇기 때문에 이메일 주소가 보관된 loginUserEmail을 아이템 수정, 삭제 및 작성 페이지에 전달하면 제한을 걸 수 있을 것입니다.

하지만 여기에서 고려해야 할 점이 있습니다. 이 useAuth.js의 처리가 수행되는 시점입니다. 작성과 수정 페이지에 접근했을 때, 가장 먼저 useAuth.js의 처리가 수행되어야 합니다.

페이지가 표시되기 전에 수행할 처리에는 useEffect를 사용합니다. 수정 페이지에서 이미 사용한 코드입니다. useEffect 코드의 기본 형태는 코드 8.69와 같습니다.

▼ 코드 8.69 useEffect 코드

```
useEffect(() => {

}, [])
```

useEffect를 임포트한 뒤 우선 실행할 처리를 {} 안에 기술합니다. 코드 8.70과 같이 추가합니다. 마지막 []에는 router를 씁니다.

▼ 코드 8.70 utils/useAuth.js

```
import { useState, useEffect } from "react"  // 추가
import { useRouter } from "next/navigation"
import { jwtVerify } from "jose"

...

  const router = useRouter()

  useEffect(() => {  // 추가
    const token = localStorage.getItem("token")

    if (!token) {
      router.push("/user/login")
    }

    try {
      const secretKey = new TextEncoder().encode("next-market-app-book")
```

```
            const decodedJwt = jwtVerify(token, secretKey)

            setLoginUserEmail(decodedJwt.payload.email)

        } catch {

          router.push("/user/login")

        }



    }, [router])  // 추가

  }



  export default useAuth
```

얼핏 보면 이 코드가 의도한 대로 동작할 것처럼 보이지만 사실은 문제가 있습니다. 이 문제는
useAuth.js를 실제로 실행해 봐야만 알 수 있습니다. 하지만 우선 설명하면 현재 코드에서는
jwtVerify()가 제대로 동작하지 않습니다.

middleware.js를 봅시다. jwtVerify() 앞에 await가 있습니다. await가 없으면 그 아래의 코드
가 먼저 실행되기 때문입니다. 따라서 useEffect 안에 await, 그리고 async를 추가해야 합니다.
하지만 코드 8.71과 같은 형태로 useEffect에 직접 async를 붙일 수는 없습니다.

▼ 코드 8.71 useEffect에 async는 사용할 수 없다

```
  useEffect(async() => { ...
```

그래서 코드 8.72와 같이 기술합니다.

▼ 코드 8.72 utils/useAuth.js

```
  ...

    useEffect(() => {
      const checkToken = async() => {  // 추가
        const token = localStorage.getItem("token")

        if (!token) {
          router.push("/user/login")
        }

        try {
          const secretKey = new TextEncoder().encode("next-market-app-hook")
```

```
            const decodedJwt = await jwtVerify(token, secretKey)
            // ↑ 추가
            setLoginUserEmail(decodedJwt.payload.email)
        } catch {
            router.push("/user/login")
        }
    } // 추가
    checkToken() // 추가
  }, [router])
}


export default useAuth
```

이제 jwtVerify()가 올바르게 실행되게 됩니다. 마지막으로 이 파일을 처리한 결과, 즉, 로그인 사용자의 이메일 주소가 들어 있는 loginUserEmail을 다른 파일에서 사용할 수 있게 되므로 코드 8.73의 코드를 추가합니다.

▼ **코드 8.73** utils/useAuth.js

```
...

        } catch {
            router.push("/user/login")
        }
    }
    checkToken()
  }, [router])


  return loginUserEmail // 추가
}


export default useAuth
```

이것으로 useAuth.js는 완성했습니다. 파일 전체는 코드 8.74와 같습니다.

▼ **코드 8.74** utils/useAuth.js

```
import { useState, useEffect } from "react"
import { useRouter } from "next/navigation"
```

```
import { jwtVerify } from "jose"

const useAuth = () => {
  const [loginUserEmail, setLoginUserEmail] = useState("")

  const router = useRouter()

  useEffect(() => {
    const checkToken = async () => {
      const token = localStorage.getItem("token")

      if (!token) {
        router.push("/user/login")
      }

      try {
        const secretKey = new TextEncoder().encode("next-market-app-book")
        const decodedJwt = await jwtVerify(token, secretKey)
        setLoginUserEmail(decodedJwt.payload.email)
      } catch {
        router.push("/user/login")
      }
    }
    checkToken()
  }, [router])

  return loginUserEmail
}

export default useAuth
```

다음은 useAuth.js를 아이템 작성, 수정, 삭제의 각 페이지에 임포트하고 로그인 상태에 따라 표시를 변경합니다. 먼저 /create/page.js에서 임포트합니다(코드 8.75).

▼ 코드 8.75 app/item/create/page.js

```
"use client"
import { useState } from "react"
```

```
import { useRouter } from "next/navigation"
import useAuth from "../../utils/useAuth"  // 추가


const CreateItem = () => {
    ...
```

useAuth 안에 있는 loginUserEmail이 필요하므로 코드 8.76과 같이 기술합니다.

▼ 코드 8.76 app/item/create/page.js

```
"use client"
import { useState } from "react"
import { useRouter } from "next/navigation"
import useAuth from "../../utils/useAuth"


const CreateItem = () => {
    const [title, setTitle] = useState("")
    const [price, setPrice] = useState("")
    const [image, setImage] = useState("")
    const [description, setDescription] = useState("")

    const router = useRouter()
    const loginUserEmail = useAuth()  // 추가

    const handleSubmit = async(e) => {
        ...
```

여기에서 loginUserEmail에 로그인 사용자의 이메일 주소가 들어 있는지 확인해 봅시다.
console.log()를 사용합니다(코드 8.77).

▼ 코드 8.77 app/item/create/page.js

```
...
    const [description, setDescription] = useState("")

    const router = useRouter()
    const loginUserEmail = useAuth()
    console.log(loginUserEmail)  // 추가
```

```
const handleSubmit = async(e) => {
  ...
```

변경한 내용을 저장합니다. 로그인하지 않았을 때와 토큰의 유효 기간이 지났을 때는 로그인합니다. 그리고 http://localhost:3000/item/create를 열고, 개발자 도구의 'Console'을 확인하면 로그인 사용자의 이메일 주소가 표시됩니다(그림 8.37).

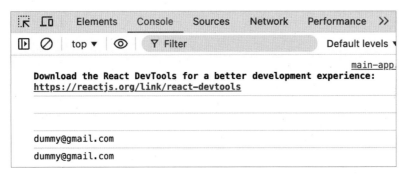

▲ 그림 8.37 'Console' 표시

로그인했을 때 loginUserEmail에 이메일 주소가 들어 있음을 알았습니다(로그인하지 않았을 때와 토큰이 유효하지 않을 때는 로그인 페이지로 이동됩니다). console.log(loginUserEmail)은 삭제합니다. 다음으로 loginUserEmail을 사용해 두 가지를 수정합니다. 첫 번째는 작성한 아이템 데이터의 email 부분입니다(코드 8.78).

▼ 코드 8.78 app/item/create/page.js

```
...

body: JSON.stringify({
  title: title,
  price: price,
  image: image,
  description: description,
  email: loginUserEmail  // 변경
})
...
```

이제 로그인 사용자의 이메일 주소가 아이템과 함께 백엔드에 보내지고, 데이터베이스에 저장됩니다.

두 번째는 브라우저 표시 관련 부분입니다. 코드 8.79의 코드를 추가합니다.

▼ 코드 8.79 app/item/create/page.js

```
...

    alert("아이템 작성 실패")
    }
  }


  if (loginUserEmail) {  // 추가
    return (
      <div>
        <h1>아이템 작성</h1>
        <form>
                    <input value={title} onChange={(e) => setTitle(e.target.value)}
type="text" name="title" placeholder="아이템명" required/>
                    <input value={price} onChange={(e) => setPrice(e.target.value)}
type="text" name="price" placeholder="가격" required/>
                    <input value={image} onChange={(e) => setImage(e.target.value)}
type="text" name="image" placeholder="이미지" required/>
              <textarea value={description} onChange={(e) => setDescription(e.target.
value)} name="description" rows={15} placeholder="상품 설명" required></textarea>
          <button>작성</button>
        </form>
      </div>
    )
  } // 추가
}


export default CreateItem
```

이것으로 loginUserEmail에 로그인 사용자의 이메일 주소가 있을 때만 아이템 작성 페이지를 표시합니다. 다음은 수정 페이지입니다. 마찬가지로 맨 처음에 useAuth를 임포트합니다(코드 8.80).

▼ 코드 8.80 app/item/update/[id]/page.js

```
"use client"
import { useState, useEffect } from "react"
import { useRouter } from "next/navigation"
import useAuth from "../../../utils/useAuth"  // 추가


const UpdateItem = (context) => {
  ...
```

중간까지는 /create/page.js와 같지만, 브라우저 표시와 관련된 조건이 조금 다릅니다. 먼저 수정 완료 데이터의 email 부분을 수정합니다(코드 8.81, 코드 8.82).

▼ 코드 8.81 app/item/update/[id]/page.js

```
...

  const [description, setDescription] = useState("")
  const [email, setEmail] = useState("")

  const router = useRouter()
  const loginUserEmail = useAuth()  // 추가

  useEffect(() => {
    ...
```

▼ 코드 8.82 app/item/update/[id]/page.js

```
        body: JSON.stringify({
          title: title,
          price: price,
          image: images,
          description: description,
          email: loginUserEmail  // 변경
        })
        ...
```

그리고 브라우저의 표시 관련 조건을 추가합니다(코드 8.83).

▼ **코드 8.83** app/item/update/[id]/page.js

```
...

    } catch {
      alert("아이템 수정 실패")
    }
  }

  if (loginUserEmail === email) {  // 추가
    return (
      <div>
        <h1>아이템 수정</h1>
        <form>
                    <input value={title} onChange={(e) => setTitle(e.target.value)}
type="text" name="title" placeholder="아이템명" required/>
                    <input value={price} onChange={(e) => setPrice(e.target.value)}
type="text" name="price" placeholder="가격" required/>
                    <input value={image} onChange={(e) => setImage(e.target.value)}
type="text" name="image" placeholder="이미지" required/>
            <textarea value={description} onChange={(e) => setDescription(e.target.
value)} name="description" rows={15} placeholder="상품 설명" required></textarea>
          <button>수정</button>
        </form>
      </div>
    )
  } else { // 추가
    return <h1>권한이 없습니다</h1>  // 추가
  } // 추가
}


export default UpdateItem
```

작성 페이지는 로그인 상태라면 누구에게나 표시됩니다. 하지만 수정 페이지는 해당 아이템을 만든 사람에게만 표시할 것이므로 '현재 로그인한 사람의 이메일 주소'와 '각 아이템 데이터에 있는 작성자의 이메일 주소'를 비교한 뒤, 둘이 일치할 때만 수정 페이지를 표시하게 했습니다. 둘이 다를 때는 else 다음의 권한이 없습니다를 표시하는 구조입니다.

마지막으로 삭제 페이지입니다. 여기에는 수정 페이지에 추가한 코드를 그대로 추가하면 됩니다 (코드 8.84).

▼ 코드 8.84 app/item/delete/[id]/page.js

```
"use client"
import { useState, useEffect } from "react"
import { useRouter } from "next/navigation"
import Image from "next/image"
import useAuth from "../../../utils/useAuth"  // 추가

const DeleteItem = (context) => {
  const [title, setTitle] = useState("")
  const [price, setPrice] = useState("")
  const [image, setImage] = useState("")
  const [description, setDescription] = useState("")
  const [email, setEmail] = useState("")

  const router = useRouter()
  const loginUserEmail = useAuth()  // 추가

  ...

        body: JSON.stringify({
          email: loginUserEmail  // 추가
        })
      })
      const jsonData = await response.json()
      alert(jsonData.message)
      router.push("/")
      router.refresh()
    } catch {
      alert("아이템 삭제 실패")
    }
```

```
  }

  if (loginUserEmail === email) {  // 추가
    return (
      <div>
        <h1>아이템 삭제</h1>
        <form onSubmit={handleSubmit}>

          ...

        </form>
      </div>
    )
  } else {  // 추가
    return <h1>권한이 없습니다</h1>  // 추가
  }  // 추가
}

export default DeleteItem
```

이것으로 사용자 관련 페이지와 아이템 관련 페이지를 모두 완성했습니다. 마지막으로 CSS 스타일과 공통 컴포넌트를 만들어 봅시다.

07

스타일 적용과 공통 컴포넌트

CSS, 헤더, 푸터를 추가해 애플리케이션을 완성합니다.

다음 링크 페이지의 8장 'CSS' 링크에서 CSS 코드를 모두 복사하고 app 폴더의 globals.css에 붙여 넣습니다. globals.css에는 앞 장에서 사용한 코드가 있을 것입니다. 해당 코드는 모두 삭제합니다.

URL https://github.com/moseskim/nextjs-book-fullstack-app-folder-v2

각 파일에 스타일을 적용하기 위한 className을 코드 8.85에서 코드 8.91까지와 같이 추가합니다.

▼ 코드 8.85 app/user/register/page.js

```
return (
  <div>
    <h1 className="page-title">사용자 등록</h1>
    <form onSubmit={handleSubmit}>
      ...
```

▼ 코드 8.86 app/user/login/page.js

```
return (
  <div>
    <h1 className="page-title">로그인</h1>
    <form onSubmit={handleSubmit}>
      ...
```

▼ 코드 8.87 app/page.js

```
    return (
      <div className="grid-container-in">
        {allItems.map(item =>
      ...
```

▼ 코드 8.88 app/item/readsingle/[id]/page.js

```
const ReadSignleItem = async(context) => {
  const singleItem = await getSingleItem(context.params.id)
  return (
    <div className="grid-container-si">
      <div>
        ...
```

▼ 코드 8.89 app/item/create/page.js

```
    return (
      <div>
        <h1 className="page-title">아이템 작성</h1>
        <form onSubmit={handleSubmit}>
        ...
```

▼ 코드 8.90 app/item/update/[id]/page.js

```
    return (
      <div>
        <h1 className="page-title">아이템 수정</h1>
        <form onSubmit={handleSubmit}>
        ...
```

▼ 코드 8.91 app/item/delete/[id]/page.js

```
    return (
      <div>
        <h1 className="page-title">아이템 삭제</h1>
        <form onSubmit={handleSubmit}>
        ...
```

마지막으로 헤더와 푸터를 만듭니다. 헤더와 푸터는 모든 페이지에 표시됩니다. 예를 들면 코드 8.92와 같은 형태로 각 페이지의 파일에 추가할 수도 있습니다.

▼ 코드 8.92 app/user/register/page.js

```
<div>
  <header>
    헤더입니다
  </header>
  <h1 className="page-title">사용자 등록</h1>
  ...

  <footer>
    푸터입니다
  </footer>
</div>
```

하지만 이렇게 하면 완전히 같은 코드를 여러 파일에 기술하기 때문에 효율이 좋지 않고, '헤더 이미지를 변경하는' 등의 경우에는 모든 파일을 변경해야 하기 때문에, 유지보수성 측면에서도 문제가 있습니다. 그렇기 때문에 여기에서는 공통 부분을 따로 만들고, 그것을 필요한 페이지에서 임포트하는 방법을 사용합니다. app 폴더 안에 components 폴더를 만듭니다(그림 8.38).

▲ 그림 8.38 components 폴더 작성

그 안에 header.js와 footer.js를 만듭니다(그림 8.39).

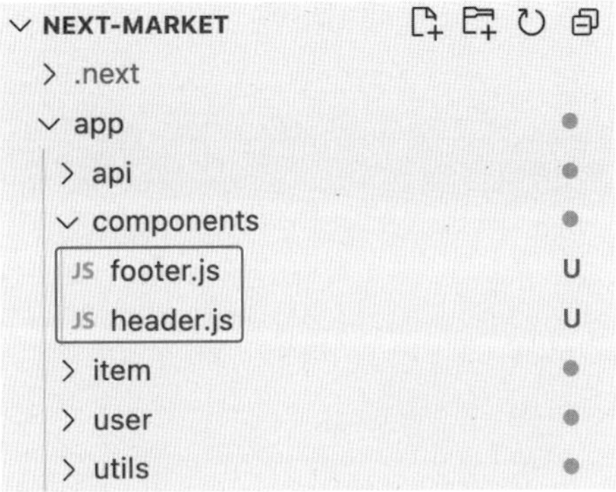

▲ 그림 8.39 header.js, footer.js 파일 작성

header.js에 코드 8.93의 코드를 작성합니다.

▼ 코드 8.93 app/components/header.js

```js
import Image from "next/image"
import Link from "next/link"

const Header = () => {
  return (
    <header>
      <div>
        <Link href="/">
          <Image src="/header.svg" width={1330} height={148} alt="header-image" priority/>
        </Link>
      </div>
      <nav>
        <ul>
          <li><Link href="/user/register">등록</Link></li>
          <li><Link href="/user/login">로그인</Link></li>
          <li><Link href="/item/create">아이템 작성</Link></li>
        </ul>
      </nav>
    </header>
  )
}

export default Header
```

footer.js에는 코드 8.94의 코드를 작성합니다.

▼ 코드 8.94 app/components/footer.js

```
const Footer = () => {
  return (
    <footer>
      <p>@{new Date().getFullYear()} Next Market</p>
    </footer>
  )
}


export default Footer
```

이것을 각 페이지에서 임포트합니다. 두 가지 방법으로 임포트할 수 있습니다. 첫 번째는 앞에서
와 같이 각 파일에 임포트하는 방법입니다(코드 8.95).

▼ 코드 8.95 app/user/register/page.js

```
import Header from "../../components/header"
import Footer from "../../components/footer"


...


<div>
  <Header/>
  <h1 className="page-title">사용자 등록</h1>
  ...


  <Footer/>
</div>
```

두 번째는 app 폴더에 있는 Next.js의 특별한 파일인 layout.js를 사용하는 방법입니다. 이 파일
에는 애플리케이션 전체에 적용할 스타일이나 컴포넌트 등을 기술합니다. 헤더와 푸터는 모든 페
이지에 표시할 것이므로, 여기에서는 layout.js를 사용합시다.

layout.js 파일을 열고 기존 코드를 모두 삭제합니다. 그리고 코드 8.96과 같이 기술합니다.

▼ 코드 8.96 app/layout.js

```
import "./globals.css"
import Header from "./components/header"
import Footer from "./components/footer"

const RootLayout = ({ children }) => {
    return (
        <html lang="en">
            <body>
                <Header/>
                {children}
                <Footer/>
            </body>
        </html>
    )
}

export default RootLayout
```

여기까지 추가한 변경을 저장하면 애플리케이션은 완성입니다. 다음 장에서는 이 애플리케이션을 온라인에 공개합니다.

지금까지 작성한 코드는 다음 URL에서 확인할 수 있습니다.

URL https://github.com/moseskim/nextjs-book-fullstack-app-folder-v2/tree/chapter8

React 서버 컴포넌트와와 React 버전 19 사용 시 코드 작성 방법(2025년 2월 기준)

React 서버 컴포넌트 및 React 버전 19를 사용해 프런트엔드 쪽 수정 페이지와 삭제 페이지를 작성하는 방법을 소개합니다.

RSC와 React v19 도입

이번 장에서는 React 클라이언트 컴포넌트를 사용해 수정, 삭제 페이지 전체를 개발했습니다. 이것은 입문서로서의 쉽게 읽을 수 있도록 하는 것을 우선했기 때문입니다. 하지만 이 페이지들은 '전체를 React 서버 컴포넌트로 만들고 form 부분만 클라이언트 컴포넌트로 만드는' 구조로 개발할 수도 있습니다. 그리고 사실 이와 같이 'React 클라이언트 컴포넌트를 최소한으로 사용하는' 설계야말로, Next.js App 라우터에서 React 서버 컴포넌트를 기본으로 하는 이유입니다.

여기에서는 삭제 페이지 '전체를 React 서버 컴포넌트로 만들고, form 부분만 클라이언트 컴포넌트로 만드는' 방법과 수정 페이지 '전체를 React 서버 컴포넌트로 만들고, form 부분만 클라이언트 컴포넌트로 만든 뒤 React 버전 19(2024년 12월 안정 버전 릴리스)의 새로운 기능을 적용하는' 방법을 간단하게 소개합니다.

React 서버 컴포넌트를 사용한 삭제 페이지

삭제 페이지부터 만듭니다. 가장 먼저 '하나의 아이템 데이터를 얻는' 코드를 다른 파일에서도 사용할 수 있게 합니다. 하나의 아이템을 얻는 파일을 열고 getSingleItem에 export를 추가합니다.

```js
// app/item/readsingle/[id]/page.js
import Image from "next/image"
import Link from "next/link"

// ↓ 추가
export const getSingleItem = async(id) => {
  const response = await fetch(`http://localhost:3000/api/item/readsingle/${id}`)
  const jsonData = await response.json()
  const singleItem = jsonData.singleItem
  return singleItem
}

const ReadSingleItem = async(context) => {
```

```
...
```

준비를 마쳤습니다. 다음은 삭제 페이지입니다. delete 폴더 안의 [id] 폴더에 새로운 파일인 form.js
를 만듭니다.

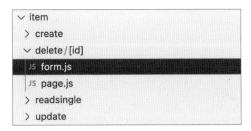

이 form.js에 page.js의 삭제 페이지 코드를 모두 이동합니다

```
// app/item/delete/[id]/form.js
"use client"
import { useState, useEffect } from "react"
import { useRouter } from "next/navigation"
import Image from "next/image"
import useAuth from "../../../utils/useAuth"

const DeleteItem = (context) => {
   const [title, setTitle] = useState("")
   const [price, setPrice] = useState("")
   const [image, setImage] = useState("")


            ...


            <p>{description}</p>
            <button>삭제</button>
         </form>
      </div>
    )
  }else{
    return <h1>권한이 없습니다.</h1>
  }
}
```

```
export default DeleteItem
```

코드를 이동한 뒤의 page.js에는 다음 코드를 작성합니다. 이 코드에서는 '하나의 데이터를 얻어 context와 함께 <Form> 태그에 전달하는' 동작만 하지만, 여기에는 use client라고 기술하지 않았기 때문에, 이 페이지 전체는 React 서버 컴포넌트임을 알 수 있습니다.

```
// app/item/delete/[id]/page.js
import Form from "./form"
import { getSingleItem } from "../../readsingle/[id]/page"

const DeleteItem = async(context) => {
  const params = await context.params
  const singleItem = await getSingleItem(params.id)
  return (
    <div>
      <h1 className="page-title">아이템 삭제</h1>
      <Form params={params} singleItem={singleItem}/>
    </div>
  )
}

export default DeleteItem
```

다음은 form.js를 열고 다음 코드를 삭제합니다.

```
// app/item/delete/[id]/form.js
"use client"
import { useState, useEffect } from "react"      // 삭제
import { useRouter } from "next/navigation"
import Image from "next/image"
import useAuth from "../../../utils/useAuth"

const DeleteItem = (context) => {
  // ↓ 삭제
  const [title, setTitle] = useState("")
  const [price, setPrice] = useState("")
  const [image, setImage] = useState("")
```

```
    const [description, setDescription] = useState("")
    const [email, setEmail] = useState("")
    // ↑ 삭제


    const router = useRouter()
    const loginUserEmail = useAuth()


    // ↓ 삭제
    useEffect(() => {
      const getSingleItem = async() => {
        const params = await context.params
                const response = await fetch(`http://localhost:3000/api/item/
readsingle/${params.id}`)
        const jsonData = await response.json()
        const singleItem = jsonData.singleItem
        setTitle(singleItem.title)
        setPrice(singleItem.price)
        setImage(singleItem.image)
        setDescription(singleItem.description)
        setEmail(singleItem.email)
      }
      getSingleItem()
    }, [context])
    // ↑ 삭제


    const handleSubmit = async(e) => {
      ...
```

데이터를 얻는 useEffect, 그 데이터를 일시 보관하는 useState 부분을 삭제했습니다. 하지만 데이터
는 이미 page.js에서 얻었으므로 해당 데이터를 전달할 수 있습니다. context를 props로 변경합니다.

```
// app/item/delete/[id]/form.js
"use client"
import { useRouter } from "next/navigation"
import Image from "next/image"
import useAuth from "../../../utils/useAuth"
```

```
const DeleteItem = (props) => {              // 변경
    const router = useRouter()
    const loginUserEmail = useAuth()

    const handleSubmit = async(e) => {
        ...
```

이 props 안에는 page.js에서 전달된 params와 하나의 아이템 데이터가 들어있는 singleItem이 있습니다. 이것을 사용합니다.

```
// app/item/delete/[id]/form.js
    ...

    const handleSubmit = async(e) => {
        e.preventDefault()
        const params = await context.params    // 삭제
        try{                                                      // ↓ 변경
            const response = await fetch(`http://localhost:3000/api/item/delete/${props.params.id}`, {
                method: "DELETE",
                headers: {


                    ...


        }
                    // ↓ 변경
    if(loginUserEmail === props.singleItem.email){
        return (
            <div>
                <h1 className="page-title">아이템 삭제</h1>     // 삭제
                <form onSubmit={handleSubmit}>
                    <h2>{props.singleItem.title}</h2>      // 변경
                        <Image src={props.singleItem.image} width={750} height={500} alt="item-image" priority/>  // 변경
                    <h3>¥{props.singleItem.price}</h3>  // 변경
                    <p>{props.singleItem.description}</p>  // 변경
                    <button>삭제</button>
```

```
            </form>
        </div>
      )
    }else{
      return <h1>권한이 없습니다.</h1>
    }
  }


  export default DeleteItem
```

Next.js의 App 라우터의 React 서버 컴포넌트에서는 loading.js이라는 파일을 같은 폴더 안에 만들면 그것을 로딩으로서 사용합니다. loading.js를 만듭니다.

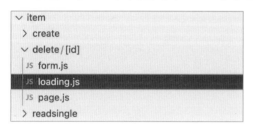

파일에 다음 코드를 작성합니다.

```
// app/item/delete/[id]/loading.js
const Loading = () => <h2>Loading...</h2>


export default Loading
```

이것으로 삭제 페이지를 최신 흐름에 맞는 설계로 변경했습니다. 수정 페이지를 변경하는 방법도 삭제 페이지와 거의 같습니다. 그리고 form.js를 클라이언트 컴포넌트로 만든 이유에 관해 설명합니다. 이 페이지에서 사용하고 있는 useAuth.js 안에 useEffect 코드는 클라이언트 컴포넌트만 사용할 수 있기 때문입니다.

리액트 서버 컴포넌트와 React v19를 사용한 수정 페이지
update 폴더의 [id] 폴더 안에 새로운 파일인 form.js를 만듭니다.

여기에 page.js 코드를 모두 이동하고, 이동한 뒤 page.js에는 다음 코드를 작성합니다.

```js
// app/item/update/[id]/page.js
import Form from "./form"
import { getSingleItem } from "../../readsingle/[id]/page"

const UpdateItem = async(context) => {
  const params = await context.params
  const singleItem = await getSingleItem(params.id)
  return (
    <div>
      <h1 className="page-title">아이템 수정</h1>
      <Form params={params} singleItem={singleItem}/>
    </div>
  )
}

export default UpdateItem
```

form.js의 코드는 다음과 같이 수정합니다.

```js
// app/item/update/[id]/form.js
"use client"
import { useState, useEffect } from "react"        // 삭제
import { useRouter } from "next/navigation"
import useAuth from "../../../utils/useAuth"

const UpdateItem = (context) => {                   // context를 props로 변경
  // ↓ 삭제
  const [title, setTitle] = useState("")
```

```
   const [price, setPrice] = useState("")
   const [image, setImage] = useState("")
   const [description, setDescription] = useState("")
   const [email, setEmail] = useState("")
   // ↑ 삭제


   const router = useRouter()
   const loginUserEmail = useAuth()


   // ↓ 삭제
   useEffect(() => {
     const getSingleItem = async() => {
       const params = await context.params
            const response = await fetch(`http://localhost:3000/api/item/
readsingle/${params.id}`)
       const jsonData = await response.json()
       const singleItem = jsonData.singleItem
       setTitle(singleItem.title)
       setPrice(singleItem.price)
       setImage(singleItem.image)
       setDescription(singleItem.description)
       setEmail(singleItem.email)
     }
     getSingleItem()
   }, [context])
   // ↑ 삭제


   const handleSubmit = async(e) => {
     e.preventDefault()
     const params = await context.params          // 삭제
     try{                                          // ↓ 변경
        const response = await fetch(`http://localhost:3000/api/item/update/${props.
params.id}`, {
          method: "PUT",
          headers: {


          ...
```

```
    }
                // ↓ 변경
  if(loginUserEmail === props.singleItem.email){
    return (
      <div>
        <h1 className="page-title">아이템 수정</h1>        // 삭제
        <form onSubmit={handleSubmit}>

            // ↓ value를 defaultValue로 변경하고, props.singleItem.을 추가
            <input defaultValue={props.singleItem.title} onChange={(e) => setTitle(e.
target.value)} type="text" name="title" placeholder="아이템명" required/>

            <input defaultValue={props.singleItem.price} onChange={(e) => setPrice(e.
target.value)} type="text" name="price" placeholder="이미지" required/>

            <input defaultValue={props.singleItem.image} onChange={(e) => setImage(e.
target.value)} type="text" name="image" placeholder="이미지" required/>

            <textarea defaultValue={props.singleItem.description} onChange={(e) =>
setDescription(e.target.value)} name="description" rows={15} placeholder="제품 설명"
required></textarea>
            // ↑ value를 defaultValue로 변경하고, props.singleItem.을 추가

            <button>수정</button>
        </form>
      </div>
    )
  }else{
    return <h1>권한이 없습니다.</h1>
  }
}

export default UpdateItem
```

loading.js을 만들고 다음 코드를 작성합니다.

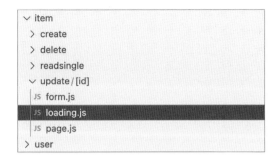

```
// app/item/update/[id]/loading.js
const Loading = () => <h2>Loading...</h2>


export default Loading
```

여기까지는 삭제 페이지와 같습니다.

이제부터는 React 버전 19에서 추가된 Actions 기능을 도입해 코드를 수정합니다. `<form>` 태그에 action 속성을 사용해 function을 전달하는 기능으로, 입력된 데이터는 formData를 사용해 얻을 수 있습니다. handleSubmit 부분을 다음과 같이 수정합니다.

```
// app/item/update/[id]/form.js
const handleSubmit = async(formData) => {     // 변경
    e.preventDefault()                   // 삭제
    try{
        const response = await fetch(`http://localhost:3000/api/item/update/${props.
params.id}`, {
        method: "PUT",
        headers: {
            "Accept": "application/json",
            "Content-Type": "application/json",
            "Authorization": `Bearer ${localStorage.getItem("token")}`
        },
        body: JSON.stringify({
            // ↓ 변경
            title: formData.get("title"),
            price: formData.get("price"),
            image: formData.get("image"),
            description: formData.get("description"),
```

```
      // ↑ 변경
      email: loginUserEmail
    })
  })
  const jsonData = await response.json()
  ...
```

formData.get()의 괄호(( )) 안에 쓰인 문자는 <input> 및 <textarea> 태그의 name 속성입니다. 마지막으로 <form> 태그의 submit을 action으로 변경하고, onChange 부분은 모두 삭제합니다. 수정한 코드는 다음과 같습니다.

```
// app/item/update/[id]/form.js
<form action={handleSubmit}>
    <input defaultValue={props.singleItem.title} type="text" name="title"
placeholder="아이템명" required/>
    <input defaultValue={props.singleItem.price} type="text" name="price"
placeholder="가격" required/>
    <input defaultValue={props.singleItem.image} type="text" name="image"
placeholder="이미지" required/>
  <textarea defaultValue={props.singleItem.description} name="description" rows={15}
placeholder="제품 설명" required></textarea>
  <button>수정</button>
</form>
```

이것으로 React 서버 컴포넌트와 React 버전 19의 신기능을 사용해 삭제 페이지와 수정 페이지를 변경했습니다.

Chapter 9

프런트엔드 배포

먼저 환경 변수를 설정한 뒤 프런트엔드를 Vercel에 배포 및 공개합니다.

01

백엔드 URL 수정(환경 변수 설정)

> 환경 변수를 설정한 뒤 프런트엔드를 온라인에 공개합니다. 이것으로 Next.js 애플리케이션은 완성입니다.

현재 프런트엔드에서 백엔드로 요청을 보낼 때의 URL은 모두 `http://localhost:3000`으로 시작합니다. 이것은 로컬 컴퓨터에서 개발할 때는 문제가 없지만, Vercel에 배포해 인터넷에 공개하면 `localhost`는 사용할 수 없으므로, 프런트엔드에서 요청을 보낼 수 없게 됩니다. 이 부분을 수정합니다.

수작업으로 각 파일의 URL을 변경하는 방법도 있지만, 여기에서는 환경 변수를 사용합니다. `.env.development`와 `.env.production`이라는 파일을 폴더의 최상위 계층(이 애플리케이션에서는 app 폴더와 같은 계층)에 만듭니다. `.`으로 시작하는 특수한 파일명을 사용하는 점에 주의합니다(그림 9.1).

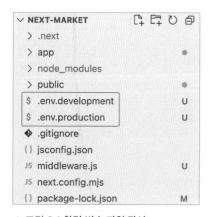

▲ 그림 9.1 환경 변수 파일 작성

`development`는 '개발 환경', 즉, 로컬 PC 환경을 나타내고 `production`은 '운영 환경', 즉, Vercel 환경 등을 의미합니다. 각 파일에는 개발 환경에서 사용하는 URL과 Vercel에서 사용하는 URL을 기술합니다. 먼저 `.env.development`에는 코드 9.1과 같이 기술합니다.

```
NEXT_PUBLIC_URL=http://localhost:3000
```

다음은 운영 환경의 URL을 설정합니다. 이것은 백엔드를 배포한 Vercel에서 확인합니다. 배포한 백엔드 설정 페이지를 엽니다. 그림 9.2와 같이 Vercel에서 자동으로 할당한 URL을 확인할 수 있습니다(URL은 여러분이 배포한 환경에 따라 다릅니다).

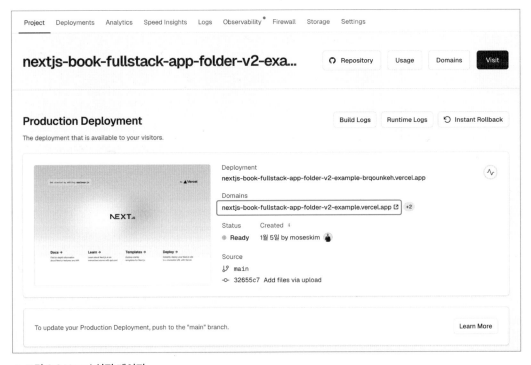

▲ 그림 9.2 Vercel 설정 페이지

URL을 복사해 .env.production에 코드 9.2와 같이 붙여 넣습니다. 끝에 /를 붙이지 않도록 주의합니다.

▼ 코드 9.2 .env.production

```
NEXT_PUBLIC_URL=http://nextjsbook-...
```

이것으로 환경 변수 파일은 완성입니다. 다음은 애플리케이션 안에서 http://localhost:3000이라는 URL을 사용한 모든 곳을 환경 변수로 치환합니다. 그 전에 환경 변수가 어떻게 동작하는지 확인해 봅시다. /app/page.js 파일을 열고 코드 9.3의 코드를 추가합니다.

▼ 코드 9.3 app/page.js

```
...

const ReadAllItems = async() => {
  console.log(process.env.NEXT_PUBLIC_URL) // 추가
  const allItems = await getAllItems()
  ...
```

Next.js를 실행하고 http://localhost:3000을 열면 터미널에 그림 9.3과 같이 표시됩니다.

```
PROBLEMS    OUTPUT    TERMINAL    PORTS    DEBUG CONSOLE    ...

○  ✓ Compiled in 44ms (340 modules)
   Success: Connected to MongoDB
   http://localhost:3000
```

▲ 그림 9.3 터미널에 표시된 환경 변수의 내용

이제 process.env.NEXT_PUBLIC_URL을 사용하면 URL에 접근할 수 있음을 알았습니다. /app/page.js에 사용한 console.log()는 삭제합시다.

process.env.NEXT_PUBLIC_URL을 사용해 각 파일의 http://localhost:3000을 치환합니다. 그리고 큰따옴표를 사용한 곳은 모두 백틱으로 치환해야 하므로 주의합니다(코드 9.4에서 코드 9.10까지).

▼ 코드 9.4 app/page.js

```
fetch(`${process.env.NEXT_PUBLIC_URL}/api/item/readall`, {cache: "no-store"})
```

▼ 코드 9.5 app/item/create/page.js

```
fetch(`${process.env.NEXT_PUBLIC_URL}/api/item/create`, { ...
```

▼ 코드 9.6 app/item/readsingle/[id]/page.js

```
fetch(`${process.env.NEXT_PUBLIC_URL}/api/item/readsingle/${id}`, {cache: "no-store"})
```

▼ 코드 9.7 app/item/update/[id]/page.js

```
await fetch(`${process.env.NEXT_PUBLIC_URL}/api/item/readsingle/${id}`, {cache: "no-store"})
```

```
fetch(`${process.env.NEXT_PUBLIC_URL}/api/item/update/${context.params.id}`, { ...
```

▼ 코드 9.8 app/item/delete/[id]/page.js

```
fetch(`${process.env.NEXT_PUBLIC_URL}/api/item/readsingle/${id}`, {cache: "no-store"})

fetch(`${process.env.NEXT_PUBLIC_URL}/api/item/delete/${context.params.id}`, { ...
```

▼ 코드 9.9 app/user/register/page.js

```
fetch(`${process.env.NEXT_PUBLIC_URL}/api/user/register`, { ...
```

▼ 코드 9.10 app/user/login/page.js

```
await fetch(`${process.env.NEXT_PUBLIC_URL}/api/user/login`, { ...
```

변경한 내용을 저장한 뒤 사용자 등록, 로그인, 아이템 작성, 아이템 수정 등의 각 기능이 올바르게 동작하는지 확인합니다. 확인 후 GitHub에 코드를 커밋, 푸시하면 자동으로 Vercel로 배포가 수행되고 애플리케이션이 공개됩니다. 이것으로 Next.js 풀 스택 애플리케이션을 완성했습니다.

GitHub에 .env.development, .env.production 파일이 푸시되지 않을 때는 .gitignore 파일을 확인합니다. 여기에 .env.*와 같이 푸시를 무시(ignore)하는 코드가 있다면 .env로 시작하는 이름의 파일은 GitHub에 반영되지 않습니다. 이 코드를 삭제하고 다시 GitHub에 푸시합니다.

지금까지 작성한 코드는 다음 URL에서 확인할 수 있습니다.

URL https://github.com/moseskim/nextjs-book-fullstack-app-folder-v2/tree/chapter9

더 알아보기
React와 Next.js의 긴밀한 관계

Next.js 버전 13에서 도입된 app 폴더 안에는 서버 컴포넌트가 기본값으로 되어 있습니다. 하지만 현재 React의 최신 버전인 버전 18에서는 서버 컴포넌트는 아직 실험 단계로만 제공되고 있으며, 다음 버전인 React 19부터 본격적으로 제공됩니다. 본가에서는 채용되지 않은 기술이 'React 프레임워크'인 Next.js에는 기본값으로 되어 있는 이유는 무엇일까요?
사실 최근 React 개발팀과 Next.js 개발사인 Vercel은 매우 가까운 협업 관계에 있으며, React 개발팀의 많은 멤버가 Vercel로 이동하고 있습니다. 본가인 React에서는 아직 안정 버전이 아닌 기능이 Next.js에 먼저 도입되는 이유의 하나가 여기에 있다고 생각하는 사람들도 있습니다. 이러한 결과로 Vercel 및 React 개발팀은 서버 컴포넌트를 포함하는 다양한 새로운 기술이 운영 환경에서 사용되었을 때의 실전 데이터를 수집하고, 그것을 React 개발에 피드백으로 제공할 수 있습니다. 한편 실험적인 기능을 기본으로 제공하는 Next.js의 태도에 대해 불만을 느끼는 엔지니어도 적지 않은 것으로 보입니다.

Chapter 10

브러시업

이번 장에서는 앞에서 개발한 애플리케이션의 완성도를 높여봅니다. 이미지 업로드 기능 개발, 로딩 추가, 메타 데이터 설정 방법을 소개합니다.

01

이미지 업로드 기능 개발

> 이미지 업로드 기능을 앱에 추가하여 사용자가 원하는 이미지를 저장할 수 있습니다.

앞에서 개발한 애플리케이션의 아이템 사진에는 public 폴더의 이미지를 사용했습니다. 하지만 여기에서는 사용자가 원하는 사진을 애플리케이션에 표시하게 할 수 없으므로, 클라우드 서비스 인 Cloudinary를 사용해 애플리케이션에 이미지 업로드 기능을 추가합니다.

먼저 Cloudinary에 사용자 등록을 합니다. 다음 URL에 접속한 뒤 오른쪽 위 'SIGN UP FOR FREE'를 클릭합니다(그림 10.1).

URL http://cloudinary.com

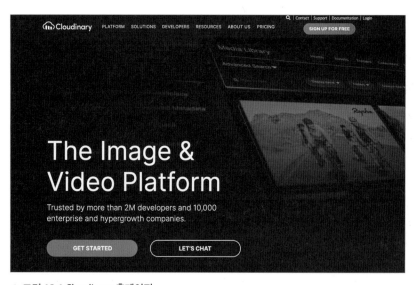

▲ 그림 10.1 Cloudinary 홈페이지

Google 계정을 사용해 등록할 수도 있지만 여기에서는 이메일 주소를 사용할 것이므로, 'SIGN UP WITH EMAIL'을 선택합니다. 이름, 이메일 주소, 비밀번호를 입력합니다. 'I'm not a robot' 항목을 체크한 뒤 'GET STARTED NOW'를 클릭합니다. 인증 메일 발송 알림이 표시됩니다. 이메일 수신함을 확인해 이메일 주소 인증을 완료합니다.

인증 이메일을 클릭해 로그인하면 대시보드 화면으로 이동합니다. 여기에서 표시되는 그림 10.2의 'cloud_name'은 이후 필요하므로 어딘가에 복사해 둡시다.

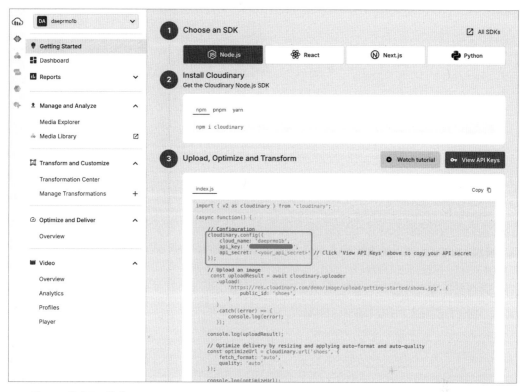

▲ 그림 10.2 대시보드 화면

왼쪽 메뉴 아래쪽 Settings 아이콘을 클릭합니다.

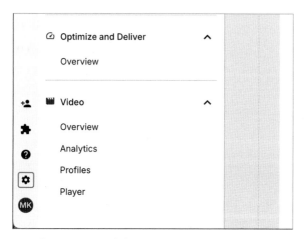

▲ 그림 10.3 Settings 아이콘

이미지 업로드 관련 설정을 수행하는 'Upload Presets'를 클릭합니다(그림10.4).

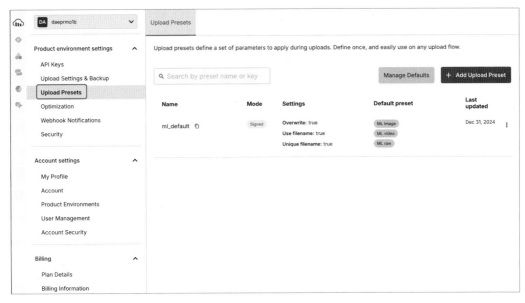

▲ 그림 10.4 이미지 업로드 설정 화면

업로드 설정을 추가하거나 변경할 수 있습니다. 여기에서는 새로운 설정을 추가합니다. 화면 오른쪽 위 'Add Upload Preset'을 클릭합니다(그림10.5).

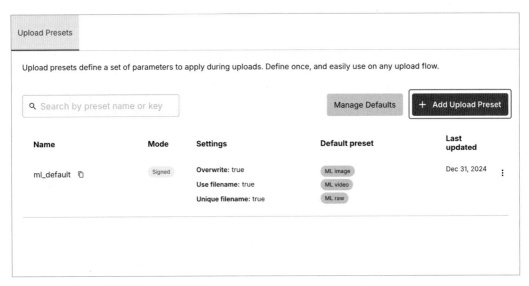

▲ 그림 10.5 새로운 이미지 업로드 설정 추가 1

새로운 이미지 업로드 설정 정보를 입력합니다. 'Upload preset name'은 임의로 설정합니다(여기에서는 nextjs-book-fullstack-app-folder-v2로 설정). 'Signing mode'는 'Unsigned'로

설정합니다. 이 항목을 설정하면 Cloudinary에 로그인하지 않은 사용자도 이미지를 업로드할 수 있습니다. 다른 항목은 그대로 두고 화면 오른쪽 위 'Save' 버튼을 클릭합니다(그림10.6).

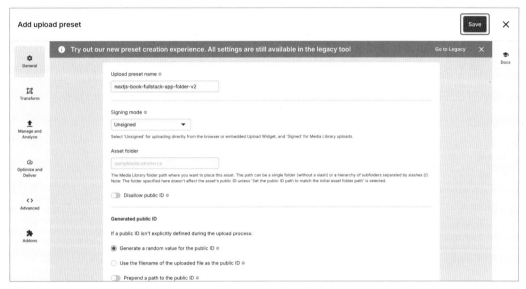

▲ 그림 10.6 새로운 이미지 업로드 설정

이미지 업로드 설정이 추가됩니다(그림10.7).

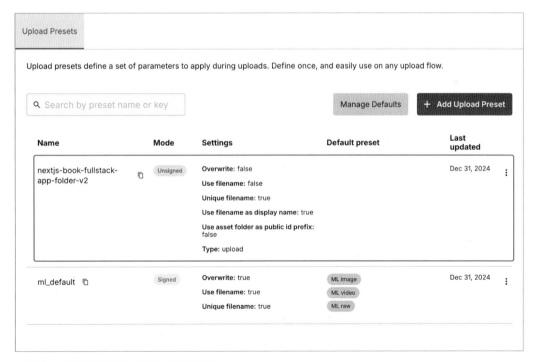

▲ 그림 10.7 새로운 이미지 업로드 설정 추가 2

이것으로 Cloudinary 설정은 완료입니다. 다음은 여기에 이미지를 업로드하기 위한 기능을 애플리케이션에 추가합니다.

업로드 기능을 만드는 위치는 백엔드와 프런트엔드 모두에 가능합니다. 하지만 이 애플리케이션의 백엔드 측에 해당 기능을 추가하면, 여러 파일에서 코드를 변경해야 합니다. 따라서 적은 작업량으로 완료할 수 있는 프런트엔드 측에 이미지 업로드 기능을 만듭니다.

이미지 업로드를 수행하는 컴포넌트를 준비합니다. components 폴더에 imgInput.js를 만듭니다 (그림 10.8).

▲ 그림 10.8 imgInput.js 작성

imgInput.js에 코드 10.1의 코드를 기술합니다. 여기에서는 try catch, await 등 이 책에서 여러 차례 사용했던 코드들을 사용합니다. try 구문 안이 Cloudinary로 업로드하기 위한 코드입니다. 코드 10.2와 같이 여러분의 계정 정보에 맞춰 작성합니다.

▼ 코드 10.1 app/components/imgInput.js

```
import { useState } from "react"

const ImgInput = (props) => {
  const [imageFile, setImageFile] = useState("")

  const handleClick = async() => {
    try {
      const data = new FormData()
      data.append("file", imageFile)
      data.append("upload_preset", "nextjs-book-fullstack-app-folder-v2")
      data.append("cloud_name","6fs9n32")
      const response = await fetch("https://api.cloudinary.com/v1_1/6fs9n32/image/
upload", {method: "POST", body: data})
```

```
        const jsonData = await response.json()
        await props.setImage(jsonData.url)
        alert("이미지 업로드 성공")
    } catch {
        alert("이미지 업로드 실패")
    }
  }

  return (
    <div className="img-input">
        <input type="file" onChange={(e)=> setImageFile(e.target.files[0])}
accept="image/png, image/jpg"/>
        <button onClick={handleClick} disabled={!imageFile}>이미지 업로드</button>
    </div>
  )
}


export default ImgInput
```

▼ 코드 10.2 imgInput.js 수정 위치

```
data.append("upload_preset", "nextjs-book-fullstack-app-folder-v2")  // 앞에서 복사한
'Upload preset name'으로 변경. 여기서는 "nextjs-book-fullstack-app-folder-v2".
data.append("cloud_name","daeprmo1b")  // 앞에서 복사한 'Cloud name'으로 변경. 여기서는
"daeprmo1b".
const response = await fetch("https://api.cloudinary.com/v1_1/daeprmo1b/image/upload"
// "/v1_1"과 "/image/upload" 사이에 'Cloud name'을 기술. 여기서는 "daeprmo1b".
```

imgInput.js를 app/item/create/page.js에서 임포트한 뒤 코드 10.3과 같이 기술합니다.

▼ 코드 10.3 app/item/create/page.js

```
"use client"
import { useState } from "react"
import { useRouter } from "next/navigation"
import useAuth from "../../utils/useAuth"
import ImgInput from "../../components/imgInput" // 추가


const CreateItem = () => {
```

```
    const [title, setTitle] = useState("")

    const [price, setPrice] = useState("")

    const [image, setImage] = useState("")

    const [description, setDescription] = useState("")


    const router = useRouter()

    const loginUserEmail = useAuth()


    const handleSubmit = async(e) => {

      ...


    if(loginUserEmail){

      return (

        <div>

          <h1 className="page-title">아이템 작성</h1>

          <ImgInput setImage={setImage}/>  // 추가

          <form onSubmit={handleSubmit}>

            ...
```

여기에서는 imgInput.js에 setImage를 props로 전달하고, 이미지 업로드가 완료되면 imgInput.js에서 state의 image가 변경되도록 되어 있습니다.

지금까지 변경한 내용을 저장합니다. http://localhost:3000/item/create를 열면 이미지를 업로드하는 부분이 표시됩니다. 원하는 이미지를 선택하고 '이미지 업로드' 버튼을 클릭하면, Cloudinary에 이미지가 업로드됩니다(여기에서 이미지를 선택하는 팝업 화면이 표시되지 않는다면 브라우저를 재실행합니다). 성공하면 '이미지 업로드 성공'이라 표시되고 <input> 필드에는 업로드한 이미지의 URL이 그림10.9와 같이 표시됩니다. 표시되지 않았을 때는 무언가의 에러가 발생할 가능성이 있습니다. 브라우저의 'Console'을 확인합니다.

▲ 그림 10.9 업로드한 이미지의 URL

이것으로 이미지 업로드 기능은 완성입니다. 지금까지 이 애플리케이션에서는 public 폴더 안의 이미지를 사용했기 때문에 MongoDB에는 /img2.jpg와 같이 public 폴더에 대한 경로가 저장되어 있습니다. 이것을 Cloudinary에 저장된 이미지의 URL로 치환할 것이므로 아이템 작성 페이지(/app/item/create/page.js)에서 public 폴더 안의 이미지를 모두 Cloudinary에 업로드합니다. 여기에서는 이미지를 업로드해 URL을 취득할 수만 있으면 되기 때문에 '아이템 작성' 버튼을 클릭해 MongoDB에 데이터를 써 넣을 필요는 없습니다.

이미지 업로드 후에 <input>에 표시된 URL은 어딘가에 복사해 둡니다. 이 작업을 이미지 수만큼 반복합니다.

다음은 MongoDB로 이동해 각 아이템 데이터의 image 항목을 지금 얻은 Cloudinary의 URL을 치환합니다. 펜 아이콘의 Edit document 버튼을 클릭해 수정 상태로 변경합니다. URL을 치환한 뒤 'UPDATE' 버튼을 클릭합니다(그림 10.10).

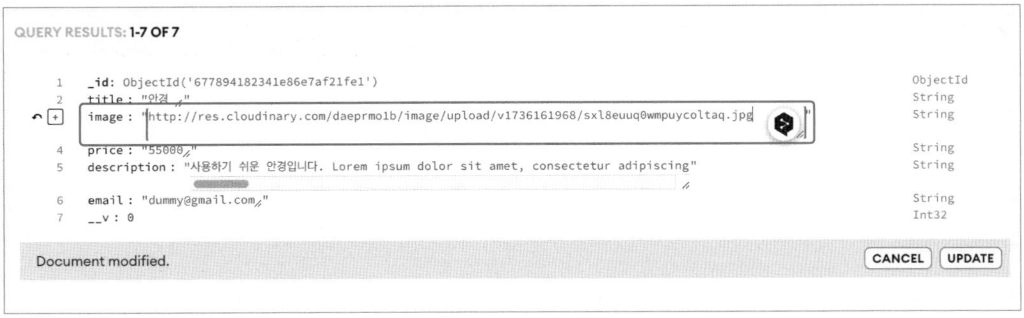

▲ 그림 10.10 MongoDB의 image 데이터

이것으로 데이터베이스의 이미지 경로는 모두 Cloudinary의 URL이 되었습니다. Next.js의
`<Image>`에서 외부 URL 이미지를 표시하게 하려면 약간의 설정이 필요합니다. `next.config.mjs`
에 코드 10.4의 코드를 추가합니다.

▼ 코드 10.4 next.config.mjs

```
/** @type {import('next').NextConfig} */
const nextConfig = {
  // ↓ 추가
  images: {
    remotePatterns: [
      {
        hostname: "res.cloudinary.com"
      }
    ]
  }
  // ↑ 추가
};


export default nextConfig;
```

변경한 내용을 저장합니다. 이것으로 이미지 업로드 기능은 완성입니다.

02

로딩

애플리케이션 처리 실행 중 로딩을 표시하게 합니다.

아이템 수정 및 삭제 페이지를 열면, 로그인 사용자임에도 불구하고 아주 잠깐 '권한이 없습니다'
라는 내용이 표시됩니다. 이런 현상을 방지하기 위해 로딩 기능을 추가합시다. 수정 페이지에 코드
10.5의 코드를 추가합니다.

▼ 코드 10.5 app/item/update/[id]/page.js

```
"use client"
import { useState, useEffect } from "react"
import { useRouter } from "next/navigation"
import useAuth from "../../../utils/useAuth"

const UpdateItem = (context) => {
  const [title, setTitle] = useState("")
  const [price, setPrice] = useState("")
  const [image, setImage] = useState("")
  const [description, setDescription] = useState("")
  const [email, setEmail] = useState("")
  const [loading, setLoading] = useState(false)  // 추가

  const router = useRouter()
  const loginUserEmail = useAuth()

  useEffect(() => {
    ...

        setEmail(singleItem.email)
```

```
      setLoading(true)  // 추가
    }
    getSingleItem(context.params.id)
  }, [context])

  const handleSubmit = async(e) => {
    ...
  }

  if (loading) {    / 추가
    if (loginUserEmail === email) {
      return (
        <div>
      ...
        </div>
      )
    } else {
      return <h1>권한이 없습니다</h1>
    }
  } else { // 추가
    return <h1>로딩 중...</h1>  // 추가
  } // 추가
}

export default UpdateItem
```

loading의 기본 state인 false가 true로 되는 것은 useEffect에서 데이터 취득을 완료했을 때입니다. 따라서 데이터를 취득하는 동안에는 브라우저에 '로딩 중…'이라고 표시됩니다. 같은 코드를 삭제 페이지에도 기술합니다(코드 10.6).

▼ 코드 10.6 app/item/delete/[id]/page.js

```
"use client"
import { useState, useEffect } from "react"
import { useRouter } from "next/navigation"
import Image from "next/image"
import useAuth from "../../../utils/useAuth"

const DeleteItem = (context) => {
```

```
        const [title, setTitle] = useState("")
        const [price, setPrice] = useState("")
        const [image, setImage] = useState("")
        const [description, setDescription] = useState("")
        const [email, setEmail] = useState("")
        const [loading, setLoading] = useState(false)  // 추가


        const router = useRouter()
        const loginUserEmail = useAuth()

        useEffect(() => {
            ...


                setEmail(singleItem.email)
                setLoading(true)  // 추가
            }
            getSingleItem(context.params.id)
        }, [context])

const handleSubmit = async(e) => {
  ...


    if (loading) {  // 추가
        if (loginUserEmail === email) {
            return (
                <div>
                    <h1 className="page-title">아이템 삭제</h1>
                    <form onSubmit={handleSubmit}>
                        <h2>{title}</h2>
                        <Image src={image} width={750} height={500} alt="item-image" priority/>
                        <h3>₩{price}</h3>
                        <p>{description}</p>
                        <button>삭제</button>
                    </form>
                </div>
            )
        } else {
```

```
            return <h1>권한이 없습니다</h1>
        }
    } else {
        return <h1>로딩 중...</h1>  // 추가
    }
}

export default DeleteItem
```

이제 '권한이 없습니다'라는 메시지가 표시되지 않게 됩니다. 그리고 삭제 화면에서 'Console'에
표시되던 이미지 관련 에러 메시지도 표시되지 않습니다.

03

메타 데이터 설정 방법

Next.js의 메타 데이터를 설정하는 두 가지 방법을 소개합니다. 먼저 간단한 방법부터 살펴봅시다.

메타 데이터는 브라우저의 탭에 표시되는 페이지 제목, 페이지 개요가 기술된 description이며 SEO를 위해 매우 중요한 데이터입니다. 이 애플리케이션에서는 지금까지 아무런 메타 데이터를 설정하지 않았으며 브라우저 탭에는 URL이 직접 표시되고 있습니다. 이 부분을 수정합시다.

수정 방법은 두 가지입니다. 첫 번째는 <title> 태그나 <meta> 태그를 직접 기술하는 방법입니다. 로그인 페이지를 예로 들면 코드 10.7과 같이 됩니다.

▼ 코드 10.7 app/user/login/page.js

```
...

  return (
    <div>
      <title>로그인 페이지</title>  // 추가
      <meta name="description" content="로그인 페이지입니다"/>  // 추가
      <h1 className="page-title">로그인</h1>
      <form onSubmit={handleSubmit}>
        ...
```

데이터에 따라 표시가 변경되는 페이지에서는 코드 10.8과 같이 기술할 수 있습니다.

▼ 코드 10.8 app/item/readsingle/[id]/page.js

```
...

const ReadSingleItem = async(context) => {
  const singleItem = await getSingleItem(context.params.id)
  return (
```

```
<div className="grid-container-si">
    <title>{singleItem.title}</title> // 추가
    <meta name="description" content={singleItem.description}/> // 추가
    <div>
        ...
```

이 첫 번째 설정 방법은 단순하므로 완성 샘플 코드는 이 방법을 사용해 작성합니다.

두 번째 방법은 조금 더 발전적인 방법으로 Next.js의 메타 데이터 설정 코드를 사용하는 것입니다. 하지만 주의해야 할 점이 있습니다. '서버 컴포넌트에서만 사용할 수 있다'라는 제약이 있습니다. 이 애플리케이션에는 "use client"가 붙은 클라이언트 컴포넌트가 많으므로, 이 메타 데이터 설정 코드를 사용하려면 이 컴포넌트들을 모두 서버 컴포넌트로 변경해야만 합니다.

이렇게 설명하면 복잡하게 들리지만 작업은 간단합니다. '클라이언트 컴포넌트를 서버 컴포넌트로 임포트하는' 것뿐입니다. 완성 샘플 코드에는 없지만 실제로 살펴봅시다. 여기에서는 등록 페이지를 예로 들겠습니다.

app/user/register 폴더에 새로운 파일을 만듭니다. 여기에서는 myPage.js라는 파일명을 사용했지만 파일명은 임의로 설정해도 좋습니다(그림 10.11).

▲ 그림 10.11 myPage.js 작성

app/user/register/page.js의 코드를 그대로 복사해 myPage.js에 붙여 넣습니다(그림 10.12).

```
JS myPage.js U ●

app > user > register > JS myPage.js > [∅] Register
    1    "use client"
    2    import { useState } from "react"
    3
    4    const Register = () => {
    5      const [name, setName] = useState("")
    6      const [email, setEmail] = useState("")
    7      const [password, setPassword] = useState("")
    8
    9      const handleSubmit = async(e) => {
   10        e.preventDefault()
   11
   12        try {
   13          const response = await fetch(`${process.env.NEXT_PUBLIC_URL}/api/user/register`, {
   14            method: "POST",
   15            headers: {
   16              "Accept": "application/json",
   17              "Content-Type": "application/json"
   18            },
   19            body: JSON.stringify({
   20              name: name,
   21              email: email,
   22              password: password
   23            })
   24          })
   25          const jsonData = await response.json()
```

▲ 그림 10.12 myPage.js에 붙여 넣은 코드

다음으로 app/user/register/page.js의 코드를 모두 삭제하고 코드10.9의 코드를 기술합니다.

▼ 코드 10.9 app/user/register/page.js

```
import MyPage from "./myPage"


const Register = () => {

    return <MyPage/>

}


export default Register
```

클라이언트 컴포넌트인 myPage.js를 임포트해 return시킬 뿐입니다. 이것으로 등록 페이지는 서버 컴포넌트가 되었습니다. npm run dev로 실행해 확인해 보면 이전과 동일하게 동작함을 확인할 수 있습니다. 여기에 메타 데이터를 설정하는 코드10.10의 코드를 작성합니다.

▼ 코드 10.10 app/user/register/page.js

```
import MyPage from "./myPage"

// ↓ 추가
export const metadata = {
    title: "등록 페이지",
    description: "이것은 등록 페이지입니다",
}
// ↑ 추가


const Register = () => {
    return <MyPage/>
}


export default Register
```

변경한 내용을 저장하면 브라우저 탭에 '등록 페이지'라고 표시됩니다.

아이템 데이터에 따라 표시가 달라지는 /readsingle/[id]/page.js 등에는 코드 10.11의 코드를 사용합니다.

▼ 코드 10.11 app/item/readsingle/[id]/page.js

```
import Image from "next/image"
import Link from "next/link"

// ↓ 추가
export async function generateMetadata(context) {
    const singleItem = await getSingleItem(context.params.id)
    return {
        title: singleItem.title,
        description: singleItem.description
    }
}
// ↑ 추가


const getSingleItem = async(id) => {
    ...
```

'클라이언트 컴포넌트인 동시에 데이터에 따라 표시가 달라지는' 수정 페이지나 삭제 페이지에는 위 두 가지 방법을 조합해 사용합니다. 수정 페이지를 예로 들어 설명합니다. app/item/update/[id] 폴더에 myPage.js를 작성합니다(그림 10.13).

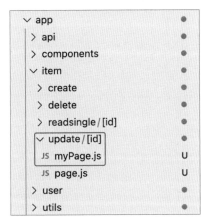

▲ 그림 10.13 myPage.js 작성

app/item/update/[id]/page.js의 코드를 그대로 복사해 myPage.js에 붙여 넣습니다. 다음으로 app/item/update/[id]/page.js를 코드 10.12의 코드로 치환합니다.

▼ 코드 10.12 app/item/update/[id]/page.js

```
import MyPage from "./myPage"

const UpdateItem = (context) => {
    return <MyPage {...context}/>
}


export default UpdateItem
```

수정 조작에 필요한 context를 myPage.js에 전달합니다. ...는 나머지 연산자(rest operator) 표기법입니다. 여기에 메타 데이터를 설정하는 코드 10.13의 코드를 추가합니다.

▼ 코드 10.13 app/item/update/[id]/page.js

```
import MyPage from "./myPage"

// ↓ 추가
export async function generateMetadata(context) {
    const response = await fetch(`${process.env.NEXT_PUBLIC_URL}/api/item/
```

```
    readsingle/${context.params.id}`, {cache: "no-store"})
    const jsonData = await response.json()
    const singleItem = jsonData.singleItem
    return {
      title: singleItem.title,
      description: singleItem.description
    }
  }
}
// ↑ 추가

const UpdateItem = (context) => {
  return <MyPage {...context}/>
}

export default UpdateItem
```

같은 방법으로 삭제 페이지에도 메타 데이터를 추가할 수 있습니다.

지금까지 작성한 코드는 다음 URL에서 확인할 수 있습니다.

URL https://github.com/moseskim/nextjs-book-fullstack-app-folder-v2/tree/chapter10

04

이후의 학습에 관해

지금까지 읽어주셔서 감사합니다. 마지막으로 이후 학습에 관해 소개합니다.

이 책을 여기까지 읽어주신 분들은 Next.js와 React를 혼자서 사용하기 위한 기초적인 힘을 익혔을 것입니다. 학습이 향상되고, 진전되는 감각을 더 맛볼 수 있는 것은 이 책과 같은 교재를 사용할 때가 아니라 자신이 직접 개발을 할 때입니다. 분명 어려움도 많이 만날 것입니다. 사소한 에러를 해결하는 데 며칠이 걸리기도 할 것입니다. 하지만 그 작은 것들이 쌓여 유일한, 여러분만의 이해와 여러분만의 인생을 앞으로 이끌어 줄 것입니다. 그리고 뒤를 돌아봤을 때 '충실했다'고 느낄 수 있는 시간입니다.

이 책은 초보자를 위한 책이며, 그렇기 때문에 이 책에서 설명하지 못한 중요한 것들도 많습니다. 보다 깊이 이해하고 싶은 분들은 다음 항목에 관한 학습을 중점적으로 진행하는 것이 좋습니다.

- JavaScript의 함수(function)
- JavaScript의 비동기 처리(await/async/promise)
- React의 state(useState)
- React의 useEffect의 동작
- Next.js의 렌더링(SSR/SSG/ISR 등)
- Next.js의 Server Actions
- Next.js의 캐시 구조

마치는 글

이 책의 출간에 관한 제안을 받은 것은 2023년 7월 25일, 일본에서 폴란드 제2의 도시인 크라쿠프에 도착한 날이었습니다. 도쿄에서 환승을 포함해 매우 긴 비행 끝에 심야에 도착한 크라쿠프의 한 호텔에서, 쇼에이샤의 미야요시 씨가 보낸 메일을 읽었을 때였습니다.

그로부터 약 1년이 지나 저는 다시 일본의 그 뜨거운 여름을 피해 크라쿠프에서 지금 마치는 글을 쓰고 있습니다. 집필 작업은 3월에 이미 마쳤지만, 교정 과정이 아직 진행되고 있으며, 실제 책이 출간되기까지 긴 시간이 걸릴 것이라 생각하는 동시에, 저 혼자만 만들어서는 결코 도달할 수 없는 영역, 즉, '타인과 함께 작업하는' 공동 작업을 통해서만 도달할 수 있는 영역이 있음을 깊이 실감하고 있습니다.

이런 긴 기간을 함께해주신 미야요시 씨에게 감사를 전합니다. 첫 책을 쓸 수 있는 기회를 얻은 것, 이 지면을 빌어 크게 감사합니다. 그리고 이 책의 세세한 부분까지 검증해주신 무라카미 씨에게도 감사를 전합니다. 그리고 지금까지 저를 누구보다 지지해준 부모님과 형제들에게도 이 지면을 빌어 감사를 전합니다.

'감사합니다'.

2024년 7월 25일
미요시 아키

처음부터 시작하는
Next.js / React 개발 입문

초판 1쇄 인쇄 2025년 04월 10일
초판 1쇄 발행 2025년 04월 15일

저자 : 미요시 아키 | 번역 : 김모세 | 펴낸이 : 이동섭
본문 일러스트: 오피스 시바찬

책임편집 : 송정환 | 본문 디자인 : 강민철 | 표지 디자인 : nu : n
기획편집 : 이민규, 박소진 | 영업·마케팅 : 조정훈, 김려홍
e-BOOK : 홍인표, 최정수, 김은혜, 정희철, 김유빈
라이츠: 서찬웅, 서유림 | 관리 : 이윤미

㈜에이케이커뮤니케이션즈
등록 1996년 7월 9일(제302-1996-00026호)
주소 : 08513 서울특별시 금천구 디지털로 178, 1805호
TEL : 02-702-7963~5 FAX : 0303-3440-2024
홈페이지 : http://www.amusementkorea.co.kr |
원고투고 : tugo@amusementkorea.co.kr

ISBN 979-11-274-6850-7 13000

動かして学ぶ！Next.js/React開発入門
(Ugokashite Manabu! Next.js/React Kaihatsu Nyumon: 8467-8)
© 2024 AKI MIYOSHI
Original Japanese edition published by SHOEISHA Co.,Ltd.
Korean translation rights arranged with SHOEISHA Co.,Ltd. through Digital Catapult inc.
Korean translation copyright © 2025 A.K Communications Inc.